A
BIOGRAPHY
OF
FAN
XU
DONG

# 煮海的人

## 范旭东传

江峡 著

团结出版社

**图书在版编目（ＣＩＰ）数据**

煮海的人：范旭东传 / 江峡著. -- 北京：团结出
版社,2025.7.（2025.8 重印） -- ISBN 978-7-5234-1736-2

Ⅰ.K826.13

中国国家版本馆 CIP 数据核字第 2025CM7106 号

责任编辑：张晓杰
封面设计：谭　浩

出　　　版：团结出版社
　　　　　　（北京市东城区东皇城根南街 84 号　邮编：100006）
电　　　话：（010）65228880　65244790 （出版社）
　　　　　　（010）65238766　85113874　65133603（发行部）
　　　　　　（010）65133603（邮购）
网　　　址：http://www.tjpress.com
电子邮箱：zb65244790@vip.163.com
经　　　销：全国新华书店
印　　　装：三河市东方印刷有限公司

开　　　本：163mm×240mm　　　16 开
印　　　张：20　　　　　　　　字　　数：228 千字
版　　　次：2025 年 7 月 第 1 版　　印　　次：2025 年 8 月 第 3 次印刷

书　　　号：978-7-5234-1736-2
定　　　价：68.00 元
　　　　　　（版权所属，盗版必究）

# 序

很多年前，我在阅读文献时无意中看到由范旭东先生手订的"永久黄"团体的"四大信条"：

一、我们在原则上绝对地相信科学；

二、我们在事业上积极地发展实业；

三、我们在行动上宁愿牺牲个人顾全团体；

四、我们在精神上以能服务社会为最大光荣。

顿感精妙绝伦，心想：能发明这样切合实际而又有情怀和担当的企业信条的人，实在是高人，而能秉持如此信条并付诸施行的企业，无论身处何时何地，都总能不断发展壮大吧。不禁对范旭东先生心怀敬仰！

"永久黄"是由范旭东先生创办的永利碱厂、久大精盐公司和黄海化学工业研究社三家企业机构的简称，这一令人可能感到陌生的名词，其代表的其实是民国时期赫赫有名的高科技企业。笔者虽然从小爱好历史，但来南开读研究生前，对这些也是一无所知。所以关注到范旭东先生和他的企业，还是跟天津和南开有关。30年前，我负笈北上，考入南开大学历史系读研，不久就听闻民国时期流传的一句俗语："天津有三宝：永利、南开、大公报。"南开自不必说，大公报也早已耳熟能详，永利则完全陌生，但其还排在南开的前面，遂引发了我了解的兴趣。稍做功课，便大体明了了永利化工在中国近代工业史上的重要地位，也知道了范旭东先生对中国近代工业和科技的重大贡献。因为我的学术兴趣主要在明清以来的社会史，特别是医疗史，所以知道怎么回事后就放下了。

直到最近，收到江峡博士寄来的他的新著文稿《煮海的人——范旭东传》，才重新勾起我对范旭东先生的关注和敬仰之情。不用说，范旭东先生无疑是民国时期中国一等一的人才，对于中国近代工业的兴起，居功至伟。1945年10月4日，范旭东突发疾病溘然长逝。数日后，著名教育家陶行知先生便在《民主》周刊上发表《范旭东先生之死》称："范旭东先生死了。中国新兴工业的一颗光辉的巨星落了下来了。……真的民主来到时，假使我也有资格投一票，我会举他为中国工业五个五年计划的总司令。"在陶行知的心目中，他实乃民国时期中国工业发展的最高领袖。在他身后，他的同侪后进、社会名流乃至国家领袖，都对其给予了极高的评价。民国时代交通运输业的执牛耳者卢作孚评论称："中国真正的人才，范旭东要算一个。"胡适赞许道："先生是一位超越前人的'新圣贤'。"他的亲密战友、侯氏制碱法的创始人侯德榜对他敬仰不已，感念称："范先生乃工业斗士，建设导师，不仅公司之领导，实民族之英雄。"毛泽东在得悉范旭东去世后曾亲往吊唁，随后送去挽幛，并题词"工业先导，功在中华"。新中国成立后，他在论及民族工业发展时又感叹说："中国这几个实业界人士万万不能忘记：搞重工业的张之洞，搞化学工业的范旭东，搞交通运输的卢作孚，搞纺织工业的张謇。"原政协全国委员会副主席李烛尘在为范先生纪念碑所做的铭文中评价道："先生神明天纵，抱负宏远，平生尽瘁实业，实欲以繁荣经济，改善政治，争取民族之独立。晚岁究心哲理，亦将以统摄科学，使不滞于偏曲，其旨趣所存，固有非世俗所能知者。高山仰止，景行行止，缅怀遗范，永切追依！"这不啻是时人对他崇高的敬仰和缅怀，亦可谓是恳切知人之论。

读完江峡博士的新著，掩卷而思，确实有一种"高山仰止，景行行止"之感。不仅会赞叹于范先生成就的伟大事业,也会由衷地为其崇高的品格精神和强大的人格魅力所折服。诚如侯德榜先生所言:

> 论范先生之伟大,大家均知范先生创立了极伟大事业,吾人应分析其伟大之因素有五:一为其创造能力,二为其笃信科学,三为其远大眼光,四为其艰苦精神,五为其私人道德。

这不禁令人感喟,能为如此伟大而有魅力的人作传,实乃作者的荣幸。不过与此同时,能够将传主诸多傲人的和日常的事迹用清晰的结构和清新流畅的语言呈现给世人,更是读者的幸运。这样的工作,不但可以脍炙人口,滋养读者的心灵,亦有助于建构和弘扬人类文明的价值,可谓功莫大焉。

不过作为一名历史学者,一名已投身历史学学习研究数十年的老兵,行笔至此,似乎又有一种别样的况味。范旭东先生并不是距今年代久远的人物,尽管他的一生,品性高洁,成就傲人,但其知名度却似乎与其成就不相匹配,若非近现代专业领域内的研究者,或者因为某种机缘而做过了解,我想即使在史学界,也有大量的人对他不甚了了,更遑论普通民众了。何以如此,原因当然是多方面的、复杂的,不过从历史学的角度,不得不说,范旭东及其事业,显然非当下主流史学主要关注和探究的对象。搜索中国知网可知,以范旭东为主题的文献,不过区区196篇,其中82篇还是一家名为《经营与管理》普通非史学类刊物贡献的,比较专业的历史学论文仅有发表在《南开学报》《中国经济史研究》《盐业史研究》《历史教学》和《河南大学学报》等刊物的16篇。市面上流行的十余种人物传记,也几乎都非知名历史学者所作,也尚未见有关范旭东的研究性专著问世。就专业研究的关注度而言,我们随便选几个政界或知识界的二三流人物,其研究成果也远多于范旭东这样绝对一流的人才。这不能不让人沉思,这样的偏差合理吗?

　　每一个学科都有其学术传统，历史学也不例外，而且每一个历史研究者，都会有自身的价值追求和兴趣偏好，这都是正常而合理的，但不管怎样，尽可能全面而确当地呈现和把握一个社会、国家乃至世界的整体状貌和演变脉络，肯定是历史学的题中之义和历史学人努力追求的目标。对于人类历史特别是近代以来的历史来说，产业（实业）和科技的巨大影响和作用是无论如何强调都不为过的，如果我们的历史学，因为种种原因，缺乏对科技和产业领域的人和事应有的关注和探究，那么，我们又如何能够保证对一个时代及其变迁的整体呈现和认识是全面和准确的呢？又如何能够及时从历史的角度，对科技进步和产业发展对人类文明价值、社会伦理和日常生活所带来的冲击做出人文学的回应呢？当然，对于历史研究来说，并非只有主流或重要的人事物才值得探究，但不管怎样，有意无意地忽视甚至回避历史演进中最核心而重要的因素，显然是不合理和不正常的，就此而言，实有必要对现行的历史研究的目标和理论体系做出省思。

　　江峡博士是历史学科班出身，虽然长期以来主要从事管理工作，但始终保持对历史学的关注和热爱，初衷不改，笔耕不辍，令人感佩。继出版《范源廉传》后，又一鼓作气，利用业余时间完成了范源廉胞弟范旭东的传记，不仅更好地彰显了范氏兄弟这两位湘楚俊才的才情伟业，也尽己之力对史学界对他们缺乏应有关注做了一定的弥补，充分展现了他深厚的桑梓情怀和出色的史家眼光。故谨此聊赘数语，一以表达自己对传主的敬意和对史学研究的一点省思，二以向作者致贺！

南开大学历史学院院长、教授，博士生导师　余新忠

2024 年 10 月 3 日于津门寓所

# 目　录

引　言 ……………………………… 001


一、寒门贫家子，湖湘钟神秀

1. 千年变局，英才辈出 ……………… 032

2. 少年丧父，境遇坎坷 ……………… 038

3. 聪慧好学，时势迫人 ……………… 041

4. 舍师从兄，追随维新 ……………… 045


二、避祸走东洋，求学开格局

1. 游历日本，思危图存 ……………… 050

2. 工业救国，投身化学 ……………… 054

3. 心向革命，明师提携 ……………… 057

4. 志存高远，民族为重 ……………… 060


三、暂栖京师中，筹谋兴实业

1. 回返故国，报效国家 ……………… 067

2. 政坛腐朽，渐生去意 ……………… 070

3. 盐政论战，吃盐自由 ……………… 072

4.奔赴天津，亲身考察 ················ 080

**四、塘沽创久大，盐碱启新元**

1.成立久大，披荆斩棘 ················ 085

2.斗智斗勇，民族骄傲 ················ 088

3.以身作则，科学管理 ················ 098

4.永利纯碱，工业象征 ················ 107

**五、建厂六合县，制酸破垄断**

1.破除垄断，力争自主 ················ 120

2.创社黄海，意义深远 ················ 129

3.海王为喉，振聋发聩 ················ 136

4.酸碱成型，羽翼得全 ················ 144

**六、西迁再建厂，自贡兴盐业**

1.外敌入侵，艰难经营 ················ 151

2.宁为玉碎，不为瓦全 ················ 156

3.众志成城，万里西迁 ················ 158

4.建设盐厂，重启征程 ················ 163

**七、犍为复永利，化工挽危亡**

1.克艰历险，永利复工 ················ 171

2.勤恳务实，成果丰硕 ················ 185

3. 务实致用，解救川民 ················· 189

4. 黄海学风，科技报国 ················· 193


**八、奔波滇缅路，亲身保运输**

1. 奔走呼吁，跨境运输 ················· 197

2. 亲自督运，何惧艰险 ················· 199

3. 政府昏庸，极力抗争 ················· 201

4. 功亏一篑，再陷危局 ················· 202


**九、困居香港岛，矢志抗日寇**

1. 港岛失陷，气节不衰 ················· 206

2. 巧妙抗敌，谋划逃离 ················· 208

3. 终脱险境，斗志愈坚 ················· 210

4. 自力更生，侯氏制碱 ················· 212


**十、规划十大厂，身殒志未休**

1. 勉力发展，成立银行 ················· 220

2. 放眼未来，建言经济 ················· 223

3. 立足世界，化工宏图 ················· 226

4. 壮志未酬，猝然离世 ················· 230


**十一、实业救国家，精神永不朽**

1. 继承遗志，终见曙光 ················· 238

2. 实业精神，民族瑰宝 ·················· 242

3. 斯人虽逝，光映照人 ·················· 250

4. 南北情同，共念英魂 ·················· 258


**范旭东年表**·················· 263


**参考文献**·················· 281


**致　谢**·················· 307

# 引　言

1945 年 10 月 4 日，正值国共双方在抗日战争胜利后，进行第二次和谈的尾声之际，与会代表唇枪舌剑，争辩激烈。此时，突然一则消息传来，让与会双方不约而同地搁置争辩，暂时休会。这则消息，正是民国实业大家、化工巨子范旭东，于 4 日下午三时许，因病在重庆溘然长逝，终年 62 岁。

范旭东逝世的消息可谓令举国震惊，因为就在不久前，他还在为自己提出的振兴中华化工业于战后的"十大厂"计划多方奔走。"嘉陵江波涛呜咽，沙坪坝万鸟哀鸣。"当在重庆南开中学大礼堂，为范旭东举行追悼会时，国共双方、社会贤达，有超过 500 人前来参加，并送上挽联以示哀悼。

其中最引人瞩目的，当属毛泽东和蒋介石各自赠送的挽联和挽匾。毛泽东书写的挽联，是"工业先导，功在中华"，盛赞这位湖南老乡用一生的精力开启了中国近现代科学工业化的征程，认为他有"创世"的大功劳、大名誉。蒋介石送来的是挽匾，以"力行至用"来赞扬范旭东的一生，表彰他为民国的化工业做出的突出贡献。

当时正在重庆参与国共和谈的周恩来，也受毛泽东委托，亲自前往范旭东先生灵堂所在地重庆南园吊唁，并敬献了与王若飞合题的挽联："奋斗垂卅载，独创永利久大，遗恨渤海留残业；和平正开始，方期协力建设，深痛中国失先生。"

1945年10月22日《新华日报》第2版及同年11月14日第3版刊登：范旭东先生逝世后，"政府官员、参政员、工业界、教育界约500多人"与"工业文化界人士"先后在重庆"南开中学午晴堂"与"江苏同乡会馆"等处举行过两次追悼大会。会上，与范旭东共同工作过多年的著名化学家侯德榜，则用"工业斗士""建设导师""实民族之英雄"等评语，全面总结了范旭东具有极高的"创造能力"，具备"笃信科学"的态度，认为他秉承"远大眼光"为之"艰苦奋斗"，而且在"私人道德"上也是毫无亏损的一生。侯德榜说："范先生做了31年的总经理，但自己没有盖过一所房子，私人没有一辆汽车，死后两袖清风。"郭沫若也沉痛地说："范先生的事业，其目的在于使老有所终，壮有所用，幼有所长。建国要靠和平，要靠自己的学问和生产能力，不能靠人家的飞机大炮！"沈钧儒先生和章乃器先生也讲了话。章先生在回忆范旭东关于工业国营、民营问题的意见时说道："假如中国能进步和英美一样，我范旭东是第一个把自己全部工业完全交给国家的人。"其光明磊落，大公无私的精神，令国人敬佩。

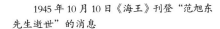

1945 年 10 月 10 日《海王》刊登"范旭东先生逝世"的消息

1946 年 10 月 4 日久大盐业公司、永利化学工业公司、黄海化学工业研究社出版的《纪念范旭东先生》专刊

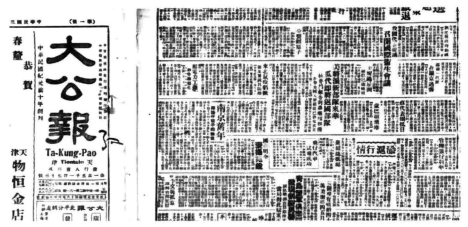

1946 年 2 月 3 日《大公报》，上载"国府明令褒扬范锐"（范旭东以字行，原名源让，后改名范锐）

以科学兴实业，改变历史，造福地方，服务社会，报效国家，是近现代以来民族企业家们的至高追求。先贤们筚路蓝缕，历尽艰辛，许多人壮志未酬。而这三件事，范旭东无疑是做到了的。这是属于他的骄傲，而尤为难能可贵的是，他是在极为艰难的环境下，克服万般险阻，做好这一切的。

### （一）范旭东的生平事功

范旭东，1883 年 10 月 24 日出生于湖南湘阴，1945 年 10 月 4 日在重庆去世。出生时取名源让，字明俊；后改名为范锐，字旭东。他是中国化工实业家，中国重化学工业的奠基人，被称作"中国民族化学工业之父"。

范旭东的一生，大概可以分为四个阶段，一是少年时代（1883—1900），在湖南长沙求学、生活。范旭东的童年是苦涩的，6 岁时，在乡村私塾任教的父亲去世，家道中落。母亲带着他和兄长范源廉（曾参与创办清华学堂，官至北洋政府教育总长，也是北京师范大学首任校长和南开大学创始人之一）一度靠保节堂救济生活。困境没有消磨他和兄长的意志；兄弟俩坚持读书，并在姑母的资助下读了乡塾。维新运动时期，幼小的他阅读过《湘报》等进步书籍，常旁听梁启超等大家讲课，受到维新思想启蒙。

二是青年时代（1900—1912）到日本留学。因兄长参与反清起义失败，他随之东渡日本留学，为救国图存，从此明志，改名范锐，字旭东。此后，他在日本学习、生活长达 12 年。他到日本各地游历考察，增长见识，并给传播新思想的《游学译编》做编译，为梁启超创办的《新民丛刊》投稿，赚取生活费。他先是考入日本高等学校，想学习武器制造。不料，学校负责人嘲笑他："俟君学成，中国早亡矣!"被深深刺痛的范旭东,拍摄照片立誓,决心从基础学科入手,以发展实业强盛祖国,并考入日本京都大学学习应用化学和冶金学。在日本期间,他结识了同在日本留学的湖南长沙同乡许馥女士,经兄长范源廉介绍结为夫妻。

三是转折时代(1912—1914),在民国北洋政府工作。辛亥革命成功后,学有所成的范旭东携妻回国,成为名副其实的"海归",并任职于民国北洋政府财政部,负责银圆质量检验。做事认真的他发现,制币厂普遍存在贪污现象,甚至无底线降低含银量,他多次据理力争,提出回炉重铸,但声音微弱,难获重视,从此对腐朽官场深感失望。彼时,旧中国正改革盐政,他以技术员身份被公派赴欧洲考察盐务。英、法、德、比等资本主义强国盐碱化工业的蓬勃发展让他颇为震惊。食盐已大量改用雪白纯净的精盐,可中国人的食盐氯化钠含量却远低于欧洲饲料盐 85% 的标准,这一"吃土民族"的现状让范旭东深感痛心。而制碱主要有以硫酸钠为原料制碱的路布兰法,以氯化钠与石灰石为原料的索尔维法。后者成品纯度高,市场占有率大,但被列强所垄断。范旭东在考察索尔维法制碱工厂时,遭遇技术"屏蔽",英国制碱巨头卜内门公司碱厂仅允许他参观锅炉房,让他内心颇为酸楚。1913 年,一纸归国建新式制盐厂的紧急电令将他召回,但回国后,政局生变,此事搁浅。范旭东对仕途彻底绝望,决心发展实业、救国图强,走盐业报国、科技强国的道路。

四是创业时代(1914—1945),兴办盐业、化工,报效国家。1914年,范旭东在梁启超、范源廉、蔡锷等人的支持下,在天津创办久大精盐公司,出任总经理。他买下塘沽简陋的制盐作坊和 16 亩土地,开建久大精盐厂。他夜以继日,以厂为家,晚上就睡办公桌,两年后,首批精盐产出。范旭东欣喜之下，亲自设计出一枚五角星商标，起名"海王星"，寓意征服海洋、自强不息、科学救国的美好梦想。接着，又在汉沽买下 2500 亩盐滩。有了充足原料，久大事业从此启航。

为打破西方垄断，造出"中国碱"，1917 年，范旭东又创办了永利制碱公司。他先后找来陈调甫和侯德榜两位科学家加盟创业，并聘请侯德榜为总技师，共同开启了中国化学工业携手奋斗的艰辛历程。他坚信创新制胜，在久大创办之初，即设实验室，事业兴盛后，投资 10 万银圆扩建为化学室。1922 年，他又创办中国首家私立化工研究机构、黄海化学工业研究社，亲任董事长，个人承担全部研究费用。并邀请曾创办南开大学理学系、时任开滦煤矿总化学师的孙学悟出任社长，吸引张克忠、聂汤谷等 10 余位"海归"博士和当时国内顶级化工人才，开国内化工研究之先河。然而，苦心经营 7 年后，碱厂首次开工产品即宣告不合格，无法售卖。股东要求撤资或聘请洋顾问，寻求"止损"。重压之下，范旭东坚定信心：就是粉身碎骨，也要硬干出来！此后，又遭遇设备烧坏被迫停工的挑战。一度垄断中国洋碱市场的卜内门公司看准时机，上门提出合办，被范旭东一口回绝。功夫不负有心人，1926 年 6 月 29 日，永利碱厂终于自主产出白碱，被范旭东命名为"纯碱"。这是真正的"民族碱""争气碱"，此时，距离公司成立已 9 年多之久，可谓"十年磨一剑"。当年 8 月，中国造纯碱首次出征美国费城万国博览会，优良品质震惊展会，并斩获荣誉勋章和证书。这是中国人首次将化工产品搬上世界展台，成为中国近代工业进步重要标志。1930 年，再获比利时工商博览会金奖。从此，"红三角"牌纯碱蜚声海外。

战火纷飞的年代，范旭东展现出一位爱国实业家科技报国、坚持自主创新的坚韧。90 年前，我国所有化肥都要从英国、德国进口。为振兴民族化学工业，怀抱实业救国理想的范旭东先生向国民政府呈文要求办硫酸铵厂，并于 1934 年在南京六合县卸甲甸创办了南化公司的前身永利铔厂。1937 年 2 月 5 日，永利铔厂生产出我国第一批硫酸铵产品，首创中国氮气工业和国防化学工业，虽然只有合成氨、硝酸、硫酸、硫酸铵等 4 种产品，但在当时已是远东最大的化肥企业，开启"酸碱两翼齐飞"新局面。面对德日对制碱技术的"封锁"，支持侯德榜研发出能同时产出纯碱和化肥的制碱新方法——"侯氏碱法"，一举开创了世界制碱工业新纪元，为国家和民族赢得了尊严。

抗日战争爆发后，久、永、黄在塘沽的企业需搬迁，青岛与南京早晚也会受到战火波及。范旭东深谋远虑，决定尽早西迁抗战大后方四川，在后方建立民族工业基地，长期支持抗战，以取得最后胜利。1938 年，南京硫酸铵厂的部分重要机器被搬迁运往重庆，并在重庆建立了机械厂。同年春，在重庆市分别设立久大、永利经理处。在总经理范旭东率领下，久大由李烛尘任副经理，永利由范鸿畴任副总经理，并在香港设立办事处。范旭东组织全体同人自力更生，克服战乱影响，表现出崇高的爱国主义气节和强烈的民族主义精神。他大义凛然地提出"宁可工厂被炸毁，也不与日本人合作"，并拆毁精密设备，带领工程技术人员搬退到四川五通桥，重建"新塘沽"，开辟中国华西化工基地，继续生产纯碱，建成玻璃厂、植物炼油厂、酒精厂、酱油厂等，承办煤矿开采，利用黄海社发明技术，研制生产出多种化工产品，以实际行动支援抗战。还在四川五通桥首次用现代方法钻出千米深井，打出天然气和石油。1944 年，他创建了中国首家民营海洋研究机构——海洋化工研究社，研发出氯化钾、硼酸、溴素等产品，为川西盐化产业的发展奠定了基础。该社在抗战胜利迁回天津后，研发出多种新产品，填补了我国化工产品空白。

抗战期间，范旭东已在为中国描绘胜利后的工业蓝图，确定了宏伟的"十厂计划"。除在南京建立汽车制造厂与白石港水泥厂外，还将在湖南湘潭建立大型制碱厂。西北也规划了一些厂矿，并计划抗战胜利后选派数十名科技人员出国深造。实现"十厂计划"需大量资金，范旭东为筹措资金又几次赴美国洽谈。他以个人及永利在国际上的声誉，向美国银行借到 1600 万美元贷款，只需中国政府签字作为担保，即可完成贷款手续。宋子文长期梦寐以求控制久、永、黄企业，竟趁机以入股相要挟，范旭东不对任何恶势力卑躬屈膝，断然拒绝。借款事宜因此搁浅，范旭东因而闷闷不乐。1945 年 10 月 4 日，范旭东因患急性肝炎医治无效，在重庆沙坪坝寓邸不幸逝世，终年 62 岁。就在范旭东逝世后第二天，驻重庆的中共南方局《新华日报》以《我国民族工业巨子范旭东先生逝世，工业界人士筹备举行追悼》为题，报道了这一消息。消息说："范氏于今夏由美归国，因在美借款成功，精神颇为愉快，惟回国后因当局对借款事迟迟未予批准，致郁郁不乐。"并对国民党政府遏制民族工业的倒行逆施作了揭露。

### （二）范旭东的重要贡献

回望百年前，范旭东出生、成长和创业的年代，正是 19 世纪末到 20 世纪中叶，也是中国积贫积弱、任人宰割的时代，更是被迫融入世界，加速向近代化和现代化转型的时代。真正的强者从来不抱怨环境，而是依仗自身的力量，塑造自己的命运。范旭东从中国内陆省份湖南出发，东渡日本求学，学成归国后短暂就职于民国北洋政府，后来看到中国与西方的巨大差距，也看到了民众对于食盐的巨大需求，毅然走上了盐业报国、科技强国的道路。这条道路，虽然艰难，但他却开创了近代中国民族化工工业的新坦途，如同北斗星辰，独立高悬，照亮着后人前行的道路。范旭东先生一生德、功、言三立。论其德，会聚当时中国出类拔萃的技术、管理、经营精英于麾下，形成了上下同欲、克难攻坚的"永久黄"团体，可谓大行德广；论其功，从 1914 年创办久大精盐公司始，1917 年创建永利制碱公司，至 1937 年 2 月永利南京硫酸铵厂顺利投产，从此中国近代化学工业形成酸、碱两翼，其功盖世无双，而且这些企业跨越一个世纪，至今仍然在经营，真正做到了"百年老店，历久弥新"；论其言，创办《海王》旬刊，弘扬企业家精神和科技创新思想，并亲力亲为，一生笔耕不辍，至今仍然影响后人，概括而言主要有以下七个方面。

1928 年 3 月久大永利总管理处同人合影，前排左五为范旭东

　　一是积极支持了中国共产党的革命事业。范旭东虽然并不是一个热衷于政治的人，但他却是中国共产党的亲密朋友。在辛亥革命胜利后，他曾短暂在北洋政府工作，参与币制改革，旋因不满政治的腐败而离职，后来未曾加入任何党派。范旭东创业以来，被官僚刁难，被军阀绑架，受"四大家族"排挤，亲历了许多磨难，十分厌恶旧官场的昏庸和腐败，两次拒绝蒋介石到国民党政府担任部长的邀请。西迁到四川后，范旭东借住在好友张伯苓重庆沙坪坝的津南村，他在那里接待了周恩来、董必武、林伯渠等人，并在重庆谈判期间收到毛泽东到解放区办工厂的邀请，逐步对共产党人产生了积极认识。范旭东在晚年多次向身边人员表示"中国的未来，看来只有靠中国共产党才有希望"。1943 年 9 月，范旭东预判到抗战即将胜利，积极筹划战后化工事业发展，向国民政府提交了《永利化学工业公司创建化工工厂十所办法大纲》，就工程设计要点、资金筹划等做了说明。但是当时国统区经济混乱，通货膨胀严重，企业生产经营资金周转极其困难，"十厂计划"更是举步维艰。范旭东经过与老友南开大学经济研究所所长、经济学家何廉商议，决定筹办自己的银行。经何廉推荐，范旭东的湖南同乡龚饮冰承担了这份重任。龚饮冰正是周恩来亲自领导的，长期从事党的地下财务、交通和秘密工作的中共党员，当时化名龚再僧。周恩来知晓此事后，考虑到投资银行不仅便于掩护党的秘密工作，还可以支持民族工业发展，随即指示龚饮冰用党的部分营运经费与范旭东共同创办建业银行。由于当时永利、久大两公司的积极良好影响，带动了当时社会对建业银行的认可，促进了金融业务发展，进而间接帮助了中国共产党筹集革命经费。1945 年 9 月 17 日，毛泽东在重庆桂园举办茶会，招待产业界人士，接见了范旭东、李烛尘等人，赞扬他们为民族工业所作的贡献。

二是开启了近代中国化工自强之路。范旭东在天津塘沽提炼精盐，创设盐厂，结束了几千年来中华民族与其说是吃盐，不如说是吃土的落后历史；同时，将盐业尽可能地全面商业化、市场化，也一举将与权力深度绑定，没有丝毫创造力可言，隶属于寄生阶层的旧盐商们扫进了历史的垃圾堆。然而，如此意义重大，却只是他毕生事业中难度相对较低的一件事了。抗日战争爆发前，范旭东在天津塘沽先后创建了永利和久大两家公司，以生产盐碱，让塘沽这个名不见经传的滩涂之地，一跃而成为民国时期的"化工圣地"。在这里，他和同事们打破多项国外"卡脖子"技术制约，开创了我国纯碱、化肥工业及微生物学研究的先河，这对百余年前尚不能"国货自强"的化工工业尤为珍贵。

三是为中国民族化工发展奠定了基础。范旭东创办久大、永利、黄海等公司，担任总经理31年，可谓呕心沥血，为中国奠定了化学工业基础。无论是在京津冀，还是在南京、四川，范旭东和他的同人们创建的许多工厂至今仍然在发挥着作用。比如范旭东1934年在南京创建的永利铵厂，即是中国化学工业的摇篮——中国石化集团南京化学工业有限公司的前身。90年来，南化先后在煤化工、催化剂、精细化工、大型化工设备制造等领域创造了数十项全国化工之最，培养了5名院士，向国家输送了1.3万多名人才，奠定了中国基础化学、石油化工从无到有、从弱到强之基础。而在天津滨海新区，范旭东和同人们创建的久大精盐、永利碱厂几经辗转，至今也还在生产。新中国成立后，1952年，黄海社划归中科院，成为现中科院微生物研究所和北京化工研究院的重要组成部分。同年，永利化学工业公司成为第一批公私合营大型企业，1953年，久大盐业公司实现公私合营，后与永利公司合并重组，盐田划归塘沽盐场、汉沽盐场管理，逐步发展为现渤化集团、渤化永利化工等企业。渤化集团近 20 年先后历经三次重大搬迁，累计投资 700 多亿元，重点打造临港、南港、大港三大化工产业基地，靠总体实力再次荣登中国企业 500 强，已成为中国制碱工业的摇篮和近代化工业的策源地。

《久大盐厂之一隅》《精盐出厂》，载于 1932 年 12 月《塘沽之化学工业》

基木工基之築木原料

塘沽之盐田

初 步 工 作

化盐装置

《塘沽之盐田》《化盐装置》，载于 1932 年 12 月《塘沽之化学工业》

四是诠释了"工业先导，功在中华"的爱国精神。范旭东和同人们的创业初心便是"为救国家危亡而办实业"，他们打破国外封锁，艰苦卓绝，鞠躬尽瘁，打造举世闻名的"永久黄"团体，攻克多项"卡脖子"技术，展现了实业报国的赤子情怀。范旭东给我们这个民族，留下的是百年的遗产，而他当时的创业、发展、经营环境的艰难，实是现代人无法想象的。他因不忍国家之落后，为列强之所欺，创业于国家动荡之时，还要与腐败落后的政治势力周旋，要与依仗垄断特权的外国企业做商业斗争，几次面临资金断裂，甚至被军阀绑架勒索，陷入性命难保的险境。当抗日战争爆发后，为了支援全民族抗战，他毁厂纾难，又带领着几千"永久黄"集团的职工，万里西迁，进入川渝地区，重启事业。在长期的爱国实践中，范旭东创立了宝贵的"永久黄四条"，即：我们在原则上绝对地相信科学；我们在事业上积极地发展实业；我们在行动上宁愿牺牲个人顾全团体；我们在精神上以能服务社会为最大光荣。"四大信条"是范旭东携"永久黄"团体在长期艰苦创业、矢志救国的实践中精心提炼而成，全面概括了"永久黄"团体的思想、观念、作风、道德规范、行为准则，使"永久黄"团体有了共同的信念和是非标准，极大地增强了企业凝聚力，激发了职员、工友们奋进向上的热情。新中国成立前后，"永久黄"团体在海外进修、培训、工作的科学技术人员，无一例外回归祖国报效国家。这就是"四大信条"所唤起的企业凝聚力。

五是弘扬了矢志不移的科技创新精神。历经二十多年，范旭东连续三次创业成功，在中国贫穷积弱、列强环伺、军阀割据中燃起一把科学的火种。着眼未来，范旭东不图一人之享受，一家之私利，以极具前瞻的视野，全面资助科学研究的发展，为民族国家后来的振兴留下了火种。久大、永利的事业刚有一点起色，范旭东便创造了"黄海研究社"，不遗余力，甚至倾其所有地进行资助。而研究社的发展目标，则是"为国内树工业学术"。范旭东亲自为"永久黄"集团确立"四大信条"的第一条便是："我们在原则上绝对地相信科学"，这在百余年前的旧中国是具有领先精神的。关于这信条，范旭东既拒绝成为以上对下进行压迫式"政治意味"浓厚的约束，也反对成为盲从而无活力的"宗教形式"的愚昧狂热，而是回归到"以应付目前需要为依归的一种实际的团体生活规律"。这种生活规律，要求领导者在日常的工作生活中，去做出实际的表率。比如，永利制碱一波三折，面对困难和挫折，范旭东做的第一件事，并非盲目地追究责任，而是和侯德榜等技术专家一起，逐个流程地进行科学的分析：是生产建筑不符的，拆了重造；是实验设备不达标的，去海外重新购买；是实验流程不确定的，则反复实验，各种对比。寻找问题，分析原因，最终制造出惊艳世界的纯碱。可以说，范旭东相信的科学，不仅是化学公式，还包括科学的管理，科学的流程，以及更重要的，一切唯科学的态度。从永利 1914 年开始创办，到 1955 年"永久黄"集团完成社会主义改造，在这长达四十余年的时间里，这个诞生于范旭东之手的集团，一直展现着自己强大的生命力和勃勃生机。

六是培养了一大批优秀人才。当新中国成立时，范旭东所创立的"永久黄"集团，成为新时代工业建设的核心力量之一。如作为技术核心的科学家侯德榜，出任了化学工业部副部长、中国科协副主席。而精于管理的李烛尘任食品工业部、轻工业部部长，1964 年当选为全国政协副主席。黄海研究社的负责人孙学悟博士，则担任中国科学院工业化学研究所所长。诸如此类，不胜枚举。无怪乎周恩来总理曾感慨地说："永利是个技术篓子。"毛泽东后来更是说："有四个人不能忘记。讲重工业，不能忘记张之洞；讲轻工业，不能忘记张謇；讲化学工业，不能忘记范旭东；讲交通运输，不能忘记卢作孚。"

七是积极支持了教育和社会事业。范旭东先生热心学术活动与教育事业，曾担任中国自然科学社理事 30 余年，曾被推选为中国化学工业会副会长、中国化学会副理事长，担任中华书局董事，是天津南开大学和湖南私立隐储女校校董；还创办了静生生物调查所、中国工业服务社、海洋化工研究社等学术研究机构。他对南开大学的教育发展尤其支持，1931 年，受张伯苓校长的委托，何廉将南开大学商学院、文学院经济系和社会经济研究委员会合并，组成中国大学中第一个经济学院。范旭东受邀出任董事会董事，积极捐款助学，同时将工厂向南开大学师生开放，让学生们实地了解企业生产经营，提升学生实践能力，促进了南开经济学科持续稳定地发展。同时，范旭东还支持南开大学创建理学专业，1919 年，孙学悟应张伯苓邀请，满怀振兴中华之志离美回国，为南开大学筹建理学系。孙学悟后来被聘请到永利公司担任化学家，作为回报，范旭东也积极支持南开大学理学系发展。此外，"永久黄"兴办医院，为职工免费医疗，率先实行八小时工作制，建设工人宿舍、食堂、浴室，建设篮球、网球、台球等体育设施，成立京剧话剧艺术团体，创办工人艺徒班，自办高等职业教育，让企业得以兴盛，让城市得以蓬勃发展。资料显示，至塘沽解放时，仅两厂厂区面积比创业初期就增长近 3 倍，职工住宅面积也已占塘沽城区住宅面积的 37%。20 世纪 20 年代末，由于"永久黄"事业的发展壮大，为了"互通消息，联络感情"，范旭东决定创办一个刊物，作为"永久黄"团体的喉舌，成为联结团体间的桥梁与纽带。1928 年 9 月 20 日由范旭东主持创刊，定名《海王》。刊名出自久大的"海王星"商标，寓意深远。这也是中国第一份民办企业刊物，也正是因为这份刊物，成为人们了解范旭东思想的重要载体。

### （三）范旭东的商道思想

在中国国家博物馆，有一个常设大展《复兴之路》，其中有一块图版引人驻足：新文化运动时期主要思想流派。上面列举了十余种"主义"或思潮，各自都有代表人物。

其中，"实业救国"的主张是：视实业救国为重要手段，力主经济立法，发展金融，发达国家资本，保护民族工业，引进外资。范旭东就是其中的代表人物。

近代中国，民族危机深重，商人有血有肉有感情，懂得实业救国的迫切，但也明白普通人生活的不易和实际事务的复杂。作为一个实业家、企业家，范旭东是一个成功的商人，但并不唯利是图，而是有着深厚的商道精神。他在和合作伙伴孙学悟交谈时说："为了事业的发展，首先我要做个样子。"这种亲力亲为的精神，正是以中华儒商传统为主的中华商道，是中华优秀传统文化的重要组成部分，至今仍然在影响着现代企业家。

一是敢于抓住时代机遇。1914 年，31 岁的范旭东在天津塘沽创办久大精盐公司。1917 年，筹办永利制碱公司，1920 年兴建永利碱厂。1922 年，创办黄海化学工业研究社。1924 年，接收青岛制盐及出口权利。这十年是范旭东创业成功的第一个十年，也是为后来的成功夯基垒台的重要起点。为什么范旭东此时能够成功呢？时代的机遇是一个重要原因。从国际局势看，1914 年第一次世界大战爆发带给了中国一个发展现代经济的绝佳契机。西方列强国家纷纷卷入了一场帝国主义之间的不义之争，其社会生产力大多用于供给战争，对中国的倾销放缓。例如，1914 年中国的进口总额为 56924 万海关两白银，第二年则骤降至 45447 万海关两。进口的减少促使中国的民族工业得以进一步扩张国内市场，迎来了又一个"黄金时代"。从国内形势看，巴黎和会之耻极大地刺激了国人的民族情结。这股情感力量也注入经济领域，实业救国、商战对抗、抵制洋货的声浪高涨，普通民众的爱国热情具体化为国货优先，吃穿用度由此与民族尊严紧密相连。国货潮起，顾客言必称爱国，商人言必称国货，各种品牌以爱国相号召。范旭东生产的盐、碱正是民众的生活必需品，市场需求量巨大；而他选择的天津，也是民国北洋政府时期重要的商业重镇。可以说，天时、地利、人和成就了范旭东。正如他在永利化学工业公司第二届股东会议上所说的："在企业发达的国家，此类基本化学工业，自然是由大资本家出来肩任，中国目前既没有大资本家，就是少有资财者其目光也未必就能见到这里，因此不得不由我辈书生挺身去干。"

二是以人才为本位。1918 年，范旭东在天津召开了永利碱厂成立大会，派得力干将陈调甫赴美学习先进技术，行前对他说："我们的事业若要成功，全在技术，你此次赴美，要在美国多方物色人才，古往今来事业的兴衰沉浮都证明：人才是事业的基础。"陈调甫在美求学期间，为永利物色了许多优秀的人才，其中最为出色的就是被称为"中国制碱第一人"的侯德榜。当时的侯德榜还不会制碱，而是善于制革，学化学的范旭东知道基础学科的重要，于是向侯德榜发出了邀请函，信中字字句句情深意切，侯德榜被范旭东打动，毅然放弃了美国优厚的待遇，回国和范旭东一起创业。作为企业家，范旭东深知人才的重要性，他在管理中也十分注重发挥人才的积极性，如他 1944 年8 月 7 日与合作伙伴唐汉三的信中也提到："今日的老兄，是有权有责的，只需'神而明之'。运用权责，使部下权责分明地做下去，效能就会高起来，而绝不是自己天天在公事房做例行公事所能做到的，甫兄主张'无为'，我以为一定是指这个而言。做首领的人，不着重运用头脑，促进全局，而运用手脚，料理日常公事，效能必不会提高，必须注意'劳于用人，逸于治事'。"正是他这种"得人者昌"的选人用人之道和"神而明之""运用头脑"的管理方法，吸引了侯德榜、孙学悟、陈调甫、李烛尘、唐汉三等一大批杰出人才，夯实了"永久黄"团体的事业发展根基。

三是强烈的家国情怀。经世济民的家国情怀是中华商道最优秀的品质。儒家强调格物致知诚意正心，目的不仅是修身齐家，更高价值追求在于治国平天下，这也是中华儒商安身立命的核心要义。辛亥革命后，留学日本的范旭东放弃了高校的教职，毅然回到中国。起初在北洋政府任职，后投身于中国的盐、碱化工事业。1928 年 12 月 7 日，他在永利制碱公司第五届股东会上说道："永利的事是应当做的，现在的国家，如果自己不能造酸制碱，就算没有办化学工业的资格，没有这个资格，就算不成其为国家。"提取精盐—制碱—造酸，可以说是奠定化学工业的"三部曲"，其中最艰难、最关键、最核心的一步便是制碱。所以范旭东认为，不能造酸制碱就没有办化工的资格。没有化工，严格来说，甚至不能算是一个国家。好比一个人不能自立，就不能算是一个有尊严的人。范旭东这番话并不算过激，当时西方对制碱实行垄断，他到欧洲的工厂参观便被拒之门外，对他来说是一种无比的屈辱，因此他把有很多条路的自己与只有自强一条路的国家绑定在一起，立志做"争国本"的事，雄心壮志化作朴实的一句"永利的事业是应当做的"。1940 年元旦，他在给公司同人的信中说："大势鞭策吾人，担负更重之任务，碱厂之外，必须将锤、焦两厂同时建造。"当时正是抗战时期，范旭东创办的永利、久大都已相继落入侵华日军手中，他二十余年的心血、几千万的资财被敌寇掳去，但他没有气馁，断然拒绝与日本合作，而是将工厂西迁，并毅然担负起建设国防化工的重任。

四是自强不息的创新精神。自强不息的创新精神是中华优秀传统文化的重要组成部分。儒家思想强调，"周虽旧邦，其命维新""苟日新，日日新，又日新"，而非固守一成不变。这种创新求变的科学精神在范旭东身上体现得淋漓尽致。范旭东坚信"唯学术研究，始有前程；唯有向大自然界进展这事业，可久可大"。也正是如此，"永久黄"团体一直秉持"我们在原则上绝对地相信科学，我们在事业上积极地发展实业，我们在行动上宁愿牺牲个人顾全团体，我们在精神上以能服务社会为最大光荣"四大信条。1934年8月30日，范旭东在《我的国防设计观》中写道："主持任何部分的人，必得理解科学价值的所在，抱必死决心，必须向科学方面进行，绝不疑惑。"此间，正是日本发动"九一八"事变，武力进犯中国东北，妄图侵略整个中国的狼子野心昭然若揭。范旭东清醒地认识到，中国人最缺的，不仅是武器，更是科学精神。因此他在文中写道：想要打破国人的旧习，也唯有改变他们的旧人生观，不然就会成为国防建设的心腹之患，危害更大。现在我唯一的愿望，就是在位的先生们能够认清民族弱点，痛加洗刷，做一般民众的矜式，这或者是中国国防设计成败的关键。范旭东虽然是化学家、企业家，却关心中国的国防和科学，其背后乃是自强不息的创新精神，尤其是他曾在日本留学生活12年，深知日本人的秉性，创业二十年时，他说过一番话："我总觉得中国受病已久，它的存亡关键，绝不在敌国外患的有无，完全是握在全国知识分子手里，知识分子教它兴就兴，教它亡就亡。"由此可见，知识和科学在其心目中的地位。

五是筚路蓝缕的奋斗信念。中华商道精神执着于"天行健，君子以自强不息"，范旭东产业报国、救国利民的奋斗精神正是这种自强不息的真实写照。1935 年 1 月 10 日，范旭东在《发展工业之最低限度的努力》中说："但是这其间还有一个主要的成分，这就是'努力苦干'了。办工业的困难，不独资本，还有其他，例如人才、组织，以及外来的压迫和国内的阻碍，处处都可以遇到难关，处处都可以讨着苦吃。假如没有奋斗的精神与毅力，失败准在目前，这是经验告诉我们，不是危言耸听。"苦干才能将理想变成现实。他作为企业创始人，以身作则倡导苦干精神，与团队成员克服了许多难以想象的困难，干成了前无古人的大事业。创办久大盐厂时，他每天和工人一起吃住，睡在办公室，从设计厂房、设备选择到机械安装都躬身参与。范旭东为自己定下三个原则：不利用公司钱财谋私利；不利用公司地位图私益；不利用公司时间办私事。当总经理 30 多年，他办事不配秘书、出门不置汽车，把全部精力投入事业。范旭东甚至多年未支薪水，又常投资和助人，没留下什么私人资产。他去世后，其夫人子女得到企业资助才有了生活保障。

### （四）范旭东的实践启示

当前，世界百年未有之大变局加速演进，世界之变、时代之变、历史之变正以前所未有的方式展开。从世界历史的发展来看，16 世纪以来，人类逐渐告别农业文明，进入以工业化为代表的资本主义文明。在"历史向世界历史的转变"过程中，世界上的各个国家和民族被"世界市场的力量支配"。其中，资本的逻辑成为近代以来历史的关键因素。在这一逻辑的主导下，原来相对隔绝的区域史和民族史加速向世界融入。1840 年鸦片战争及其后百余年间，中国遭到西方坚船利炮侵袭和外族铁蹄践踏，逐步成为半殖民地半封建社会，民众也陷入悲惨的境地。正如马克思所指出的："一个人口几乎占人类三分之一的大帝国，不顾时势，安于现状，人为地隔绝于世并因此竭力以天朝尽善尽美的幻想自欺。这样一个帝国注定最后要在一场殊死的决斗中被打垮：在这场决斗中，陈腐世界的代表是激于道义，而最现代的社会的代表却是为了获得贱买贵卖的特权——这真是任何诗人想也不敢想的一种奇异的对联式悲歌。"

究竟是什么样的思想和信仰，支撑着范旭东能一次又一次地从低谷中爬起来，攀登高峰？又是什么样的管理机制，能够让范旭东在大动荡的时代，聚拢人心，以保企业不散而事业永存？他的信仰很单纯，即"循工业救国之途，而以化学为出发点"。为此，他宁肯亲身去考察，去做实验，去抛弃掉个人一切生活所需之外的享乐，而把所有的精力和物力，都奉献到化工实业中去。正是这种无私的服务精神和行为，才能感召无数有志之士，加入"永久黄"团体，认定目标，拼命前进。范旭东无疑是一位伟大的企业家，其爱国、争先、创新和责任精神，对我们有着深刻的历史启示。

一是成就一番事业，必须胸怀爱国敬业之志。企业家为国担当、为国分忧的爱国情怀，是一个企业赢得市场、创造辉煌和基业长青的前提。范旭东创办企业的目的不是发财，而是"为中国树立基本化工""为中国奋斗""为救国家的危亡而办实业"。1933 年，为帮农民增产增收、脱贫致富，申办永利硫酸铵厂，他说："我们在今日去倡办企业，其目的并不在发财，如欲发财，亦不必费这些力量。我们是在革命。在今日中国倡办实业，其惟一的目的，就是救亡，就是图生存。我们知道，中国的一切事业因受列强的经济压迫，已达到绝境，我们想要翻身起来，想要解除这种压迫的苦痛，其方法就是我所说的革命——革列强经济压迫的命。"1941年，范旭东从香港回到重庆，又号召大家说："把我们的事业做成一颗民族复兴的种子。"

二是成就一番事业，必须有永争一流的远大抱负。范旭东选择的化工行业就是要与国际巨头同台竞技，敢于争世界一流。在那个时代做到了既努力学习外国先进科技和管理经验，又坚持独立办厂，不受外国资本和势力的控制。久大创业初期遭遇日商及国内旧盐商散布产品有毒的谣言，他没有选择硬扛，而是设法将帝制派人物杨度吸收为股东，通过杨度，将久大精盐送到大总统袁世凯的餐桌上，得到了后者的好评。久大因此一举破除谣言，声名大振。等到永利制碱厂开工，动了卜内门公司的奶酪，卜内门先是通过英国政府对中国政府施加压力，企图以高额税收吓退范旭东，待"红三角"纯碱刚刚量产成功，卜内门又降价40%，想用价格战把永利打破产。范旭东围魏救赵，将战场转移到日本。当时的日本同样没有本国工业用碱的生产能力，被卜内门垄断。永利"红三角"纯碱在日本大肆降价，卜内门不得不跟随。但"红三角"纯碱在日本碱市场占有率区区个位数，而卜内门体量庞大，时间长了亏不起，不得不主动讲和。经此一役，永利非但没被打趴下还越发坚挺。范旭东的成功启示我们，要敢于争创世界一流，以开放的心态积极融入国际竞争。

三是成就一番事业，必须坚定创新求变精神。范旭东注重创新、敢于冒险，走在世界的最前面。他认为，鸦片战争以来，中国人"师夷长技以制夷"，未能认识到科学的本质，无法在科学研究、技术创新上下功夫，所以他从创业之初便以私人捐款 10 万银圆冒险创办中国第一家民营科研机构——黄海化学工业研究社。由于有专门的研究机构支撑，范旭东的创业之路顺利许多，特别是发明世界第一水平的"侯氏碱法"，开启了世界制碱史的新纪元。1945 年前后，南非、巴西、印度等国请求永利公司提供制碱的科技援助，这意味着永利公司开始向全球输出自主创新的科技。除了技术创新，范旭东还十分注重制度创新、管理创新。他在当时组建一支世界一流的人才团队，有100 多名国内外一流大学的毕业生，其中大半是西方名校硕士、博士。譬如孙学悟、侯德榜、傅冰芝、李烛尘、唐汉三等人加入范旭东麾下后，竭诚作出贡献。管理上提炼出世界第一家企业精神——"四大信条"。为此，他领导"永久黄"团体创造了数十个中国、亚洲、世界的第一。勇于创新和不断超越是一个优秀企业家的核心素养，也是企业家进取伦理精神的体现。

四是成就一番事业，必须恪守诚信守法意识。诚信是儒家基本的道德行为规范。在企业治理上，范旭东十分注重"团体共同信条"，同时又极其重视以企业章程为"法"的科学管理。范旭东非常重视"团体共同信条"的作用。他认为："我们相信团体的生命，是集合团体内各个分子的生命而表现，一个团体如能得到各个分子的热心撑持，这个团体便不是一件虚无的东西。团体如何，……责任全在各个分子的肩膀上，……一个团体要有严密的组织，要有统一的意志，……团体信条就是严密团体组织、统一团体意志的利器。"范旭东也很重视以企业章程为"法"的科学管理，这是范旭东成功的重要经验。他认识到，随着事业范围的扩大，"同事分散各处，各人都有专责，用人一多，创业的精神，不免一天天稀薄而难以团聚，甚至把事业的成败，看得比一身得失还轻，如果真到这般地步，再想挽救恐怕也无从下手，岂不可怕！"有鉴于此，范旭东在公司内部加强了"立法"工作，他将公司共同的信条和业务管理章程"都用文字列举出来，做事业进行的基本，全公司自总经理乃至雇员，都应受这信条的支配和章程的管理"。

五是成就一番事业，必须勇于承担社会责任。企业家精神中的社会责任是一种伦理责任，它要求企业家在从事经济活动时，应当合乎伦理地对待利益相关者、社会以及自然环境，并负起相关的伦理责任。生活中，范旭东脾气暴躁，但对待同事平等温和，他本人殚精竭虑，办公桌下设有大抽屉，用来放被褥，时刻做好"睡办公室"的准备。对员工福利，他关注到极其细微的角度。他在国内首倡 8 小时工作制，而且认为让技术人员把时间花在琐碎中得不偿失。所以，早在1920 年，他就为单身员工建宿舍，员工在工厂还可免费理发、洗澡。此外，工厂还自建了幼儿园和小学，以及中国最早的企业职工医院。技术人员的待遇就更高了，据说工厂统一提供的小区中设有网球场、游泳池等，家庭用煤也由厂方免费供应，而且只要打个电话，公司就会当天送货上门。到了夏天，工厂还会给员工送冰。他对员工慷慨，在家里却生活简朴，公私分明。薪俸所得，除必要生活开支，大多捐给了黄海化学研究社。"不染烟酒，不事赌博。至纳妾蓄婢，更所禁绝。"这些细节说明范旭东对于社会的巨大责任。

在我们的历史中，并非没有卓越杰出的实业家、企业家，范旭东先生便是其中当之无愧的佼佼者。当然，人无完人，范旭东的脾气比较火爆，与人打交道时也喜欢批评人，但这并不影响他的人格魅力。如果说见贤思齐是中国式"成功学"的稳妥路径，那么范旭东先生，无疑是值得我们继续去尊敬、了解和学习的。

"海，是民族生存的生命线，凡是能够驾驭海的民族，没有不富而强的。"这是范旭东说的，也是笔者想与各位读者交流的范旭东的故事和启迪。

# 一、寒门贫家子，湖湘钟神秀

湘江北去，不舍昼夜。

在一个春日的周末上午，笔者驱车从湖南长沙出发，沿着湘江北上，一个多小时车程便到了湖南省岳阳市湘阴县城，路两边的油菜花竞相开放，和澄澈的江水相映成趣，展现出一幅初春江南的乡村美景。远处的桃花兀自开放，甚是热烈，一派自由烂漫之景象。每一朵花，都开得无拘无束，绚烂多姿，令人陶醉。

岳阳位于湘北，居洞庭湖东部，以范仲淹的《岳阳楼记》而闻名。湘阴是岳阳下辖的一个县城，置县已有1500余年历史，之所以叫湘阴，一说"山之北"，因"置城于湘山（黄陵山）之北，故曰湘阴"；一谓"水之南"，因"地处湘水之南，故名湘阴"。经过史家考证，"地居水之南"主要见于地方史志，如明嘉靖《湘阴县志》在《沿革》章节中载："南（朝）宋元徽二年，始割益阳、罗、湘西三县为湘阴……谓其地居湘水之南，故名湘阴。"

又如，明景泰《寰宇通志》载："南朝宋元徽二年分益阳、罗、湘西置地湘阴县，以其地在湘水之阴得名。"

明嘉靖《长沙府志》和清康熙、乾隆《湘阴县志》在《山川》章节中还对湘阴"地居湘水之南"详加说明："湘者相也，言有合也……湘（阴）以水名邑，合潇、蒸、沅三水环流其治，其曰'湘阴'者盖'三湘'之合名，非一水之散名也。"它明确指出，湘阴得名非指湘江一水之南，而指"三湘合水"之阴。

临水的环境，塑造了湘阴人柔且刚的性格。

县城文星街道西侧的三井头社区，有一座古旧建筑范旭东故居，2021 年被湖南省人民政府确立为省级文物保护单位。

爱国实业家范旭东

范旭东何许人也？

辛亥革命后，"实业救国"思潮兴起，仁人志士踊跃投入，范旭东就是其中最杰出的代表。他是近代中国化工实业家、中国化工科学研究的先驱、中国重化学工业奠基人，被称为"中国民族化学工业之父"。他将毕生的心血投入化学工业的发展，先后创办了久大精盐公司、永利碱厂、黄海化学工业研究社、永利硫酸铵厂等，其贡献主要集中于制精盐、碱，制盐酸、硫酸和化工研究，有些工厂至今仍然在生产。回望中国近代百余年的化学工业发展史，他的开创性成就令人赞叹。

久大精盐公司、永利制碱公司总办事处

湖湘文化源远流长，博大精深，是中华文化中独具地域特色的重要一脉。特别是近代以降，一批又一批三湘英才，以其文韬武略，叱咤风云，谱写了辉煌灿烂的历史篇章，使湖湘文化更为绚丽多彩，影响深远。相较于曾国藩、左宗棠、胡林翼、陈宝箴等文武重臣和王夫之、魏源、谭嗣同等思想家，作为民族企业家的范旭东无疑是独特的一位。

毛泽东在得悉范旭东去世后曾亲往吊唁，随后送去挽幛，并题词"工业先导，功在中华"。《新华日报》的挽联赞其"绩业早惊寰宇内，壮怀时在化工中"。

毛泽东题字"工业先导 功在中华"

中华人民共和国成立后，毛泽东在回顾我国民族工业的发展时，也曾说过有四个人不能忘记：他们是"搞重工业的张之洞，搞化学工业的范旭东，搞交通运输的卢作孚，搞纺织工业的张謇"。

卢作孚评价范旭东说："中国真正的人才，范旭东要算一个。"

与范旭东并肩创业的侯德榜，也就是侯氏制碱法的创始人，中国化学工业奠基人之一，也称赞："范先生乃工业斗士，建设导师，不仅公司之领导，实民族之英雄。"

胡适也评价范旭东："先生是一位超越前人的'新圣贤'。"

历史长河中的人物如过江之鲫，各式各样的都有，但范旭东却是有成就又有趣的一位。走进他的人生故事，仿佛狭窄的房屋打开了窗，使得阳光晃晃悠悠地洒进来，心底不断涌现出新奇的灵感和由衷的赞叹。

此刻，站在范旭东故居的房舍面前，历史的沧桑感油然而生。这栋房屋由两栋建筑合体建成。两栋建筑均坐西朝东，因地就势而建，平面布局不规整，砖木硬山搁檩结构，两坡水小青瓦屋面，两山马头墙。

范旭东纪念馆关于范旭东制碱新法的展览

主楼面阔三间，南北宽 9.45 米，东西长 21.09 米；副楼面阔一间，南北宽 5.02 米，东西长 21.09 米。

面积并不宽敞，据湖南省文物局资料，范旭东童年时便生活在这里。

今天，岳阳湘阴的人们为了纪念他，还在文星街道设立了范旭东纪念馆，并将纪念馆所在地命名为旭东社区。

与湘阴相邻的汨罗，范氏后人们还在当地塑造了范旭东像，用以勉励莘莘学子，向这位先贤学习，坚持科学的精神，努力学习，报效祖国。

睹物思人，回顾历史，范旭东从这里走出来，离开洞庭湖，以忧国忧民、创新至上的价值观和科技兴国、实业报国的追求，开创了中国民族化工的新天地。

## 1. 千年变局，英才辈出

1883 年 10 月 24 日，清朝光绪九年，范旭东出生于湖南长沙府湘阴县。

19 世纪中叶，中国面临着"数千年未有之变局"和"数千年未有之强敌"。这一变局的特征是近代化的历史潮流席卷着世界，也席卷着中国。近代化的标志，是发展科学技术，以机器生产代替手工劳动。

经历鸦片战争战败和太平天国运动的冲击，此时大清帝国已经摇摇欲坠。英法联军入侵，京师失陷、圆明园焚毁……

深居内陆的湖南也未能独善其身。由于连年兵祸和自然灾害，以农业为主的经济结构遭遇了冲击，造成空前的政治与社会动荡，湘阴在清末的经济状况也是每况愈下。

不过，与艰难的生活环境相比，范旭东出生地湘阴的人文环境和身边榜样却给他带来很多正面影响。

《周易》有言，物以类聚，人以群分。古人常说，命由天定，运由己生，风水轮流转。这句话揭示了命运的多重维度和运动变化，也说明了环境造就人。

第一个榜样便是左宗棠，他是我国近代杰出的政治家、军事家、思想家，也是一位在半殖民地半封建时代的中国，不奴颜婢膝，敢于抵御外侮的杰出爱国者。中国人民大学历史系教授杨东梁认为，左宗棠的历史贡献，可以归纳为三点，即：近代中国国家统一、主权完整的捍卫者；中国近代化的先驱者之一；中华优秀传统文化的继承者、发展者和践行者。

1812 年 11 月 10 日，左宗棠出生于湘阴县东乡文家局左家塅（今属岳阳市湘阴县金龙镇金龙村）一个没落的书香之家，至 1885 年 9 月在福州去世，享年 73 岁。

左宗棠被誉为清代"中兴名臣"。纵观他的一生，少年不得志，1827 年应长沙府试，取得第二名。1832 年，在长沙参加乡试，但此后 6 年中，3 次赴京会试，均不及第，以教书和担任幕僚为业。

中年戎马倥偬。1852 年，太平天国大军围攻长沙，在郭嵩焘等人劝勉下，应湖南巡抚张亮基之聘出山，投入到保卫大清江山的阵营。后太平军围攻长沙三个月不下，撤围北去，左宗棠一生的命运由此改变。后辗转加入曾国藩的湘军，参与镇压太平天国。1860 年，在太平军攻破江南大营后，左宗棠以四品京堂候补，随同钦差大臣、两江总

左宗棠故居

督曾国藩襄办军务。并在湖南招募 5000 名乡勇,组成"楚军",赴江西、安徽与太平军作战。所到之处攻无不克,战无不胜,军功加身。于 1861 年任浙江巡抚,1863 年升任闽浙总督。

花甲之年率军西征。1867 年,左宗棠以钦差大臣身份督统军队镇压捻军、回军,至 1873 年底处理完同治陕甘回变。1875 年,以钦差大臣督办新疆军务,仅一年多时间便收复除了伊犁以外的新疆领土。1882 年,沙俄正式交还伊犁,左宗棠第五次向清廷提议设立新疆省,经过筹划 1884 年正式建立,为新疆省的建立立下了汗马功劳。

1881 年,左宗棠出任军机大臣兼在总理衙门行走,管理兵部事务。是年 10 月,调任两江总督兼南洋通商大臣。1883 年,越南局势恶化，左宗棠上奏，自请赴边督军，并令王德榜招募士兵组成恪靖定边军，准备作战。

1884 年 9 月，已经 73 岁高龄的左宗棠，以钦差大臣身份督办闽海军务，抗击法国侵略。一生为了捍卫祖国领土完整，抵抗侵略作出了不朽贡献，是我国历史上著名的爱国将领。

1883 年范旭东出生时，左宗棠已经 71 岁，但他的传奇故事经乡里传颂，从小便在幼年的范旭东心中种下了家国情怀和民族复兴的种子。1884 年 1 月，正值春节，左宗棠因病请假回乡调治，4 月因中法战争战事紧张提前销假，6 月入京任军机大臣。这段时间，两位历史人物在湘阴有了交集。

左宗棠作为一品大臣，回乡过春节自然成为湘阴的话题。当时范旭东虽然年幼，但其家中长辈必然知道这样一位大人物回到了老家，并将其故事在家乡传播，对乡邻的影响无疑是巨大的。

对范旭东有影响的第二个榜样人物便是同为湘阴人的郭嵩焘。今天的湘阴县三井头社区十字街仍然有郭嵩焘故居，这座被称为"耕心堂"的老宅与范旭东故居都在十字街，距离湘阴县设立的范旭东纪念馆也不过三公里距离。

郭嵩焘在晚清历史上也是一个传奇。他是中国历史上第一位驻外公使，被称为近代中国的先行者，更是一位近代学者、思想家，曾亲身参加了抗御外国侵略的两次鸦片战争；太平天国运动爆发以后，成功劝说曾国藩出山开创了湘军的格局，并成为曾国藩的重要谋士，在湘军中发挥了至关重要的作用；洋务运动中，他是积极的倡导者和支持者，与李鸿章一起积极引进西方先进技术；19 世纪 70 年代我国边疆危机之际，他毅然受命，出使英国，成为我国首任驻英国、法国的公使，是第一个走出中国国门，意识到中国必须走向世界的人。

郭嵩焘纪念园

1818 年，郭嵩焘出生于湘阴县的一个商贾之家。祖父郭世遴主持修建了本家祠堂"耕心堂"，还定下了"世家先立本，道德与文章"的家训，父亲郭家彪是一名中医，在当地颇有名气。由于乐善好施，郭家成为当地的名门望族。

1835 年，18 岁的郭嵩焘考中秀才，并于次年前往岳麓书院求学，与曾国藩结为同窗密友。1847 年，郭嵩焘考中进士，从此开始了宦海浮沉。1875 年，"马嘉理案"爆发，英国要求派大员去英国赔礼道歉，并派驻公使。1876 年，经李鸿章等人推荐，年近六旬的郭嵩焘带着"骂声"出任驻英公使。他在外国人面前不卑不亢，完全按照国际法处理外交事宜，得到了英国上下的一致好评。更加难得的是，他跳出了"师夷长技以制夷"的怪圈，意识到在西洋所谓的长技——坚船和利炮——的背后，有更深一层的东西，"西洋政教、制造，无一不出于学"。仅仅"师夷长技"并不能"制夷"，也不足以挽狂澜于将倒。正如毛泽东所评价的，"一个不是贫弱的而是富强的中国，是和一个不是殖民地半殖民地的而是独立的，不是半封建的而是自由的、民主的，不是分裂的而是统一的中国，相联结的。在一个半殖民地的、半封建的、分裂的中国里，要想发展工业，建设国防，福利人民，求得国家的富强，多少年来多少人做过这种梦，但是一概幻灭了"。

在英国任职期间，郭嵩焘著有《使西纪程》等著作。由于此书对英国多有美化，打碎了清人固有的天朝上国的优越感，遭到保守派势力弹劾，加上副使刘锡鸿趁机作梗，1878 年 8 月，郭嵩焘被迫卸任回国。他回国后，直接辞官，到湖南湘阴老家蛰居，其间还曾在长沙曾国藩祠一隅创办学堂——思贤讲舍，直至 1891 年去世，再也没有回到官场。

1883 年范旭东出生时，郭嵩焘经历了仕途波折和出使英法，已经回到老家湘阴。这位"清朝二品要员"思想解放，身体力行"睁眼看世界"，并带回来许多西方的现代化观念和先进技术。这对当时仍然处于封闭内陆的湘阴无疑是一次巨大的刺激，也在童年范旭东的心中播种下了"走向世界"的梦想。

## 2. 少年丧父，境遇坎坷

范旭东的童年并不幸福。在他六岁时，父亲便不幸因病早逝，年仅 38 岁。

范旭东在《先兄静生先生行述》①中曾有记述："呜呼！吾同胞四人，弟早殇，而姊以廿岁卒。父没之日，锐（范锐系范旭东留学日本时的名字）年仅六龄，当父弥留，吾不知从此为无父之儿，犹叫号床侧，阻止亲长恸哭，恐惊病父之安眠。"

这段话读来令人动容。父亲去世时，范旭东不过是一个尚未上学的学龄前儿童，不谙世事的他还以为父亲只是睡着了，不让亲朋好友哭泣，担心打扰了睡梦中的父亲。

为了写作本书，笔者特意到湖南省图书馆查阅了《湘阴范氏家谱》，详细了解了湘阴范氏的历史。

握光绪三十二年（1906）修《湘阴范氏家谱》，范旭东祖籍湖南湘阴，属于"湘阴长乐范氏"。湖南省图书馆族谱资料显示，这一族始祖直谅公，为宋代范仲淹之曾孙，自姑苏宦游来湘任职，卒于湘阴葬于衡山。又六世至先辉公徙居辰州，其子训清于元初至元十年（1273）始来长沙，卜居湘春门外开福寺黑水塘壕上邓家神一带。家谱将范训清列为一世。四世兴旺公，明朝洪武十一年（1378）迁居湘阴一都长乐，生三子——添锡、添青、添佑。

从族谱来看，范旭东的祖上范仲淹，曾写过千古名篇《岳阳楼记》，其先天下之忧而忧，后天下之乐而乐的"忧乐观"和胸怀天下

---

① 国家图书馆编：《中国历史人物别传集》第 84 册，北京：线装书局 2003 年版。

的家国情怀影响着范旭东。岳阳因《岳阳楼记》闻名于世，被称作"忧乐之城"。范仲淹的后人迁居岳阳湘阴，冥冥之中似有亲族血脉的指引，不得不说是一种历史的巧合。

范旭东的曾祖父，名奇荣，官名骥，字北吾，号南洼。嘉庆二年（1797）丁巳十月三十日亥时生，同治九年（1870）庚午正月十八日亥时卒，寿七十三。曾任当时直隶大兴县知县，为官清廉，晚年息隐林泉。

范旭东的祖父，名章敏，字镜潭，号秩臣，道光六年（1826）丙戌十二月十八日戌时生，同治八年（1869）己巳八月初二日寅时殁，年四十三。

范旭东的父亲，名琛，字志和，号彦瑜（范旭东叙述范琛，字彦瑜），咸丰元年（1851）辛亥三月十五日午时生，光绪十五年（1889）己丑五月初二日未时殁，年三十八。

范旭东出生时，上有哥、姐，他排行第三。

哥哥范源廉（1875—1927），字静生，民国时期著名教育家，维新变法人士。1905 年后任清廷学部主事、参事，参与创办清华学堂。因北洋政府内阁变化，多次任教育总长。曾举荐蔡元培出任北京大学校长。与黄炎培、蔡元培等发起组织中华职业教育社。1919 年组织尚志学社。1923 年出任北京师范大学首任校长，后任中华教育文化基金委员会董事、董事长，并曾担任南开大学校董。有关范源廉的故事在笔者所著《范源廉传》中已有详细记载。

范二姑，范源廉妹妹、范旭东姐姐，许宁乡周氏，光绪二十六年（1900）二月去世，20 岁，未婚而卒。

如今来看，范旭东的祖父和父亲都是英年早逝。祖父仅 43 岁，父亲仅 38 岁，其兄范源廉也仅享阳寿 52 岁。

1889 年，长江流域大水，史料记载湖北汉阳府汉口镇等处"灾黎扶老携幼远来就食者，已有五万余口"。大水之后又遇大旱，长沙、湘阴一带田地干裂，颗粒无收。穷苦缺粮断炊者不计其数，饿殍遍野。以教书为业的父亲去世，家境一落千丈，一贫如洗。

是年，范旭东尚不到 7 岁，哥哥范源廉也才 13 岁。为了养活家庭，料理丈夫范琛的后事，偿还治病的欠款，在范氏宗亲的帮助下，范旭东的母亲谢氏在洋沙湖畔范家塅野鸭冲，购买族叔范占化薄地，横一丈六尺、直二丈五尺，安葬丈夫，然后将县城三井头的房产变卖还债。一贫如洗的谢氏只好带上子女寄居在长沙省立慈善机构保节堂，以帮人浆洗衣服和做针线手工活儿维持生计。

说到这里，有人认为范旭东的兄长范源廉出生在长沙，也有人认为其出生在今岳阳汨罗，我尝试着作了一下历史的考证。

范旭东在其自述中写道："吾家世居湘阴，先世本江苏籍，考讳琛，字彦瑜，以儒行见备乡邑，授徒省垣，不幸早没。"从这段话来看，范旭东祖辈都生活在湘阴，父亲本来是江苏籍，从江苏迁到湖南，以在乡野从事教育为生，不幸的是早早过世了。

根据《湖南省人民政府关于公布第十一批省级文物保护单位名单的通知》文件中"第 7 页、序号 69、编号 11-5-053、名称范旭东故居、时代 1889、地址岳阳市湘阴县文星街道三井头社区"的信息可知，范旭东幼年时是住在老家湘阴县县城的。明洪武二年（1369），湘阴州改湘阴县，隶属潭州府（长沙府）。清朝沿袭明制。

从明朝直至中华人民共和国成立初，湘阴均属长沙。因此，新中国成立前，部分文献记载范旭东出生于湘阴（时属长沙府），部分文献简略记载范旭东出生于长沙（此长沙应指长沙府），并无冲突。

而新中国成立后，20世纪80年代，全国普修县志。查找各地县志，《湘阴县志》明确记载：范源廉，出生于湘阴城郊泛爱坪，幼年丧父，与弟旭东随母寄居长沙市立保节堂。

此外，据余啸秋《一个创业者的成长》一文，1883年10月，范旭东诞生在湖南湘阴一个叫东乡的小乡村。此文献来自于《久大厂史资料》，对创始人身世的记载理应可靠。

因此，认为范旭东出生于湘阴是准确的，只不过由于家庭变故，童年随母亲到长沙后得姑母和慈善机构保节堂的资助，此后长期在长沙求学和读书。

## 3. 聪慧好学，时势迫人

长沙作为湖南省会，历来是人文荟萃之地，读书讲学之风极盛。当地有名的岳麓、城南、求忠三所书院的执教者，注重做人。范旭东虽出身寒门，却受当地风气所熏陶，从小受到传统教育的陶冶和启蒙。幼年的生活磨炼，以及先祖范仲淹忧国忧民思想的影响，成为范源廉、范旭东兄弟俩历经艰险仍不断前行的精神动力。

在我国以科举制为核心的传统封建教育模式中，旧式学堂分为官学和私学两种。地方官学包括府学、州学、县学；私学包括家馆、私塾等。由于官学不包括蒙养教学，因此这项教育任务，多由民间承担。从一定意义上讲，私塾教育基本构成了我国初等和幼儿教育的全部。它最早在春秋战国时期就有历史记载，到唐宋时期已经非常普及，出现了如唐代李瀚的《蒙求》、杜嗣先的《兔园册府》等蒙学读物。到了宋代，则编撰或改定了《三字经》《百家姓》《千字文》《千家诗》等，也就是人们常说的"三百千"。到南宋时期，蒙学已经开始分化出村学、义学、族学和冬学等各种形式。至明清时期即已非常成熟。

由于范旭东的父亲是乡村私塾教师，范旭东从小也受到父亲的熏陶。清朝时期，家塾多由少数富豪延聘教师，培养其子弟，也兼收亲戚、友人和乡邻子弟。这种私塾教师一般要求学问与人品俱佳，其教学质量上乘，而且受教师以身作则、行为世范的传统儒家观念影响，老师们往往必须严格自律，循规蹈矩，把自己的一言一行都纳入儒家的礼仪规范之中，而不能率性而为。

私塾不同于学校教育，也不同于家庭教育。从教育阶段来看，相当于近代的小学教育。入塾的学生多在 5 岁以上，教学内容主要是识字与写字、读书与作文、伦理与道德等几个方面。概括而言，既教基本的做人道理，也教儒家的文化基本功底和学习方法。比如《三字经》明确强调"凡训蒙，须讲究。详训诂，明句读""口而诵，心而惟"，意思是说启蒙训练要讲究基本方法，读书要理解其基本词义，清楚断句，大声朗读，用心领悟。

据范旭东自述，"吾父所遗者，书籍数匣外，无他长物"，"兄归，学业大晋，受江左刘氏之聘，为教其幼孙"。

作为私塾教师的父亲去世后，除了几匣书，没有留下其他的财物。兄长范源廉到长沙清泉学校读书回来后，便受聘到江左刘氏家中，帮助教育其年幼的孙子，范旭东也跟随哥哥开始学习。加上家族有重视教育的传统，在舅舅谢肇玶（字修之，时任长沙西乡团练局局长）和姑姑范吉贞（终身未嫁，43 岁病逝）的资助下，范旭东、范源廉兄弟俩得以就学。

尤为可贵的是，在饥寒的生活中，母亲始终没有放弃对孩子学业的培养。她白天让范源廉跟随舅舅读书，入夜自己做针线活，又把他叫到灯前督促诵读。范旭东则跟着姑姑学《诗经》《左传》。兄弟俩学习都十分刻苦用功。

范旭东自幼聪明机敏，三四岁时就能随着父亲"之乎者也"唱读《百家姓》《神通诗》。随着年龄的增长，他的求知欲也愈加强烈，渐渐地，"四书五经"之类已满足不了他的兴趣，转而好读小说、游记、传记一类的书，常常是从早到晚手不释卷。而这也为范旭东打下了坚实的国学基础。

由于私塾的学习内容基本上是汉语言，没有数学，更没有音乐、美术和体育、科学等内容，而传统蒙学教材灌输的往往是"三纲者，君臣义，父子亲，夫妇顺"等封建伦理和"扬名声，显父母，光于前，裕于后"的光宗耀祖思想，加上私塾的教学主要靠背诵而不是讲解，即使有讲解也是单向的灌输。当时，清朝江山已经摇摇欲坠，但科举制度仍然没有废除，私塾启蒙教育仍然以应对科举为主，而不是解决现实问题，因此很容易遭到学生的反感。

范旭东稍长，在姑妈资助下，入长沙北乡捞刀河吴镜蓉馆学习八股试帖，但他对八股文章很反感，曾说："八股文章代圣贤立言。我要自立，我有主见，应由我尽量发挥。要我伪装圣贤来说假话是不可能的。"[①]

1894 年（清光绪二十年）甲午中日战争爆发，范旭东已经 11 岁，对时局已有基本判断，清军接连受挫，湘军统帅吴大澂奉旨出关迎

---

① 任可毅：《纪念范旭东先生》，见《工业月刊》，1994，3（11）：21.

敌，在牛庄一战大败。日军席卷辽东半岛，北洋水师全军覆没。

第二年，清政府在强权压迫下屈辱签订了《马关条约》，被迫割让台湾、澎湖列岛，先后被勒白银两万万两。这对当时的国人刺激是巨大的。毕竟，自1840年鸦片战争以来，"清政府标榜的以'自强''求富'为中心的洋务运动整整搞了三十多年"，却在战场上遭遇惨败，使中国社会受到强烈的震撼。消息一经传出，举国民众无不痛心疾首，义愤填膺。

吴大澂率师回湘后，一病不起，手谕岳麓、城南、求忠三所书院诸生卧薪尝胆，发愤图强，以雪奇耻；并召集省中有志之士筹划自强之道。大家认为要自强首在培养人才，激励学术。

此前，湖南作为湘军的大本营，与沿海省份相比，受国外影响较小，仇洋排外的心理较强，社会风气趋于保守。一个例证体现在对待中国第一任驻英公使郭嵩焘的态度上。湘人们在拔电线、拆铁轨之外，甚至聚众围攻提倡向西方学习的郭家，将他捐修的上林寺纵火焚毁，并对郭进行大肆人身攻击，以此表明自己拒绝开眼看世界和抵制洋务之决心。挽救了清朝命运的湘军面对日本侵略军并没有创造奇迹，昔日战绩构筑的壁垒在甲午惨败之下土崩瓦解，湖南人自高自大和盲目排外心态终于有了转折。

正如谭嗣同在致其老师欧阳中鹄的信中所写，湖南人因甲午战败而敲响警钟，结束盲目自大的仇洋心态，这样惨痛的教训亦可以视为中国挫败中的一丝曙光。

正由于之前的闭塞，甲午战争对湖南人的刺激较之其他省份又更深一层。这种巨大的心理反差为其他省份的人所没有，给湖南社会风气的转变带来了机会；湖南，从最保守的省份一变成为"全国最富朝气的一省"。

于是，吴大澂等人将省中的招贤馆改为求贤书院，教学中西学术并重。其中，中学以宋、元、明理学为主，史、地、盐、漕、兵刑、水利为辅；西学以英文、算学为主，声、光、电、化诸学为辅。

范旭东为新学所吸引，常去求贤书院阅读报章杂志，参与谈论时事，加上受兄长范源廉的影响，遂与传统的科举之路分道扬镳。

## 4. 舍师从兄，追随维新

19 世纪末，欧洲列强掀起一股瓜分中国的狂潮，民族岌岌可危。人们急切追求救国之道，有识之士或奋起革命，或提倡维新。湖南得风气之先。

此时的湖南，聚集了一大批开风气的士绅领袖。其中既有谭嗣同、梁启超、唐才常、熊希龄等思想激进的士绅新秀，他们大多年轻有为，敢作敢为；也有皮锡瑞、欧阳中鹄、朱昌琳等热心地方事务的士绅名宿，他们老成持重、稳健熟稔；也聚集了一批支持革新的官员，如巡抚陈宝箴、盐法道黄遵宪、学政江标和徐仁铸。官绅都有志于开风气，这在当时的中国各行省中十分难得。

1897 年 11 月 29 日，时务学堂在长沙成立。作为戊戌变法的主要产物，这所学校由谭嗣同等发起，得到了湖南巡抚陈宝箴的支持。陈聘熊希龄为督学（校长），梁启超为中文总教习。

陈宝箴之所以支持时务学堂，一方面是为了响应朝野教育改革的呼声，另一方面也是出于培养实业人才的需要。他亲自为时务学堂拟定了《招考告示》，并张贴于省城大街小巷。

这份告示于今日看来仍具有非常之吸引力。避开了千军万马过独木桥的科举考试，时务学堂的优秀毕业生可保送京师大学堂，或公费出国留学，最差也可保证派充使馆译员，或担任南北洋海军和船政局、制造局等中央控股企业办事员。

如此优厚的工作分配制度吸引了不少湖湘学子。第一批招生名额仅有40人，却吸引了4000人前来报名。录取率之低，可谓真正的百里挑一，即便博学如章士钊也未能考中，被时务学堂拒之门外。幸运被录取者后来皆有所成就，如蔡锷、林圭、杨树达、范源廉、李炳寰等青年才俊。

梁启超运用康有为在万木草堂的经验，主要讲授《孟子》与《春秋公羊传》，要求学生们深通"六经制作之精义"；通过教学活动，大力宣传变法理论，广泛地介绍西学，积极推行新政，宣传新思想，鼓励工商，对封建王朝的腐败进行了大量的揭露和抨击，把湖南的时务学堂办成了当时最负盛名的一所学校。

在时务学堂，学生们不仅学到了革新的知识，还学到了很多此前从未接触过的西方世界的状况，打开了了解国外发展的一扇窗户。据考证，播放投影是常见的教学方式。在投影屏上，学生们看到了英国伦敦的皇宫、街道、桥梁、饭店、马车、轮船、兵器库，看到了西方动物园中才有的狮子、大象、海马、鸵鸟，甚至还看到了英国"日不落帝国"时期的维多利亚女王画像。

范源廉在学校半工半读，将节余下来的钱供范旭东继续求学，并常常带些进步书刊，如李提摩太所著的《列国变通兴盛纪》《湘报》等给弟弟阅读，也帮助范旭东打开了新学启蒙的窗口。

据范旭东自述："戊戌国政维新，吾方就学乡间，于新政一无所闻，知兄于其时，力却刘氏之续聘，毅然投考长沙时务学堂，是实吾兄毕生事业之权舆，亦即其富于活泼进取精神之表现。中元，吾归省，兄谆谆以湘中情形相告，坚属勿为无益，断送难得光阴。""乡间学童不知有中国，遑论邻邦，书报启我好奇心不浅，私心颇伟吾兄之识见较胜于吾师。秋节放学归，决计舍师从兄。"

范旭东追随范源廉来往于革命者之间，耳濡目染，熏育于当时长沙的敦品是励学、朴实无华的气氛中，养成他刚健笃实的气质。

后来范旭东在回忆这段时期的史事中写道："记得辛亥革命前十几年清政府曾一度试行新政，他们知道非废八股、设学堂，振兴工商业不能立国。所以，在戊戌维新前后100天中，一切行政设施颇为有声有色，应有尽有。清廷严令各省奉行，尽管有些人反对，但也有些是奉行的。在各省中以湖南为最起劲。""他们的新政设施，短期间样样都做了一点，开了一个时务学堂，出版了湘报和湘学报。和民众接触的就是那空前的南学会，实行通俗演讲……那时年纪很小，住在乡下读书，只见到过一回，现在回想，与其说是听过，不如说是看过，更为恰当。那天，湖南各界名流到得不少，都是坐在台上，演讲的时候也不站起来，声音很小，又是文言，我一点不懂。记得只看见他们坐着摇扇子，仿佛还有一位抽着水烟，这一晃将近50年过去了，诸位听了，不要笑他们腐旧，要知道那时候，凡是官府出门就要鸣锣清道，排场十足，他们这样不同流俗，降格相从和民众接近，的确是下了最大决心。如果不是真正读通了书，而且有为国为民的心，绝做不到。"

正当湖南维新变法活动进展迅速之时，省中守旧士绅王先谦、叶德辉等群起攻之，指摘时务学堂离经叛道，并以暴力迫害维新人士。

1898 年 9 月，慈禧太后发动戊戌政变，囚光绪帝于瀛台，维新变法失败。康、梁被迫出走日本，康广仁、杨锐、林旭、刘光第、杨深秀、谭嗣同等六君子在北京菜市口蒙难。范源廉迫于形势向许玉屏借得盘缠，于 1899 年避居上海，与蔡锷、唐才常一起考入南洋公学。次年，应梁启超函邀东渡日本求学。

这也为范旭东后来赴日本留学埋下了伏笔。

## 二、避祸走东洋，求学开格局

　　自立军起义失败后，湖南巡抚俞廉三接时任湖广总督张之洞密令，搜捕唐才常余党，范源廉见形势险恶，担心受到株连，决定携范旭东东渡日本避难。

　　1900 年，深秋之夜，范源廉、范旭东在好友陈少芝的帮助下，藏进一艘赴鄂迎亲的商船舱底，从长沙经汉口转船，直奔上海而去，这一年范旭东 18 岁。

　　陈少芝与中国同盟会领袖黄兴是好友，后也来到日本留学，成为参加辛亥革命的有生力量。

　　到上海后，稍作停留，范源廉、范旭东两兄弟便登上了去日本的客船。站在渐渐离岸的甲板上，望着黄浦江畔熙熙攘攘的十里洋场，看到挂着各国旗帜的军舰和商船在上海耀武扬威，加之晚清政府的黑暗、堕落、凶残和腐朽，不由得悲从中来，一股想要救国图存的志向渐渐在范旭东头脑中萌芽。

## 1. 游历日本，思危图存

在日本落脚，由范源廉帮助指导，范旭东首先考入东京高等大同学校，学习日语，这所学校 1899 年（光绪二十五年） 8 月由梁启超、曾卓轩等在日本东京建立，以推行保皇会的宗旨为教育目的。

梁自任校长，日本人柏原文太郎为干事。从学者有前湖南时务学堂学生林锡圭、秦力山、范源廉、蔡锷等及横滨大同学校转学生冯自由、郑贯一等共 20 余人。教材内容多为法国大革命时期宣扬自由、平等、天赋人权诸学说。诸生均以卢梭、罗伯斯庇尔、华盛顿相期许。同年 12 月，康有为派麦孟华接替梁启超代理校务。麦以诸生废止汉文讲席，改名日文专修学校。

受范源廉资助，范旭东开始在这所学校接受日本基础教育，主学日语兼修政治哲学和数理化知识。

1902 年，这所学校由清朝政府驻日公使蔡均接办，加上受到英德华侨资助兴建校舍，遂改名清华学校，意为维护清朝政府，振兴中华之意。

清华学校教育对标欧美和日本一流学校，除了开设有文化课程，亦非常重视体育锻炼。由于范旭东体弱，为强健筋骨，范源廉指导其学习骑马，每日清晨在田野纵横驰骋，无论盛夏隆冬，从未间断。此外，他还和同学们一起学习柔道、击剑、射击。

1902 年末，范旭东的好友陈少芝、杨笃生等也来东京求学，朝夕与在日本的湖南老乡同学们讨论国事，大家越发认同梁启超的革新思想。

陈少芝、杨笃生后来作为元老还参加了辛亥革命，成为推翻清朝政府的先锋，这也是到日本留学的副产品之一。

为什么中国人此间多喜欢到日本留学呢？甲午战争后，日本调整了对华政策。由敌对渐趋温和；日俄战争中，日本的胜利更让清廷以一种"羡憎"的心态和情结转而以日为师。正是在此种历史背景下，声势浩大的留日浪潮拉开帷幕。

1896年，清政府首次派青年去日本留学，当时因中国在日设领事馆的需要，从国内选派了13名学生去日本后，清政府下令各省督抚在各自的范围内选派学生去日本留学。1901年，湖广总督张之洞和两江总督刘坤一上奏《复议新政折》，大力提倡到日本留学，并强调说："出洋一年，胜于读四书八年"，"入列国学堂一年，胜于中国学堂三年"，"游学之国，西洋不如东洋"，并主张给予成绩优秀的自费留学生以进士、举人等资格。而那些通过科举获得功名的进士、举人等，由于没有留学经历，不授予官职。这个建议得到了清政府的重视，同年9月，上谕下令各省选派学生留学日本，并制定了相应的奖惩办法以督促之。

清末日本方面，也非常注意吸引中国留学生。当时许多日本文武大员都先后向清政府游说，并许诺由日本政府提供部分留学生的全部费用。日本国内也有各界人士从事与中国留学生相关的工作。日本之所以这样做，自然也有自己的打算，那就是可以加强同中国的内在联系，通过文化生活上的熏陶、习染，密切两国的感情。同时受日本教育的学生回国后，有可能在军事、政治上担任要职，这样就会对清政府军事、政治等相关方面产生潜移默化的影响。

如日本驻华公使矢野文雄在1898年5月14日，致外相西德二郎的密件中说："如果将在日本受感化的中国新人才散布于古老帝国，是为日后树立日本势力于东亚大陆的最佳策略；其习武备者，日后不仅将仿效日本兵制，军用器材等亦必仰赖日本，清军之军事，将成为日本化。又因培养理科学生之结果，因其职务上之关系，定将与日本发生密切关系，此系扩张日本工商业于中国的阶梯。至于专攻法政等学生，定以日本为楷模，为中国将来改革的准则。果真如此，不仅中国官民信赖日本之情，将较往昔增加 20 倍，且无可限量地扩张势力于大陆。"

可见其从文化到实际势力的在华渗透之布局野心。甲午战争以后，包藏祸心又掌握日本政局的军国主义分子，为了日本在华的长期利益，采用多种方式诱使中国亲善日本，广纳留学生即为此目的下的实践环节之一。

还有一个重要的原因，那就是到日本留学成本相对低、容易操作。甲午战争（1898）之后，日本为了奴化中国，放开了对中国的签证，敞开国门欢迎中国的知识分子前往。无论是路费，还是学费，都比去欧美留学便宜。以路费为例，当时从上海到横滨最贵的头等舱不过五十四银圆，到长崎最便宜的三等舱才六银圆；以学费为例，1905年的《日本早稻田大学中国留学生章程》记载，专为中国人设的"清国留学生部"预科学费为每年日银三十六元，本科学费是日银四十八元。如果继续上"大学高等预科"和"大学部"，清朝留学生与日本学生缴同样学费，各分三期，高等预科总计日银三十七元五，大学部日银三十三元。当时，日银两元相当于华银一元，折合七钱白银。也就是说，早稻田大学高等预科的学费，最贵也不过每年十七两银子。

此外，在日本留学不需要懂英语，针对大多数中国学生没有学习过日语的情况，日本专门为不懂日语的学生开办了日语学校，去日本后先学日语，然后再到留学学校学习。

在这种情况下，留日中国留学生的人数开始逐年增加。1904年年初，留日学生有三四千人。1906年留日学生的人数达到八千人以上，其中涌现出一大批杰出人物。

彼时的日本活跃着旧中国的各大革命党派，救亡图存与改良保皇的思潮彼此明争暗斗。清末留日学生归国后，涌现出大批杰出的政治家、军队将领、教育家、文学家等人物，比如说蒋介石是东京振武学校学生，黄兴是东京弘文学院学生，宋教仁、胡汉民是东京法政大学学生，陈其美是东京警监学校学生，蔡锷、程潜是日本陆军士官学校学生。而在日本接受速成教育和普通教育的众多无名学生，毕业归国后也在地方发挥着现代化发展向导之作用。对此教育家舒新城便认为，戊戌以后的中国政治，无时不与留学生发生关系，尤其是军事、外交、教育为甚。

有的还通过留学，直接给予举人称号，如陆宗舆（1913 年至 1916 年担任驻日公使，五四运动中，他与曹汝霖、章宗祥一起被称为"卖国贼"）当时就是早稻田大学政科自费生。他考了一等第二名，被给予举人出身。

还有一位著名的历史人物杨昌济，此间也曾在日本留学，在日本期间主修教育学，在英国期间主修哲学及心理学。这为他日后教育思想的形成奠定了重要基础。而在留学其间，经世致用的治学思想时刻激励着杨昌济，让他在正统的学业学习之外，多多关注外部世界的诸多变迁。杨昌济后来成为了毛泽东的恩师、岳父，成就了毛泽东的光辉岁月，这也是一种历史的传承。

自 1905 年起，考试、任用留学生形成惯例，直到 1911 年，六年内，考了七次。其中参加考试的欧美留学生仅 136 人，而留日学生达 1252 人。

在初到日本的三四年间，范旭东除努力学习做种种深造的准备外，还与同学们一道游历大阪、熊本、神户、横滨、东京、西冈、冈山等地，考察日本国富民强的道理，寻求振兴中华的钥匙。

在游历过程中，范旭东广泛接触日本普通民众，看到日本民族振兴之势，无论城市乡村，工农业一派生机勃勃，人民丰衣足食，精力旺盛，显露出民族的尊严与自豪，深切体会到他们那种自强不息、艰苦奋斗、团结进取的精神，令人肃然起敬。

## 2. 工业救国，投身化学

1905 年，范旭东在日本和歌山中学毕业，考入冈山第六高等学校（大学预科）学医，其间与傅冰芝同学相互切磋砥砺，从中得助甚多。

傅冰芝（1886—1948），江西南昌人，为前清秀才，及留日、留美清华公费生。后来在范旭东的创业道路上对范帮助非常多，人称"东圣"（黄海化学研究社社长孙学悟被称为"西圣"，两人均为永利企业集团的核心人物）。

傅冰芝考入日本帝国大学，毕业后入哈佛大学学习，在美国长达9 年，在哈佛大学求学其间，美国正在制造世界上最大的航空母舰，他通过竞争入选为设计工程师，成为航空母舰设计绘图人员之一。但当时他把不菲的酬金寄给了正在筹办永利碱厂的范旭东，两人的情谊由此可见一斑。

傅冰芝有个儿子傅书遐，1916 年 11 月 18 日出生。1938 年考入四川大学园艺系。1943 年在江西静生生物调查所任采集员；之后又转至江西永丰藤田正峰中学任教员。抗战胜利后由江西转上海、南京到北平，1946 年在北平静生生物调查所任采集员。新中国成立后，静生生物调查所等单位合并为中国科学院植物分类研究所，后改为中国科学院北京植物研究所、中科院植物研究所，傅书遐任助理研究员。1959 年 8 月调至中国科学院武汉植物园，先后任助理研究员、副研究员，武汉植物研究所植物分类研究室副主任、主任。

傅书遐是我国著名的分类学家，主要从事景天科植物和蕨类植物的分类学研究，业绩卓著。曾任湖北省政协委员、中国植物学会理事、中国植物志编委、《武汉植物学研究》副主编，并获得过湖北省政协、中国科学院、武汉植物研究所等单位及国家自然科学奖、湖北省自然科学奖等多项奖励，为我国的植物分类学研究做出了重大贡献。1986 年 1 月 19 日，傅书遐因病在武汉逝世。

而傅书遐曾经工作过的静生生物所，乃范旭东捐资兴建，旨在纪念其胞兄范源廉（字静生），为近代中国重要的科学机构。这不能不说历史的缘分。

1905 年 9 月 5 日，日本在中国东北打败沙俄，双方签订《朴茨茅斯条约》，擅自对中国东北划分"势力范围"。

这一令人奇耻大辱的消息传来，让范旭东更加愤慨，他在自己的相片上题词说："我愿从今以后，寡言力行，摄像做立誓之证。"又加旁注："时方中原不靖，安危一发，有感而记此，男儿，男儿，其勿忘之。"

在冈山高等学校由于学习刻苦努力，范旭东深得校长酒井佐保器重，临近毕业，范旭东向酒井佐保征求意见，提出自己将来想从事军工专业，以坚船利炮来拯救中国。不料冈山高等学堂校长酒井佐保对范旭东哈哈大笑道："俟君学成，中国早亡矣！"报国心切的范旭东气愤至极。正是校长的这句话让他决心从医学、军事学改成化学科。

在这段时间，范旭东曾参与黄兴、杨笃生、周来苏、苏鹏等共同研制炸药 10 余种，1904 年，杨笃生与张继、何海樵等人潜入北京，企图暗杀西太后未果。之后来到上海，与蔡元培、章士钊、陈独秀等组成并扩建了总部设在上海的暗杀团，秘密研制炸弹。

杨笃生（毓麟）早年在拒俄义勇队时就是"学造火药"最有成就者，此时与在横滨的梁慕光取得联系，研制炸药 10 余种。试制过程中，杨毓麟被炸坏一只眼睛。然而，个人从此可以自制炸药。也正是因为这段经历，让范旭东对化学产生了浓厚的兴趣。

1908 年，范旭东 25 岁时，他考入日本京都帝国大学理学院应用化学系，并为表决心将范源让更名为范锐，字旭东。由于学习成绩优异，已经享受官费待遇，这极大地缓解了范旭东的生活压力，让他能够安心求学。

京都大学是 1897 年创立的京都帝国大学，简称京大，是一所位于日本京都市左京区的国立研究型大学，也是日本七所帝国大学之一。毕业于京都大学的校友包括 5 名诺贝尔奖得主、2 名菲尔兹奖得主、2 名日本首相以及 4 名芥川奖得主。其中，京都大学化学系早在帝国时期即已开设，目前在全日化学学科中名列前茅。

不同于日本其他大学，京都大学推崇自由与自主的科研学习氛围，主张学生在"自重自敬"的基础上个性化发展。校内实行学生自治，"有志者致学，无志者尽兴"的学术氛围是京都大学的特点之一。

为了振兴中华，他一心埋头读书，不参加各种社交活动和舞会，同学们都很敬畏他，称他为怪人。

从后来范旭东发表在《海王》的文章可以看出，他在留学时的思想变化。他经常思考的一个话题是为什么当时的日本会超越中国清朝政府，毕竟当年日本也曾被西方列强侵略，一段时间内综合国力还不如清朝。

美英荷俄法等国入侵，不平等条约重重叠叠，压得日本人民喘不过气来。当时的日本国内阶级矛盾、民族矛盾尖锐化，封建统治危机加深，农民起义市民暴动此起彼伏，连绵不断反对幕府统治，反对外国侵略的尊王倒幕运动迅速展开。1868 年倒幕派的政变彻底摧毁了德川庆喜的政权。新政府推行的资产阶级性质的革命，实施新政促进了日本资本主义的发展，使日本摆脱了沦为殖民地的危机，建立了近代化的民主国家，走上了资本主义道路。

回眸祖国之鸦片战争以来，由于政治黑暗，政府腐败，外敌入侵，经济衰退，人民处于水深火热之中。太平天国起义失败，维新运动破灭，甲午战争惨败，八国联军入侵，丧权辱国的《辛丑条约》的签订，这一幕幕饱含血泪屈辱的历史，和 19 世纪 60 年代日本的情况何其相似。

而日本通过明治维新，举国一致振兴，民族励精图治，经过 30 多年的努力建设，当时已经成为雄踞东方的强国了，而中华的出路又何在呢？面对欧美列强和日本日渐明显入侵的威胁，范旭东心急如焚，他无时无刻不在思索救国之道，臣愤而欲步荆轲列阵后尘，一度独居千叶海岛学制炸药研究化学，也积极从事爱国宣传。

## 3. 心向革命，明师提携

在京都帝国大学期间，范旭东的老师是日本著名化学家近重真澄（1870—1941），字物庵，也是研究中国炼丹术、冶金术的专家，兼治佛学，曾任京都大学理学部长。著有《中国炼金术》《禅学论》等。

除了化学家的身份外，他也是中国传统诗词高手，有《鸭涯草堂诗集》《太秦山房诗集》《安井隐居集》等别集，前两者还曾由中国的中华书局排印出版。晚年诗集《安井隐居集》中收有王国维诗一首，为国内诸版所无。诗云："终年格物物庵中，禅榻诗坛别有功。借问神州谁得似，金牛山下梦溪翁。"王国维将其比为宋朝的沈括（梦溪），可见推重。日本人作汉诗者常雅集，保留了中国中古时代"曲水流觞"的传统，想来王国维在京都时常参与，与近重真澄是时相过从的。

据作家肖伊绯考证，王国维流寓日本期间，可能曾亲临近重真澄在京都太秦的隐居处"物庵"，在禅学、诗学方面曾领略这位日本化学家的独特造诣，并互相作诗相赠交流。两人作为知名学者，相互敬重与赞赏之意亦是人之常情。1927 年 6 月 25 日在日本京都东山袋中庵举办的王国维追悼会上，近重真澄列席参加，并作了追忆谈话，这是另一段故事。

学习期间，近重真澄以渊博的知识，平易近人的态度，奖掖后进的高风亮节，受到范旭东的尊敬。1910 年毕业时，近重真澄又力荐范旭东留校担任专科助教。

相较近重真澄对于化学专业的教育，梁启超对于范旭东的影响则更为巨大。

范旭东和兄长范源廉都是梁启超的忠实追随者。戊戌变法前，梁启超与康有为联合各省举人发动"公车上书"后，发起并领导强学会、创办《时务报》，寻求救国的真理。后来，梁启超出任长沙时务学堂主讲，范旭东的兄长范源廉考入时务学堂并深得梁启超的赏识，与蔡锷并称为梁门"文武二贤"。范旭东经常同兄长一起秘密传送《湘报》《民报》等进步刊物和传单，在此期间范旭东结识了梁启超。

梁启超（1873 —1929），近代思想家、文学家、学者。字卓如，号任公，别号饮冰室主人等。广东新会人，中国近代维新派代表人物，近代中国的思想启蒙者，著名社会活动及新闻报刊活动家。

梁启超这位中国第一个使用"中华民族"一词的人，他不仅深度参与了中国从旧社会向现代社会变革，而且支持和帮助范旭东创办了久大精盐公司、永利制碱公司，在两公司建立发展过程中发挥了重要作用，同时梁启超和长子梁思成（我国著名建筑学家，近代古建筑研究先驱和建筑教育奠基人之一）、次子梁思永（我国著名考古学家，近代考古学和近代考古教育开拓者之一）还是久大精盐公司的第一批股东。

戊戌变法失败后，范源廉携范旭东东渡日本避难。梁启超对范旭东爱护备至，除在思想上、写作上不断帮助他提高，生活上也经常给予关照。范旭东常说："梁先生以写稿所得润资，来接济我学费……"

1902 年梁启超在横滨主办《新民丛报》，范源廉也经常在上面刊登作品，范旭东也应邀前往担任地理版编辑，赚钱贴补家用。

《新民丛报》发表新民说，积极介绍西方资产阶级政治学说，比如弘扬天赋自由，抑制人为权势，上以改良政治，下以推进自治的政治主张；此外，报刊还推介西方和日本人所著哲学、教育、军事、经济、外交、历史和地理等方面的译文，同时刊出对国内和国际大事的评论。这对范旭东影响颇深。

在梁启超主编《新民丛报》时，范旭东积极响应梁启超提出的废除八股改革考试制度，准许自由办报奖励科学发明；开矿山、办工厂等主张，深得梁启超喜爱。梁启超在生活上也给予他热情照顾，对此范旭东一直念念不忘，他曾对任致远说，梁先生以写稿所得润之来接济我学费，因为单靠老兄接济的，有时预有预算外的必要，用项还是不够。

人生的道路虽然漫长，但关键处就那么几步，特别是当人年轻的时候。然而幸运的是范旭东在对的时间里，遇到了对的人，使他的人生瞬间光明起来，这些人就是他的恩师梁启超、近重真澄等。从范旭东的成长来看，人的一生有一个传道授业解惑的好老师足矣，师者有一个名满天下的学生足矣。这一点范旭东是幸运的，梁启超也是优秀的，他们在同一片天空下，互相成就，开创了不一样的人生。

## 4. 志存高远，民族为重

在日本留学期间，经范源廉介绍，范旭东还结识了同样来自长沙的留学生许馥女士，并结为夫妻。

范旭东和夫人许馥一生恩爱，相敬如宾。许馥放弃了自己的事业，一心只做范旭东的"贤内助"。范旭东将夫人视为自己人生航程中的宁静港湾。在外面遇到困难，他向来从容镇定，但回到家里，就"掩饰不住一切，急不可耐地诉说自己的苦恼和怨恨，诉说自己的软弱和错误"。所以范旭东晚年曾向友人说过："事业成功，有夫人一半功劳。"他们育有两个女儿，很多人劝其再娶或纳妾生个儿子，而范旭东一直不为所动。乃至当时圈子里有种说法，比喻做某件事情很难，那就像劝范旭东娶小老婆一样难。

许馥家境较好，其祖父许荔堂做过广州知府，父亲许炎臣当过南海知县，哥哥许推也是著名的藏书家，其别名许推之，字月川，晚号憼斋，亦号鞠霜楼主。祖籍善化县竹山乡，世居长沙东茅街。许馥还有个妹妹许璧，也和姐姐一道在日本留学，后来嫁给了现代著名实业家章克恭。章也曾到日本留学，回国后曾任民国政府时期湖南银行行长，湘雅医学院董事。

许推早年就读长沙明德学堂，1905 年，考取官费留学日本名古屋高等工业学校建筑科，为中国较早在海外学习建筑学的学生。1911 年回国，不久在长沙与人一道创办修业学校，后在湖南财政司任总工程师，负责湖南第一纺纱厂、湖南高等工业学校等重大基建工程。后曾在湖南大学土木建筑系任教授。抗战时期，由于历年兴学，且家中子女十二人，此外嗜好购书，不惜重金讲求版本，使得家中发生不小的经济危机。1944 年，日军再度大举进攻，许推的房舍和书籍被焚毁，自己也携家眷避难湘乡、耒阳、嘉禾等地。中华人民共和国成立后，被聘为湖南省文史馆馆员，1959 年冬病逝。

纵观中国漫长的传统社会，女子教育发展步履维艰，女子留学教育更是难上加难。许馥能够到日本留学，得益于清末满族总督端方。在晚清的满汉大臣中，端方是具有开放精神的一位。他独树一帜，在发展女子留学教育方面作出了突出贡献。这里不妨用些笔墨做点介绍。

1905 年，端方派出了中国第一批 20 名官费留日女学生；1908 年，端方又派出了第一批留美女生。可以说，端方开启了晚清官派女子留学的阀门。1901 年，端方在陕西巡抚任上最早提出自己发展留学的主张，但此时其留学主张非常保守，仅仅从王公、贝子、贝勒之内选拔留学生。但是，随着新政事业的举办，端方很快认识到了留学教育的重要性。1904 年，端方提出非"多派学生出洋不能网罗英俊，宏济艰难。早有一日之经营，即早收一分之效验，断不可置为缓图"。据《端忠敏公奏稿》统计，从 1903 年 2 月至 1904 年 10 月，端方就派遣欧美留学生 122 人之多。

虽然端方在这一时期并没有派遣女子留学，但是由于他积极倡导留学教育，在他曾任巡抚的湖北、江苏等地，留学风气逐步开化，一些女士也加入留学行列。1904 年，《女子世界》载："湖北风气日开，近来入省学习新法工艺及自备资斧往东洋学工艺者尤不少，并有女士纷纷来往，其所持之言论，较下五属之开化，尤为过之。"

1904 年底，端方出任湖南巡抚，开始将这种想法付诸实施。1905 年初，"端午帅拟派官费女学生六七十名留学日本，惟不敢自专，电询政府，政府即电阻之"。可见，端方发展女子留学教育并没有得到清廷的允许，但是政府的阻挠激起了人们更大的留学热情："现全省女子颇不平，遂谋自费一法，以抵抗官绅。端方主张派遣女子留学，顺应了人们的留学要求，显然，湘省女子抵抗的是清政府。但是仅一个月后，《女子世界》第 3 期即登出湖南派出 20 名留日女学生的姓名及年龄：学习师范科 13 名：聂辑熙（湖南衡山，四十八岁）、黄宪祐（湖南善化，四十三岁）、杨庄（湖南湘潭，二十八岁）、张含英（湖南醴陵，二十九岁）、凌樵松（湖南平江，二十三岁）、黄国厚（湖南长沙，二十二岁）、陈光璇（湖南长沙，十七岁）、许馥（湖南善化，二十一岁）、朱秀松（湖北江陵，二十五岁）、许璧（湖南善化，十八岁）、曾尚武（湖北江陵，十九岁）、朱敬仪（湖南善化，十八岁）、姚宁生（江苏上元，二十二岁）。

学习工艺科 7 名：黄华（湖南湘潭，二十九岁）、王昌国（湖南醴陵，二十九岁）、许薇（湖南善化，二十三岁）、吴双（湖南湘潭，十七岁）、黄辉（湖南长沙，十五岁）、黄国巽（湖南长沙，十七岁）、胡懿琼（湖南湘潭，十八岁）。

可以说，这 20 名留日女生是国内外力量共同努力的结果。1904 年 11 月，湖南省请求日本实践女子学校接收 20 名湖南女学生，当时的"驻日杨星使与中国志士范源廉、杨度氏等十八名共议教育妇女之事，即新由本国招女学生 20 名，请实践女学堂监督办下田歌子女史以为教督，共受熏陶"。

范源廉在 1905 年曾担任留学生监督，下田歌子的修身课即由范源廉担任，范源廉对于促成湖南 20 名女学生留学日本贡献尤大。为接收中国的留学生，下田歌子决定设置清国留学生部。1905 年 7 月，实践女校中国留学生部分校成立。该月底，20 名湖南学生来到实践学校。在当时的条件下，将女子留学的设想变成实践是不容易的，湖南巡抚端方即承担起了这一职责。

黄曾甫在一篇文章中回忆：1905 年，湖南巡抚端方奏准选派 20 名湖南女学生出国，由黄萱祐领队，就读于日本东京青山实践女校师范科。这 20 名女子多是影珠女学的学生，影珠女学于 1903 年由老同盟会会员黄镇联合其姊妹黄唐琼、黄萱祐等人，在长沙福临乡西冲樟树脚下黄镇私宅创办，为"湖南私人倡办乡村女学之嚆矢"，辛亥革命后改为衡粹女校[1]。除影珠女学的学生外，还有第一女学校的学生 7 人，淑慎女学校的学生 1 人。所派遣人员中有 6 人皆贵绅女[2]。例如杨庄就是晚清名绅杨度的胞妹。

《东方杂志》对此事也有记载："湘中近派女学生二十名赴东学习速成师范，闻尚拟添派多名留学完全师范。"[3] 显然，正是由于范源廉、杨度、杨枢等人在日本的交涉，再加上端方在国内的努力，最终促成了中国第一批官派女留学生的诞生。

---

[1] 中国人民政治协商会议长沙市委员会文史资料研究委员会编：《长沙文史资料》第 5 辑，内部发行，1987 年，第 162—163 页。
[2] 《游学汇志》，《女子世界》1905 年第 2 期。
[3] 《各省游学汇志》，《东方杂志》1905 年第 8 期，第 202 页。

从办有成效的女学中选拔留学生不失为明智之举，这批留学生也的确收到了实效，大多学有所成，"一年后（即 1906 年 7 月左右），20 名官费生中就有 12 人学成毕业"[1]。黄曾甫的回忆中也指出："当时实践女校留学女生除秋瑾一人退学回国革命外，其余均修完学业方始返国。"[2]

在此之前，中国只有零星的女子赴外留学，女子留学教育还没有进入官方的视野，端方此举的开风气作用是可以肯定的，"随着湖南官派女学生的赴日，女子留学进入了繁盛期"[3]。日本东京青山实践女校师范科逐渐成为了中国女子留日生的聚集地，更多的女子来到日本留学。直到 1908 年，清政府才鉴于"女学渐次发达，其留学各国者亦不乏人，惟官费甚少，殊不足以资提倡"的状况，开始筹议政府派遣女子官费留学[4]。显然，端方派遣 20 名女学生留学日本之举，奠定了他清末官费女子留学开拓者的地位。

从鸦片战争开始，中国社会开始步入唐德刚先生称之为"第二次政治社会制度大转型"的历史新时期，范旭东和许馥夫妇无疑是幸运的，他们在那个时代抓住了国家转型的机遇，走上了留学道路，归来后又有机会通过创业将个人价值与服务国家和社会紧密结合，成为了时代的弄潮儿。

这批女留学生的领队黄萱祐，湖南民立第一女学副监事，长沙县影珠女学堂首创人，在她的学堂里曾培养了杨开慧等优秀学生，一代又一代地传承，不能不说是历史的幸运。

---

[1] 周一川：《近代中国女性日本留学史》，第 40 页。
[2] 《长沙文史资料》第 5 辑，第 163 页。
[3] 周一川：《近代中国女性日本留学史》，第 37 页。
[4] 《要闻》，《大公报》1908 年 5 月 18 日。

1910 年，范旭东大学毕业，此时的他也已经 28 岁了，起初留校做助教。次年秋，辛亥革命爆发。和那个年代许多爱国青年一样，范旭东认为巨变时代应"回去尽自己的一份力量"。

革命在全国风起云涌，清朝封建统治摇摇欲坠，对此范旭东感到欢欣鼓舞。30 多年后，他著文回忆当时的情景时说，辛亥革命激动了年轻人的感情，不由得热血沸腾。当时我在日本京都地大做研究工作，早出晚归，生活比较安适，国内还在激辩，一天一个说法，实在叫人难受。

其间有个小插曲，1910 年 3 月，汪精卫、黄复生、喻培伦等人暗杀摄政王载沣事败，后经调查，他们使用的炸药系由杨毓麟（笃生）从英国购买而来。这段失败的经历让范旭东看到，暗杀不能从根本上改变中国，他看到日本的强大与工业的发展息息相关，于是他就暗自树立了"工业救国"的理想。

范旭东对欧美的科学进步与社会文明尤为赞赏，反思自己的祖国虽然经过辛亥革命推翻了清王朝，建立了民国，但外有帝国主义侵略，内有封建势力，经济萧条，民不聊生，因此，他怀着"实业救国"的赤子之心，学成回国后立即走上兴办实业的道路。

回国后，他先是短暂地在北洋政府北京铸币厂工作，后进入财政部所属的盐务机关，并得到了去欧洲考察盐务的机会。在这次近一年的考察中，范旭东比较详细地了解到欧洲国家的制盐方法，这成为他创业的引线。

可以说，在日本留学的十年，是范旭东从一个懵懂少年走向成熟的十年。这十年不仅帮助他强健了筋骨，学到了专业知识，也帮助他建立了家庭，找到了人生导师和合作伙伴，更为重要的是明确了未来的发展方向。

# 三、暂栖京师中，筹谋兴实业

1911 年 10 月 10 日武昌起义爆发，接着全国各地纷起响应，仅两个月，即有鄂、赣、陕、晋、滇、黔、苏、浙、桂、皖、粤、闽、鲁、川等省先后宣布独立。

孙中山于 12 月从国外归来，经 17 省代表会议推选为临时大总统。1912 年 1 月 1 日，中华民国临时政府在南京成立。同年 2 月 12 日，清帝宣统帝溥仪宣告退位。至此，统治了我国两千余年的封建君主制度终于宣告结束。孙中山遵照南北议和的约定辞去临时大总统之职。2 月 25 日，袁世凯出任中华民国临时大总统。

帝制终结，许多有识之士对中国的前途充满了信心，范旭东也不例外。于是在 1912 年初，他携爱妻许馥满怀振兴中华之志学成归国。

## 1. 回返故国，报效国家

范旭东从日本高校年轻的老师回到北京，当时他的兄长范源廉任教育部次长。

范源廉

范源廉并没有让范旭东去国内高校任职，而是介绍范旭东去财政部谋了一个闲差。范旭东拿着俸禄，无所事事，时间久了，了解的情况深入了，才知道国事并不是他所想象的那样简单，逐渐萌生退意。

正当范旭东百无聊赖之际，忽然得了一个消息：财政部要派专员去欧洲考察盐务，调查盐的专卖法和盐厂制盐及设备等问题，需要一个懂技术的人。范旭东深觉这个岗位简直就是为自己量身定制的，但还是经过一番争取，才成功当选。于是一行四人赴欧考察。此行范旭东收获颇丰，还被格外批准在考察结束后可暂留国外继续求学。事实上，范旭东能够在从日本回国后进一步获得开阔眼界甚至再度留学深造的机会，也是有其现实背景的。

1912 年，袁世凯窃取了辛亥革命的胜利果实后，为取得帝国主义的支持，打击国民党在南方各省的势力，他以办理"善后"为名，向英、法、德、俄、日五国银团大借款。在未经国会同意时，他便派赵秉钧、陆徵祥、周学熙等于 1913 年 4 月 26 日与五国银团代表在北京秘密且非法地签订《善后借款合同》21 款，其中的附件 6 号借款 2500 万英镑，八四实交，年息五厘，以盐税、海关税为抵押；47 年后偿还本息 67893597 英镑。

合同附书中有成立制造业、改良盐制等条款，并指定借款中的 700 万英镑用于改良盐务，专款专用。合同还规定，中国须聘请外国人士"协助管理"盐税征收事务，以保证盐税收入偿还借款本息。在此之前，清政府虽然丧失国权之处数不胜数，唯独盐税，因为有碍祖宗成法，不好随便，所以尚没有被特别破坏。光绪、宣统年间，虽有暗地拿盐税借过外债，也不敢明目张胆。"善后借款"公然指定盐税做第一担保，如此，则中国的盐政主权将要落入帝国主义手中。此事被时人称为中国财政史上一大"痛事"。由于这项借款未经国会通过，这一条款遂遭国会严责，坚决不予承认。消息一经传出，社会舆论和人民群众也强烈谴责。

袁世凯借款的目的实为政治斗争，主要就是为了对付国民党，所以国民党的都督、民政长以及国民党员占据多数席位的省议会，一致反对。黄兴甚至直接通电，"应夔丞逆证内之内务部秘书洪述祖，至望大借款成立，分下润费，为政府锄除异己"，将袁世凯的意图公之于众。孙中山也致书欧洲各国政府，呼吁停止此项借款："北京政府此时若得银行图之巨款，必充与人民宣战经费无疑。"但即使是参众两院都宣布借款违法，否决了善后借款合同，袁世凯还是通过收买议员等方式让借款变成了既成事实。为平息众怒，袁世凯不得不提出改革盐政、改良盐制，并派员赴欧洲各国考察盐政，以资实施。这便是范旭东出国考察的前因后果。

在为期近一年的考察中，范旭东走遍了欧洲各地矿盐产地和沿海各处盐场，认真调研各国盐政的优劣得失。他们看到，在欧洲，不仅食盐取税轻微，而且可以自由买卖，且对盐质的要求很高。食盐产品不仅看起来洁白卫生，而且规定盐中含 NaCl 若低于 85%，则即使作为牲畜用盐也是不合格的。更让他们大开眼界的是，欧洲各国不仅以盐作食用，而且还大量用作工业原料，制纯碱、盐酸、烧碱，以推动化学工业的发展。有的工厂就直接设在盐矿上，这样打井取卤生产纯碱，成本更加低廉。

在政策规定上，欧洲各国政府鼓励工业用盐，一律免税。尤其是各盐矿、盐场普遍采用机器，大大提高了工作效率，这使范旭东深受震撼。虽说他的主要任务是考察食盐，但在欧洲期间，他还是不放过任何观察学习的机会，顺带着考察了工业用盐的先进技术。

欧洲当时的制碱方法有两种：一为路布兰法，以食盐和硫酸为原料；一为索尔维法，以食盐和石灰石为原料。索尔维法的产品纯度高，颇受用户欢迎，畅销全世界，但在技术上享有垄断地位。范旭东多次寻求参观考察索尔维公司的机会，但一直被拒，且屡被轻视，由此萌生了自力更生的念头，且越来越坚定。

范旭东认真编写了调查报告，为改革盐政、改良盐制提供建议。他计划考察工作结束后就准备复习功课，迎接入学考试。正在这时，他突然收到财政部的电报，称政府为改良盐制，急需建一个新式盐场，望他回国筹办。

这封电报让范旭东的心情非常复杂：原本一心想在德国继续深造的，结果瞬间化为泡影，着实令人懊恼；但转念一想，自己执意出国深造，最初的目的也是为了多学点真本事，为国效劳。现在通过一年的考察，已经对欧洲各国的盐务和盐业技术有了进一步的了解，而今回国兴办新式盐场，正是学以致用、实现"工业救国"和"科技兴国"的大好机会。于是，范旭东调整心态，整装回国。而在这时候，范旭东还没有预料到，自己这一生的求学生活就此戛然而止了。由于是仓促回国，他不得不在船上继续整理设厂资料。当他经过新加坡时，因怕回国后顾此失彼，贻误公事，故选择直接下船，绕道去爪哇（现印度尼西亚）考察当地的压制盐砖技术，从而进一步弥补在欧洲考察的不足。

范旭东回国的船在上海靠岸。当时他的兄长范源廉已经辞去教育部次长之职，在上海中华书局任职。兄弟俩见面后，范旭东迅速从兄长那里了解到国内过去一年的政局变动。当时他们的母亲和范旭东妻许馥已移居杭州，范旭东牵挂着电报里提及的新式盐场之事，都顾不上去杭州看望母亲和爱妻，就马不停蹄地赶往北京了。

他在北京住在兵马司前街一号的黄孟曦家中。黄孟曦和范旭东相识于日本，留学时与梁启超、范源廉、蔡锷等过从甚密。黄范二人都是化学专业的，一直甚为投契，双方引以为知己。有这层关系，范旭东可以放心地将黄宅当成自己在京的落脚点。

## 2. 政坛腐朽，渐生去意

范旭东在黄家安顿好后，第一时间向政府递交了盐务考察报告，希望能马上开办新式盐场。然而，盐务考察原本只是袁世凯用于搪塞舆论的权宜之计，范旭东自然不会收到积极的回应。加之当时政局不稳，财政部部长更换频繁，新部长对着范旭东手上的旧"部电"顾左右而言他。迁延日久，兴办新式盐场的计划竟然不再被提及。这样，范旭东大失所望，也再次陷入无事可做的境地中。

就在他百无聊赖之时，传来了他曾经的老师梁启超出任币制局总裁的消息。梁启超上任后，想要推行币制改革，将清朝发行的"龙洋"银圆，变为民国银圆，也就是后来的"袁大头"。此项改革意义重大，急需专业人才参与工作，以厘定银圆的质量和纯银比重。梁启超委托黄孟曦组织一个调查组，去北洋、南洋、广州等造币厂考察。黄马上想到了"专业对口"的范旭东，让他在考察队伍中承担银圆的质量检查任务。

当时的法定银圆，每枚重七钱二分，其中的纯银含量要达到96%才算合格。可是，铸币厂上下串通，偷工减料，中饱私囊，擅自降低纯银含量。范旭东所抽检的银圆几乎没有一次是合格的。为此，范旭东提出了改革整顿计划，他打算在天津设厂，自制镕银坩埚，组织大振镕罐公司，使银圆的纯银含量得以统一，从而恢复钱币在金融市场的信用。但他的一腔热情终因官僚政府积弊太深，没有得到任何支持。对此范旭东感慨不已："本来'币''弊'有何不同，无须太认真，仅为多事，又多受了一番教训。"他终于彻底醒悟："两个月的官府生活，我却饱尝了官府的朽味，也好迫使我另觅途径。"

对当时的政局失望的又何止范旭东，就连他的老师、时任财政总长的梁启超也未有良策，梁启超本希望通过财政改革让国家起死回生，利用对德宣战缓付庚子赔款和币制借款，实行币制改革。第一步统一硬币，第二步统一纸币，从银本位引入虚金本位。具体做法是购买金磅，裨益国库，然后再发行公债，开辟利源。然而，效果却并不理想。时任财政部司长的贾士毅说："梁启超的见解虽高，效果却只能维持现状，国库依然如洗。梁启超的思想虽好，却无法解决军阀割据的问题。中央命令，不出京城，国税完全落空。中央专款，悉数截留。梁启超只能仰天长叹，巧妇难为无米之炊。"

而且在京任职期间，范旭东还得知，所谓的"善后大借款"中指定的700万英镑用作盐务改革的款项，早已被政府挪用，筹办新型盐场的事务已经是镜花水月了。此事更加坚定了他对于官僚资本不能成事的判断。

当时还有老朋友劝范旭东认清事实，顺应时代。毕竟，每月三百银圆的俸禄也不少了。但他从来不是随波逐流的人，诸般不顺之下，范旭东去意已定。

## 3. 盐政论战，吃盐自由

不过，虽然民国政府的盐务改革更像是一场闹剧，但由此引发的社会关于盐政的争论，却勃然兴起。其中，有两派的论辩尤为激烈。一方是以传统盐商为代表的《谈盐丛刊》派，另一方是以张謇、景学钤为代表的《盐政杂志》派。

众所周知，清朝的引岸制是从明朝因袭而来。明嘉靖年间更改盐制，由官府发给盐的制造者和贩卖商特许凭证，规定盐的产额、销额和行销地区，并按一定税率征收税款，这就是后来实行的"引岸专商制度"的起源，是由原来的官营制度改为官府严密控制下的商人专卖制。所谓"产盐有定场，行盐有定额，运盐有定商，销盐有定岸"，就是这种制度的具体写照。

清代因袭明代，到了民国，盐的垄断制度与清代并无本质区别。销盐和食盐都划分了区域，谁也不许越境。每一盐商，都有专卖的执照，叫作引票。引是衡量名，明制大引四百斤，小引二百斤，清时淮盐大引为栈秤六百斤，小引为岸秤六百斤，故称"引盐"。引盐之税叫作"引税"，经营盐业的商人则为"引商"。引商认缴某一地带的引税，就在该地取得了专卖权，其地叫"引地"，也叫"引岸"，政府发给的允许运售的票据，就是"引票"。每张引票上面都规定了引商销盐的指定地区。在民国初年，一张专卖的"引票"的价值高达上万两银子。

盐商取得引票，可以在指定的盐场向制盐的灶户购盐，纳税以后，运到他的指定销盐地区销售。取得这种运销盐特权的盐商，也成为世袭的专卖商。这些专卖盐商又叫"纲商"，明朝万历年间两淮盐法疏理道袁世振创作"纲法"。把凡有引权的盐商都编入一本"纲册"，在册长芦盐区的纲商为了应酬官府和代表盐商同灶户办理交涉，组织了一个类似同业公会的机构，叫"芦纲公所"。在公所内主事的大盐商叫作"纲总"或"纲首""纲头"，是从盐商中选出的最有财势的大盐商。

总之，在这种制度下，盐商们便以包买包销的方式控制了盐业的生产和销售环节。盐商们持有王朝发给的引票，在指定地区销售，故而他们垄断销售市场的特权是由封建王朝赐予的。盐税是封建王朝的重要财源，名目繁多的盐税被统称为"盐课"。有人做过统计，盐课还分为"正盐课"和"杂盐课"，无论"正"还是"杂"都要细列出若干款项，是典型的官商勾结以压迫百姓的恶政。而且，在这种制度下生产出来的食盐，根本毫无质量可言：主要由晒盐法制作出来的食盐纯度不高，甚至掺有泥土，被称为"脏盐"，中国人甚至被外国人叫作"食土民族"。食用尚且困难，更遑论用于工业了。

一直到民国初年，以长芦盐为例，行销各引岸的正杂课税，北京有 18 种，天津 8 种，直隶 19 种，河南 21 种，名目之多，刻剥之剧，难以概数。除此之外，盐价也屡有增加，使百姓再多一重负担。食盐向来由官方定价，但随时可巧立名目，临时加价。比如清朝时因筹办南河大工，有"南河工需"加价；因海防善后费用浩繁，遂行"军需"加价；因向外国赔款，实行了"赔款"加价。凡此种种，不胜枚举，无一不是利用盐这种不可或缺的日常必需品对百姓敲骨吸髓。

"盐务"，不啻一幅既波澜壮阔又动魄惊心的历史长卷。可以说，自汉武帝实行盐铁专卖以来，盐业就成长为一个集生产、经营、管理于一体的特殊产业，其中掺杂着庞大且复杂的利益纠葛。在这个产业中，借盐升官掌权者有之，从中大发横财的有之，为此付出鲜血与生命的更是有之。

《谈盐丛刊》派以淮商周学熙为代表，他们鼓吹引岸制是神圣的，不容置疑，更不能废除之，与《盐政杂志》派针锋相对。周学熙除了有淮商身份之外，还是中国近代历史上的著名实业家、教育家，甚至与张謇齐名，有"南张北周"之说。他是安徽至德（今安徽省池州市东至县）人，其父周馥曾任两广、两江总督。周学熙 16 岁中秀才，1894 年中举，1898 年任开平矿务局会办，旋升总办。1900 年为山东候补道员。1902 年，周学熙入袁世凯幕府，次年开始经商，创办工艺局，督办直隶银圆局、官银号，后来又赴天津创办铁工厂、商品陈列所、国货售品所、种植园、直隶工艺局等。1905 年署天津道创办铁工厂。1906 年创办开滦煤矿公司，接办唐山启新洋灰公司，利润颇厚。因业绩突出，由候补道直隶通永道、天津道。1907 年，任长芦盐运使，又官至按察使。1908 年创办京师自来水公司。袁世凯任大总统后，周学熙于 1912 年和 1915 年为陆徵祥内阁和 1915 年徐世昌内阁财政部部长，并参加签订善后借款合同。由此可见，《谈盐丛刊》派的实力也不容小觑，背后有官僚资本的强力支持。

而以张謇、景学钤为代表的《盐政杂志》派的观点，是一种改革，是向几千年来"盐务祖宗成法"的开战，其中的困难阻力，可想而知。

张謇是江苏南通人士，被人们誉为"江北名流一才子"，可是个了不起的人物！他 20 岁时去如皋县应考，取得了秀才，一改张家祖先世代无人应考的冷门。南通知州孙云锦欣赏张謇的才华，便将他带到南京，介绍给了好友、淮军名将吴长庆。吴长庆是今安徽省巢湖市庐江县人，担任过淮军最早成立的营号之一"庆字营"的统领，在历史上以戡定朝鲜"壬午兵变"著称。此外，他还以礼敬士大夫而闻名，幕僚中曾有袁世凯、周家禄、文廷式、林葵、邱心坦等名人。张謇入吴长庆幕时，他正在江宁发审局任职。张謇名义上担任江宁发审局的书记，实则是吴长庆幕僚性质的私人秘书。之后又正式入了吴长庆军幕，得到吴军门的特别礼遇。在吴幕中，读书人张謇得到了很好的历练。他经常能听到吴长庆畅谈兵法和天下大势，还因公私业务结交了各阶层的人物，其中不乏李鸿章、沈葆桢、刘铭传、丁汝昌这样的官场要员。1880 年，吴长庆奉命帮办山东防务，张謇随行驻军蓬莱阁。1882年，清朝的藩属国朝鲜发生"壬午兵变"。吴长庆与幕佐商议平乱之策，其计策主要出自张謇和何嗣焜两位幕僚。兵变平定后，吴长庆和张树声联衔保奏薛福成、何嗣焜和张謇三人。吴长庆还酬赏张謇建策定乱奖金千金。总之，在吴幕结交的人物和处理的日常事务，让张謇的眼界大为开阔，同时也深度参与到日常行政的具体实践中。张謇再也不是一个纸上谈兵的读书人，而是通晓时务的实干家了。

1884 年，壮志难酬的吴长庆因病去世，张謇有感于官场黑暗，积弊难返，对仕途已是心灰意冷。于是谢绝了李鸿章、张之洞的邀请，毅然南还。这时候，他还未对举业丧失希望。

1885 年，张謇在北京参加了顺天乡试，取得第二名。1887 年，随孙云锦赴开封府任职，协助治河救灾，后又受聘主持赣榆选青书院、崇明瀛州书院、江宁文正书院、安庆经古书院等各大书院。到 1894 年，慈禧太后 60 岁大寿，清廷特设恩科会试。42 岁的张謇一举考中恩科殿试的头名状元，被封授为翰林院修撰。这一年，爆发了日本侵略中国的甲午战争，张謇目睹了中国的一败再败，同时也看到北洋大臣李鸿章为讨主子慈禧太后的欢心，将成千上万的银子不用在加强战备上，却花在慈禧太后 60 岁大寿的庆典上，致使国防落后，与日作战，几乎一触即溃。张謇斗胆上书朝廷，对李鸿章进行了全面攻击，他的"新辨奸论"流传甚广，脍炙人口，大快人心，这使张謇成为全国的知名人士。然而，张謇也深感朝廷的腐败、无能，国家的贫穷、落后。当官混日子，无异于空忙浪费自己的大好时光和雄心壮志。于是，张謇发下宏愿，辞掉官职，去创实业，去办工厂，以救时救世。

1899 年，张謇创办了南通大生纱厂，1902 年创办了南通大兴面粉厂，1905 年他又创办了南通资生铁冶厂。在清朝末年，张謇可以说是一等一的实业家。至 1912 年，中华民国成立，孙中山宣誓就任临时大总统。经孙中山提名，各省代表选举张謇为中华民国国务员，任实业总长。袁世凯窃取革命果实，任大总统后，鉴于张謇的名望，强邀他出任农商总长的职务，甚至还把全国盐政改革的任务交给他这个农商总长，并委任他做两淮盐政总理。张謇和力主改革的浙江省盐务代表景本白（即景学钤）进行深入交流，写出了《改革全国盐法意见书》。他们从经济发展的角度，深刻批判了集权体制下的食盐引岸制度，认为旧盐法的丁籍、引岸、缉私、定价制度为四大灭绝人道之制，认为新盐法应该设厂聚煎，就场征税。张謇还向袁世凯递交了《改革全国盐政计划书》，对当时中国盐政的现状、改革盐政的目的做了详细阐述，并从民制、官收、商运等几个方面提出了具体实施步骤。与此同时，他还亲自去日本考察制盐方法，并研究过国内不同地区盐种的制作方法，比如说浙东的刮土淋卤法、海州及山东的晒盐法、松江的板晒法等，希望能够改良淮南盐，用成本低的晒盐法代替成本较高的煎盐。在生产技术方面，张謇也是有过改良建议的，希望能从提高卤水浓度、改进煎煮盐灶形、改变制盐锅釜、改造蓄卤池、改革用煤及煤草代用等方面切实提升生产工艺，并在生产形式上"改散为聚"，从而全面增加食盐产量，提高食盐质量。

可是，即使张謇的《改革全国盐政计划书》获得了袁世凯的赞成，他在与财政总长周学熙会晤后还是遭遇重大挫折。当时周学熙财力雄厚，手握盐票40张（每张时价万余金），为保护手中的盐票，他联合淮商蓄意阻挠盐政改革。周学熙事先将《改革全国盐政计划书》泄露给淮商，指使上海报纸在刊登原文的同时逐段加以反驳，以操控舆论，随后各省盐商反对的电文纷至沓来。与此同时，他也向参议院提交了一份"改革"提案，表面上看，内部条文几乎和张謇的计划完全一致，但将"官收"改成了"官收商收并行"，将"商运"改成了"保存专商引岸"。如此偷梁换柱，已经与张謇的提议南辕北辙了。张謇目睹此现状，深感改革无望，于是决计辞任南归。

景学钤是当时的盐务署顾问，也是《盐政杂志》的主编。张謇和景学钤的文章态度坚决，观点明确，强烈要求废除引岸制度，就场征税。如景学钤就一针见血地指出传统"引岸制"的旧盐商不过是一种"差徭"，根本够不上商人的资格。

范旭东密切关注着双方的论争，坚决站在了张謇、景学钤一派这边，支持《盐政杂志》派的观点。他后来回忆，民国初年，政治气象还是带有一些活力的：

> 就盐务而论，善后借款成功，内中指定七百万英镑，做改良盐务的费用，在中国可称史无前例，派遣我们出国调查，无非为积极准备。后来资金流用到别的方面去了，预定兴办盐厂，等于一场儿戏，都是政局演变的结果。原意，实在并不算错。尤其难得的，民间同样有朝气热心盐政改革的人们，发动舆论，旗鼓堂堂和恶势力斗争，这盛况，后来变成绝响。张季直（即张謇）先生在北京组织盐政讨论会，发行《盐政杂忘》，主张废除引岸，就场征税，针对"商专卖"痛下针砭。主干景本白（即景学钤）先生，笔锋犀利，痛责引制，病国害民，所谓"盐商"本底子是"差徭"，不够商人资格，应当斥革，使对抗的《谈盐丛刊》黯淡无光。笔墨官司，正打得火热，久大精盐，蓦地从工业技术立场，树起打倒脏盐旗帜，各方同情激烈。这一切只是当时政象的反映，否则政庶决不会想到行了几千年下来的盐务，还需要改良，引岸神圣，也决不许吃盐的人敢批评半个不字。这是不是我的偏

见？自己不敢肯定。离开北京后，我到附近海边看过几次，那一带，白的是盐，黑的是煤，令人欣羡；自己办厂的决心，已经再不迟疑了。许多同志，都尽力解囊相助，多的两千元，少的一百元，对我表示期许。梁任公（即梁启超）先生住在天津，每次见面，必问：招了好多股？有时援笔伸纸，亲自列数计算，这种热情，历历如在目前，屈指三十年了！[①]

范旭东还得到了时任财政总长张弧的支持。除了上文提到的张謇、景学钤、梁启超等人，他的兄长范源廉也明确赞同。这些志同道合的人汇集成一股力量，让范旭东坚定了以工业技术改革盐业的决心。范旭东又是务实的，他虽然对传统引岸制蠹国害民深恶痛绝，但也对中国盐务与政治全局之间错综复杂的关系有清醒的认识。他曾指出，"政治修明，盐务怎么办都好，否则，任何良法美意，没有讨好的"。他深入研究过中国盐务的历史，知晓刘晏早在唐代就已主张过就场征税，但这样的良法，"不在天宝时代，而推下去四五十年，遇到西河用兵，国用浩繁，这法就不能成立了"。他也理解宋代内忧外患，"政府靠盐为生，盐法一改再改，极力榨取"，即使有更好的办法，在当时也是不合时宜的。至于民国时期，盐务因"善后大借款"在神不知鬼不觉之间变成国际共管的情况，更是财政当局的迫不得已之举。因此，范旭东旗帜鲜明地指出，在新旧冲突之间，他个人是"情肯为打开新局面拼命，懒得和腐旧的撕缠"。他期望中国能够变成一个"近代国家"，认为传统盐务这种"变相的人头税"是帝国主义者

---

① 范旭东：《久大第一个三十年》，《海王》第 17 年，第 2 期、第 3 期，1944 年。

施之于殖民地的做法，而"人民吃盐的自由"是该有的，必须赶紧从"商专卖"手里解放出来。

## 4. 奔赴天津，亲身考察

1913 年冬，此时正是北方天气最为寒冷的时候，范旭东冒着凛冽的西北风，独自一人来到塘沽，进行盐业的亲身考察。

塘沽外滩

天津塘沽，自古以来是我国盛产海盐的区域。远在汉唐时期，人们就已在这里用简陋的锅灶熬盐。到明后期，已发展出开沟引海水，利用日光进行盐田晒制的技术。到清朝同治年间，有盐商看到南方稻田里用风车绞水，便将此法引入到盐场。每逢春夏之交，南风吹来，一座座布篷风车走马灯般地旋转，绞引着渤海之水，灌入到沿岸荒碱地改成的方块池内，经自然蒸发晒制成粗盐。几千年来，国人都只知道盐是用来吃的，从没有想到还能有别的用途。所以盐区的存盐不可胜计，官坨中甚至还储存有长达六十年的老盐。极目四顾，一码码盐坨似雪皑皑，一片晶莹。晒盐的工人们也因为产品卖不出去，更不知受了多少苦楚。

塘沽盐产丰富，又是京奉铁路的必经之地，水陆交通十分便利；东北方不远处又有唐山煤矿。原料、燃料、运输等各方面条件都很好，称得上是大自然赐予的一个以盐为主要原料的化学工业基地。

然而，当时的塘沽虽然盛产食盐，却是一片荒凉，疮痍满目。据永利老员工郭炳瑜回忆，当时从北平到塘沽，乘坐京奉铁路局火车，过军粮城后，沿线都是白花花的盐碱地，寸草不生。从塘沽到大沽口一带，只有几个破旧的渔村，人烟稀少，至海边全都是晒盐场地。

海河边经常停泊有日、英、法、美等国的军舰，还有日本的"丸"字客船、中国的客货船只。当地设有中国招商局、英国太古、开滦等码头，可以通往青岛、上海、香港、营口、大连等港口。

那时候，塘沽火车站的东面有邮局、商场，还有妓院。西北面有中新街、前后新街、菜市街，设有饭庄、西餐馆、西服店等。因为这一带在八国联军破海河口南北炮台入侵塘沽后，被俄国兵所占据，故而俗称"俄国庄"。"俄国庄"之南就是旧时存盐的"官坨"，被日本人占领，俗称"日本院"，设有兵营、码头，停有军舰，按期有客轮直达日本。"俄国庄"的西边是法国占领区，也设有兵营，驻安南兵，接有铁路直通河边的码头。更西边则有德国、意大利的占领地。当年八国联军侵华，分别攻占了大沽、北塘，塘沽的三岔口、东庄、西庄都毁于炮火。因为遍布外国人势力，所以塘沽地方虽小，却早就建起了清真寺和基督教、天主教的教堂。[①]

---

① 郭炳瑜：《我在永利碱厂五十年的见闻回忆》，《天津文史资料选辑》第23辑，天津：天津人民出版社2014年，第77—78页。

20 世纪初塘沽站旧照

范旭东刚到塘沽时，看到的景象也差不多：

> 大沽口，不是今天的样子。每一块荒地到处是盐，不
> 长树木，也无花草，只有几个破落的渔村，终年都有大风，
> 绝少行人，一片凄凉景状，叫人害怕。那时候，离开庚子国
> 难不过十几年，房舍大都被外兵捣毁，砖瓦埋在土里，地面
> 上再也看不见街道和房屋，荒凉得和未开辟的荒地一样。①

面对恶劣的环境，范旭东并没有退缩。他找到当地一个跛脚的穷孩

---

① 徐盈：《范旭东及"永久黄"工业团体发展小史》，《天津文史资料选辑》第 23 辑，
天津：天津人民出版社 2014 年，第 37 页。

子张汝谦做向导，在塘沽各处察看。就在这残垣断壁、疮痍满目的景象中，范旭东看到中国人在小道上缩着脖子踽踽而行，而各国洋兵在大道上荷枪巡逻，耀武扬威。强烈的反差引起范旭东的叹息，但远方白皑皑、晶莹的盐坨又带给他希望和力量。在张汝谦的带领下，范旭东居然发现了一家通州盐商用土法熬制精盐的小作坊，但用的是小锅小灶，产量极少，而且也没有提升盐质的意识，只为应市牟利，难成大器。

他借了渔村一家土屋住下，开始了精盐实验。在这渔村的土屋里，范旭东特制了一个两用桌。白天，他在特制的两用桌上摆弄着瓶瓶罐罐，进行各种化学实验。夜晚，则展开桌边的折叠翼作床就寝。每当苦闷、疲劳之时，他就走出小屋，站在沙滩上，任凭清凉的海风吹拂，让思绪伴着阵阵涛声，在天宇间遨游。他认为，人类往往只注重从一分田上获取财富，却忽略了占地球十分之六的海洋。即使有人看重大海，也只是想从海水中取盐，岂知海水中还溶化着许多金属矿物质。因此，开发海洋资源的前途无量，应该把开发海洋的思想普及于全民。范旭东看重海，也深深地爱着海。他将海洋与人类的前途和命运紧密地联系在一起："海，的确是一国的生命所托，没有海，就如生物没有孔窍器官，是极下等的，绝对不能生存。海里无尽的物资，只有滨海的国家有得享受；没有海口的国家和邻国物资交易，也受限制，这样的国家想要繁荣，将近等于是梦想。说一句痛快话，只有没有出息的民族，才不重视海。"[1]范旭东对海洋的重视贯穿一生，直到1937年，他仍旧在强调："要知道海洋是浩瀚无边的，深不可测，宽不可及，而宝藏更是无穷无尽。中国人要有雄心壮志把海洋征服。让

---

[1] 范旭东：《闲穷究》，《海王》1938 年 7 月 7 日。

海洋为我们服务，给我们提供取之不尽、用之不竭的丰富资源，并使它纳入新技术，新工艺，从而彻底地来解决、提高大众的生活。"[1]

而在当时的中国，有盐政而无盐业，有盐厂而无盐利，盐由官府垄断，是国家税收补充的重要支柱。正是这种无力的现状，才让中国坐拥如此广阔的海洋资源和悠久的食盐历史，却始终无法更进一步。每念及此，范旭东便心神不安，他开始日日夜夜，辛苦劳作，潜心精盐提纯的实验。他不断地将粗盐化成盐水，一次又一次除去杂质。经过无数次的实验，终于将粗盐制成雪白的精盐，氯化钠含量达 90% 以上。精盐实验成功，范旭东兴奋地将雪白晶莹的精盐，装在一个布袋里，星夜赶回北京。当景学钤亲眼看到这一袋"范氏精盐"时，他激动得手都颤抖了。

---

[1] 黄汉瑞：《回忆范旭东先生》，《文史资料选辑》第 80 辑，北京：文史资料出版社 1982 年，第 38 页。

# 四、塘沽创久大，盐碱启新元

坐落在渤海之滨的天津市塘沽区，地处京津城市和环渤海城市的交会点，距首都北京 100 多公里。

这里拥有丰富的海洋化工资源。海水含盐量 3.5%，宜于制盐，并可提取钾、锂、溴等 90 多种化工原料。百里盐田是闻名世界的"长芦盐"生产基地。塘沽扼海河之咽喉，战略位置十分重要，素有"京畿门户"之称。自宋代以来，为重要的军事要塞。

## 1. 成立久大，披荆斩棘

回到北京后，范旭东把他在塘沽的见闻和设想与景学钤商议。他计划在塘沽筹建精盐工厂，提高盐质，以期为亿万中国人民改进食盐，并抗阻外国精盐进口，从而挽回利权。这一主张得到景学钤的赞同和范源廉、梁启超、李思浩、卫家襄等人的积极支持。

范旭东结合从欧洲考察得来的经验，就在暂居的北京兵马司前街黄孟曦家中廊檐下架起仪器，进行精盐制造的试验。对于当时的情景，黄孟曦之子汉瑞曾有一段精彩回忆："每当我和弟弟们跑到前面花园里去玩，便常看见他那日本型的装束，那湘阴音的说话，都使童稚感觉新奇。尤其是他常在前院廊檐下架起机器变戏法，最招引孩子，原来那正是在做试验，久大的种子从此播下了。"[1]

为了工作的方便，随后范旭东、黄孟曦离开政治中心的北京，搬到离塘沽较近的天津，住在日租界太和里的一幢小楼里。

范旭东筹建精盐工厂的计划很快得到众多社会名流的支持。后来，范旭东回忆起这件事：

> 列名发起的，最初七个人，有两位不久自行告退；黄孟曦、胡翔云、方积琳三位，先后去世了，他们生前都尽力扶持过久大。景本白（即景学钤）先生和我，一直效劳，没有间断……久大由这班书生一时兴会所至，凑合而成，不论世相如何变化，传统的书卷气，总归不能完全脱掉。[2]

除此之外，还有梁启超、范源廉、李思浩、卫家襄、刘揆一、陈国祥、左树珍、李穆、钱锦孙等人积极赞助。

1914 年 7 月，范旭东呈请北洋政府财政部盐务署批准立案，在塘沽筹建久大精盐公司。1914 年 11 月 29 日，范旭东等人召开了第一次筹备

---

[1] 黄汉瑞：《回忆范先生》，《海王》第 18 年第 21 期，1946 年 4 月 10 日。
[2] 范旭东：《久大第一个三十年》，《海王》第 17 年，第 2、第 3 期，1944 年。

会议，决定募股五万元，作为筹建资金。到 1915 年 3 月 21 日，先后召开了四次筹备会议，募得股金三万三千余元，不足者继续募集。到 1915 年 4 月 18 日召开第一次股东会议时，已经实收股金四万一千一百元。

虽说半年时间不到，筹款成绩还算不错，但当时的中国有产者对新兴工业的认知不足，愿意投资工业者也数量寥寥。所以在筹集股金的过程中也是困难重重的。所有发起人和赞助人都尽力解囊相助，多的两千，少的一百，均对这项事业表示期许。如黄孟曦出资五千元，比范旭东本人出的还要多。但是，其他股金的募集则比较困难。范旭东在回忆当时募股情况时说："那时每天一早起来的工作是打电话给那些认了股的股东，通知他们说公司要派人去收股款，接着就按街道的远近逐一步行去收，像收电灯费似的。常常是站在人家门房等许久，结果是'下次再来'。"[1]

在这个过程中，范旭东还总结出办实业募款的大忌。他观察到，由于当时"风气不开"，办实业的人们极不容易集资，因而不得已用借债的方式募股，就是收到股款，即日用"官息"名义计息。这种方式用在商业上或许还勉强能办通，但对办工业就很不妥。因为工业产品的产出周期很长，非有相当时日不会出货；况且新货上市后，又未必一定盈利。如果从收股之日起计算利息，不管付不付现金，这笔债务累积上去，也"很令人气短"。所以在第一次股东会上，由梁启超打破陋习，提出了不分官息，只按章程分红的意见，分多分少没有一定之规，一切看纯利润的大小。这种做法在当时是很超前的，也为久大的发展打下了有力的基础。

---

[1] 黄汉瑞：《回忆范先生》，《海王》第 18 年第 20 期，1946 年 3 月 30 日。

在这次会上通过了久大组织章程，并选举景学钤为董事长，范旭东为总经理，并聘请大律师刘崇佑为法律顾问。范旭东在会上提出了"公私行为务求明朗公正"作为办事的准绳。

资金有着落后，范旭东再次来到塘沽，买下了通州盐商开设的熬制精盐的小作坊。他决心在这个无边的苦海盐边，在这国人受辱的海滨小镇，兴办起中国第一个精盐工厂，为中国的化学工业开辟"耶路撒冷"，为中国的现代化学工业奠基。1915 年 6 月，工厂破土动工，有地十六亩。建筑厂房、机器设备由范旭东亲自赴日本调查购买，也有一部分交上海求新铁工厂制造。1915 年 10 月 30 日，一座工艺先进、设备新型、麻雀虽小五脏俱全的久大精盐厂房建筑和设备安装工程全部竣工。同年的 12 月 1 日呈报盐务署，请准予开工制盐，12 月 7 日获准正式投产。这时候，范旭东特意遣人将两年前给他做向导在塘沽各处察看的跛脚孩子张汝谦找来，安排他在久大做了工人，让他也有投身于中国工业建设的机会。

## 2. 斗智斗勇，民族骄傲

久大初创期间，根基未固，物力维艰。开工初期，厂房是一座很不起眼的小四合院，仅有一对高不过 10 米的小烟囱。1917 年陈调甫到塘沽时，首先就注意到了这对蜡烛一般的烟囱，他问范旭东为什么不做大烟囱。范旭东回答，因为要急于出货，而且塘沽的土壤载重力低，怕烟囱大了承受不住。当时范旭东既是久大的经理，也是唯一的技师。他工作住宿都在厂里。办公桌是特制的，较普通书桌长，右侧抽屉下另有一个两尺余宽的橱，可置铺盖卷。这个书桌真是一物三用：白天在这里办理公务，兼做化学试验，夜间撤去文件和仪器，支起折翼就是床铺了。直到一两年后久大的情况好转，这张特殊的三用书桌才结束了它的使命，足见范旭东的艰苦创业精神。

1941 年，四川久大制造精盐

久大制造精盐是将粗盐溶化、沉清，再用平锅熬煎，使盐重结晶从而获得精盐。这是史上第一批制精盐的平锅，可以说是掀开了中国制盐技术史上崭新的一页。从此各地也办起十几家精盐工厂，精盐工业在国内各地普遍开花。由新技术生产出来的精盐品质纯净、色泽洁白，一上市就广受欢迎；这使得中国的食用盐质改良获得了空前成功。至此，中国以粗盐、脏盐为食的时代，终将宣告结束。

北洋政府的盐政仍旧承袭封建旧制，食盐销售权掌握在少数盐商手里，这些盐运专商又分引岸、纲商、票商、包商、指定商等，名目繁多，划定了盐商的专卖范围。在范围以内都有专卖权，不准别人插手，否则就叫"越界为私""以私盐论处"，这在当时是两项大罪。官商合伙结成几乎坚不可摧的势力，要冲破这层阻碍是相当艰难的。

久大投产初期，范旭东便与当地盐商盐霸展开了激烈斗争。前面提到过，明朝袁世振创造"纲法"，长芦盐区的纲商结成了一个类似同业公会的机构——芦纲公所，为首的叫"纲总""纲首""纲头"，是公所盐商中势力最大的。纲商的性质实与引商无异，他们凭借从封建王朝手中获得的特权，企图从源头上卡死久大。

精盐制造的源头就是粗盐原料。久大制盐所用的原材料，完全来自塘沽的灶户供应。当时天津的著名盐商，芦纲公所的纲总李赞臣家族对久大百般阻挠。

据长芦四沽代表四十二灶户的灶首张文洲回忆：

> 一九一六年，我在长芦盐运使段永彬的批准下，在宁河县汉沽附近大神堂，以利海公司名义投资，开辟了新滩六付。久大精盐公司成立以后，经过段芝贵（段永彬是他的三弟）的介绍，我将利海的六付盐滩出售给久大，又订立了长期合同，指定盐滩十九付（包括我家九付）全部供给久大原盐。时价每包四十元，我们降为每包三十八元，但还是供不应求。
>
> 芦纲公所纲总李赞臣大为恼火，从中破坏，不准灶户四十二家供给久大原盐。又经新盐运使张调宸有意以此四十二家原盐转供河南境芦纲襄八公所。这时，另有灶户李少堂，愤将自备盐滩十付房屋设备，以十万元售于久大，使其生产不虞匮乏。①

---

① 徐盈：《范旭东及"永久黄"工业团体发展小史》，《天津文史资料选辑》第23辑，天津：天津人民出版社2014年，第38页。

从此，久大有了盐田两千余亩，粗盐原料短缺，被旧盐商"卡脖子"的问题得到了解决。

久大精盐的工厂设在塘沽，公司设在天津，分销店则遍及南北各省。1916 年 9 月 11 日，久大生产的第一批精盐在天津上市。精盐产品的商标立意，则是取自《管子》。因为管仲相齐，谨正盐策，史称"海王立业"。后来，做盐生意的人也被称为"海王"。这个商标不仅是一份精盐产品的名字，也寄托了范旭东征服海洋的雄心壮志。此外，天体中的海王星循环运转，有自强不息的良好寓意。结合这两方面的创意，范旭东以五角形的海王星作为久大精盐的商标，显示出他良好的传统文化修养，以及敏锐的市场眼光。

图为民国久大精盐公司海王星食盐商标，为久大精盐公司创始人范旭东亲自设计，是我国最早的食盐注册商标

最初，久大精盐只被允许在天津东马路地段设店（离天津官银号不远）行销。这是一间很小的门面，屋里陈设十分简陋，却放了一个很大的货柜，柜里堆满了绿色瓶装的精盐和黄色纸包的精盐牙粉。此种境况，让久大的生存和发展都面临着极大的挑战。久大的法律顾问刘崇佑律师从法律渠道与旧盐商展开了长时间的艰苦博弈。

为拓展久大精盐的销路问题，范旭东找到兄长范源廉商议，但当时范源廉已从教育部辞任，赋闲在家，靠私人人脉推广的进展不大。

范旭东又急匆匆赶到北京和景学钤商议对策。景学钤清醒地意识到，引岸制这个痼疾，一时半会还消除不了。当时袁世凯正复辟称帝，他身边为鼓吹帝制的筹安会中，有一个风云人物杨度。景学钤提醒范旭东，如果能够拉拢杨度，说不定能通过袁世凯的势力打开局面。

杨度是范旭东的湖南老乡，也是其兄范源廉在日本留学时期的老熟人。于是，范旭东千方百计地向杨度靠拢，并成功说服杨度加入久大成为股东。杨度拿着久大出产的两瓶精盐去请袁世凯品尝，袁世凯对久大精盐表示赞赏。当时袁世凯正处于改帝制得手，于1915年12月12日改"中华民国"为"中华帝国"的成立而兴高采烈之时，精盐产生，在袁世凯看来，也是国家祥瑞，竟一口允诺给了久大精盐四个口岸为销售地，从而解了久大的燃眉之急。从此，久大精盐才在长江流域的鄂、湘、赣、皖四省立足，打破了一直由淮商引岸独占的局面。此事堪称改变中国盐业历史的大事。

久大生产的精盐洁白卫生，极大地改善了国人食盐的品质，挽回了国家的权利，自然是一件利国利民的大好事。所以销售渠道一旦拓宽，就广受消费者欢迎，获得空前成功。到1916年的股东会上，久大已增资到10万元。此后又多次增资，1924年增资到了210万元。开业仅两年，久大的股东们除了股息，还分得了相当于股金两成的红利。按照筹备之初就约定好的分红规定，久大红利最多的时候也只到过两成，破例升股一次，每股加了半股。这些规则运行良好，使久大避免被庞大的官息所拖累，从而保证了企业的健康成长；这无疑给"永久黄"团体的发展奠定了一个良好的基础。

不可否认，虽然范旭东办的是实业，但在中国的现实社会大环境中，来自政界的支持不容忽视。最典型的，除了通过杨度影响袁世凯的决策外，范旭东的师长梁启超、兄长范源廉的能量也不可忽视。在久大发展期间，梁启超先后出任过司法总长、财政总长，兼任过盐务署督办。范源廉一直有教育救国的梦想，前后三次出任教育总长，虽说受限于时代，当时中国的教育发展步履维艰，但范源廉个人的人脉资源对其弟旭东办企业却是助益良多的。当然，一切的前提都是范旭东的久大生产出来的精盐产品质量过硬，满足了人民的生活需要，与国家民族的自立自强密切相关。

久大精盐的畅销，也确实损伤了世代吃盐饭、过惯了"天下富归盐商"生活的旧盐商和国外盐业霸主的利益。他们和反动官僚沆瀣一气，处处为难久大，使久大在前进的过程中困难重重。30 年后，范旭东在回忆久大初创时的情景时，仍旧不胜感慨：

> 自久大开工到北伐成功，十年间五年不内战，内乱一起一定向盐商要钱，盐商一定拿久大来搪塞，成了惯例，限制精盐销路，不许人民购食自由，年年重演一遍。如久大不听他的，则，第一盐务稽核所加税，其次军阀勒索，等而下之公然绑票。起初我们还把它当一回事看，后来见怪不怪，想出种种办法反攻，甚至借此迈进一步，真是有趣！

久大精盐创业之初，政府设有管理专章，限定久大在淮南四岸（鄂、湘、皖、赣）年销一万吨，打破淮商独占局面，引起了新旧盐商的冲突。范旭东说："久大之所以能和旧盐商竞争，间接是受了引岸的保护，说句老实话，旧的积弊越深，新的越有甜头好吃，水深才好摸鱼。""精盐是用粗盐加工制成的，费煤费力，还要贵价钱的包装，为什么还能准斤足两，不折不扣，照粗盐一样价钱出售，世人很不理解，甚至疑心精盐的税低些，不然就是得到政府的特别奖励。事实完全相反。所有盐业原有陋规，如余斤、卤耗之类揩国家的油，精盐不与焉，长年奋斗只求不特别歧视，危及生活，别的没有。"

这股反动势力对久大处处掣肘，"有时不幸惹出了麻烦，就活该受罪，如坨里盐仓顶上的招牌字写大了，就得了个有碍观瞻的罪名，只得遵令挖去，缩得小小的，重新漆过。用在扫盐滩的扫把，规定是扫盐池的，我们漫不经心，用在别处；又把'池'字写成'地'字，一概大受申斥"。奸商也推波助澜，凭借旧势力，拒绝久大精盐在他们辖区出售。有一个时期"全浙江通都大邑，有人胆敢私自处罚购食久大精盐的良民，不受国法制裁。甚至干涉到公司包装材料和盐粒粗细，而国家机关居然受理，纠缠不清"。

久大精盐及其副产

1925 年，久大与旧盐商的斗争日趋白热化。景学钤在北京《实事白话报》上发表《真不可解》一文，宣传精盐，指责旧盐商公开掺土售盐，迫使国人成为"食土"民族。北京《英文系报》就盐务署稽核所召开精盐会议发表"调解精粗盐之冲突"一文，主张将精盐行销限制在通商口岸。3月1日，旧盐商则在上海《密勒氏评论报》发表《盐政之危机》一文，反对精盐，抨击久大公司"增加产额、冲销四岸"。景学钤又撰文《对上海密勒氏评论报"盐政之危机"的评论》进行反击。钟履坚发表《对于精盐冲突感言》一文，反对引岸，说"引岸专盐之弊，中外共嫉"。这场笔墨官司的结果是，盐务署再次屈从旧盐商和洋人的意志。盐务署新盐官修订《精盐条例》中，对久大精盐公司增订了"年产万吨"的限额。新的《精盐条例》公布后，英国驻华公使会同盐务稽核所英籍会办封闭长芦盐坨，从粗盐原料上控制久大生产，使得当年芦纲公所纲总李赞臣没有办到的事，由英帝国主义给办成了。更有甚者，他们欲以英国海军封锁塘沽海口的举措，阻止盐船出海外运。景学钤继续在《盐政杂志》撰文，批评盐务稽核所英籍会办韦礼敦是中国盐商的官僚，再不应"年糜三百七十万，供养丧失国权之机关"，呼吁撤销盐务稽核所及其在全国各省的分所，使盐务能够真正地市场化。

1918年，范旭东在南京的扬子饭店楼顶，放着鞭炮迎接久大在塘沽装上精盐的英籍货轮，打着"济湘济鄂"的旗号向武汉等埠进发。1918年，久大收购德国在塘沽的铁路支线和俄国码头，使久大精盐工厂和车站、码头都可直接联络，为发展事业创造了良好条件。1916年到1918年，久大业务猛进，制造精盐的工厂由一厂发展到六厂。

1918年，我国著名的实业家、爱国民主人士李烛尘先生经景学钤介绍加盟久大精盐公司。李烛尘后来回忆说："就在民国七年（1918）8月底，我和范先生做了一次长谈之后，非常投机，于是就决定了今后的终身职业。"李烛尘到久大后被范旭东委以重任，掌管久大经营管理，使范的事业如虎添翼。

1919 年张敬尧率十万大军进驻长沙，气焰不可一世。起初，他受了旧盐商的蛊惑，简直要把久大活活吞下去，怎么和他解释，他都充耳不闻。后来，他的态度变了。久大在湖南打开局面还是他尽力最多。

1920 年，范源廉再任教育总长，这无形之中对久大精盐公司的发展又增加了一支力量。随着久大在江西组织九江精盐公会，直接引起了旧盐商的反扑。他们组织"淮南公所"与九江精盐公会对峙。淮南公所处处设卡查禁久大精盐，抢占久大的地盘。幸好赣北镇守使吴金彪同情久大，让其弟吴朗山出面另设"九江精盐查运所"，名为"查禁"精盐，实则为精盐统计销数，使久大精盐一次就在赣北倾销四千余担。

1924 年第二次直奉战争，战事十分激烈，塘沽成为两军必争之地。久大受难，鬼神蠢蠢欲动。工厂虽仍坚持生产，但全厂妇孺都设法转移至安全地区。长芦盐运使张廷谔借吴佩孚的势力趁机勒索久大。正在阵阵紧逼之际，街上突然号外飞天，大叫冯玉祥古北口班师，直军败退，勒索告吹。

1925 年奉系军阀直隶督军李景林，驻军天津。他将关外的马贼作风搬到关内来，勾结财政厅厅长郝鹏、盐运使张小岱（同礼，张弧之子）在天津公然绑架范旭东，并将其拘禁在"兵灾善后清理处"内，企图勒索巨额赎金。黎元洪当时住在附近，闻讯大发雷霆，并亲自去探访范旭东，当众训斥那帮喽啰。最后，还是由久大备了 8 万银圆的"贡献"，才使范旭东平安归来。

1927 年春，国民政府初到南京，南北尚未统一，那时范旭东才完成永利制碱事业，尚待最后努力，急需资金填补。当时社会上金融紧缩，财务调度分外困难，唯一的办法是久大卖盐。可是南北政局不同，法令不一，使工商界感到无所适从。当时国民政府财政部尚未组织就绪，北京的关务所仍在行使职权。为了解决永利用款急需，范旭东只得冒险让久大出货，运往汉口出售。范旭东回忆道："某日，我接着电报，知道英商太古公司大通轮就要到下关了，久大的盐是装在船上的，我站在扬子饭店的阳台上，注视着那船停泊了，后来又开了。我留神看到并没有从船上扣下了货，心里才得安定。"

1928 年，奉军褚玉璞在塘沽成立"京榆一带盐食户饷捐局"对久大精盐公司运销外埠的精盐每担征收饷银 2 元，比盐务署对工业用盐征税章程提高 10 倍，对此范旭东极力抵制，认为这是勒索行为。范旭东命余啸秋根据财政部盐务总署原有命令，据理力争，未缴分文，居然使军阀收回成命。但久大公司为此停工停运达半年之久，严重影响了生产。1929 年，范旭东为使精盐积极向南发展，在南京成立"全华酱油公司"，目的是让全国人民吃到好酱油，同时为精盐打开新的销路，抵制日本酱油在中国的倾销。经过不懈地努力，全华酱油公司的固体酱油成为畅销南北的名牌产品。1931 年，国民政府公布新盐法，打破"引岸"，允许新兴盐业进入淮盐引岸禁区。1933 年，久大公司乘机由永裕盐业公司职员王文达出面，向两淮获准新起牌号在汉口成立鼎昌盐号，取得粗盐承销权利，使久大事业又向前迈进一步。

经过 20 年苦斗，久大精盐公司在范旭东率领下，通过久大老一辈创业者章舒元、文公信、沈舜卿、萧豹文、李烛尘、唐汉三、杨子南、彭九生、周雪亭、许绍周、谢伟卿、胡耕娱、刘君曼等的不遗余力、披荆斩棘之劳，他们从政治上巧妙运用各种关系，生产上采用科学方法，经营上采用原料自给，精盐自产自销，业务上积极进取，到1936 年终于使事业获得迅速发展，资本由创办时的 5 万元增至 250 万元，规模由年产 1500 吨发展到 62500 吨。此时久大精盐公司、永利、永裕在沿海总计拥有盐田十万亩，年产粗盐 400 万担。成为工业界的一颗明星，塘沽也由一个荒凉渔村，变成了一个近代工业地区。

  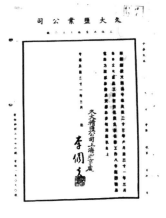

1925 年久大精盐公司驻沪办事处官封　　1926 年久大精盐公司官封　　1942 年久大精盐公司上海办事处证明书

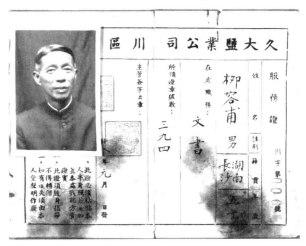

1949 年久大精盐公司工作证

## 3. 以身作则，科学管理

早在创办久大、永利时，范旭东曾为自己规定了三个处世原则：

第一，不利用公司的钱财来谋私人利益；第二，不利用公司的地位来图私人利益；第三，不利用公司的时间来办私人事情。

在范旭东的眼中，创设实业是一件为公为民的大事业，绝对不能容许任何私情来破坏，至于所谓的富贵归故乡的浮夸炫耀，以及一人得道鸡犬升天的裙带提拔，更是他所不齿的。

在人事原则问题的处理上，范旭东寸步不让，堪称铁面无私。

范旭东严于律己，更容不得部下的浪荡、堕落。但随着永利事业的蓬勃发展，一些品格低下者，不思进取，自甘沉沦，做起寻花问柳的事，而这些人中又恰恰有范旭东的内侄许杏村。

范夫人有侄子七八人，有的上学，有的在厂里工作，侄子许杏村大学毕业后在碱厂当会计。范旭东对许杏村的要求向来严格，只是赶上动乱的年代，加之当时永利事业屡遭挫折，范旭东一时无暇过问许杏村的情况。年轻的许杏村经不起花花世界的诱惑，甚至发展到了利用职务之便，挪用公司的钱，和唐山商人解连第合伙做买卖，赚来钱后，去天津吃喝玩乐，过起了灯红酒绿的生活。

当时，天津的妓院，没有头等，在罗斯福路"裕德里"和"忠孝里"内有二等班子，数十家乐户中，分南方班子、北方班子两种，许杏村在南方班子里包了一个妓女，他一出差到天津，就将这妓女带到国民饭店鬼混。

一来二去，永利碱厂的职员一传二，二传三，风评极差。据范旭东先生女儿范果恒的回忆，这件事没过多久，就被范旭东知道了，大为震怒。

不久，许杏村接到了范旭东的调令，范旭东免去了他永利碱厂会计的职务，派他到汉口经理处任经理。接到调令后，许杏村便打点行装，带着妻儿到天津与姑父姑母告别。许馥像母亲一样嘱咐着许杏村到汉口后要好好干，不要辜负姑父的期望，而范旭东一反常态在旁沉默不语。许杏村即日乘船赴汉口，船行至中途，许杏村突然接到范旭东的一封电报，电报大意是汉口经理处已另派他人，永利碱厂许杏村已无职，让他自谋生路。

事后，别人问起范旭东这件事的处理是否合适，范旭东说："我与许馥是患难夫妻，许馥与许杏村感情甚浓，况且，许家对我办事业帮助巨大，没办法，只能这样做。"他曾对孙博士说过这样的话："我个人由于职位关系，不免经常站在我们团体视线的集中地，因而一举一动偶有疏略，就易被众目察看出来，为了事业的发展，首先我要做个样子。"

对亲属要求严格，对自己的要求，范旭东则更加严格。

范旭东平素生活简朴，不尚豪华，在天津、上海、香港、重庆等地，住的都是一般中产阶级家庭所能租住的房屋。他的家里，家具大部分是老式样的，陈设虽很简陋，却布置得整洁而又雅致。他出门很少坐汽车，并常说："人生两条腿，不走还行?!"后来在重庆，因住在沙坪坝，离市中心过远，才乘坐公司汽车。

在金钱方面，他公私分明，每次出远门，夫人总是事先把钱一包一包地包好，并记下作何用途，私事决不动用公款。以至于1940年，他准备去美国时，"范先生整理行装，大做新衣，借此机会打算把旧的改改，洋服店老板看了发神说：'这个样子，我从来没有见过，莫改罢，改了也穿不出去。'范先生听了下不得台，陡然间问他，'你今年多大年纪'，裁缝老板说他三十来岁了，范先生说：'这难怪，我做这衣服时，你还在妈妈怀窝吃奶'，哈哈，他这件宝贝，原来是民国元年在巴黎做的。"

范旭东去世后，侯德榜曾深情地回忆说："范先生做了三十一年的总经理，但是自己没有盖过一所房子，私人没有一辆汽车，死后两袖清风，甚至目前范夫人的生活都成问题。"

范旭东个人生活俭朴如此，但是在为员工谋取福利，求取发展方面，却是绝对不吝惜投入的。

1927 年 2 月，永利实行 8 小时工作制，成为全国最早实行 8 小时工作制的企业。这一制度的确立与陈调甫、范旭东等人的据理力争分不开。一次，陈调甫坐夜车回到塘沽，夜已经很深了。他踏着皎洁的月光，向厂房走去。月色下，碱厂那两幢九层、十层南北高楼拔地而起，巍然挺立在茫茫夜色之中。

无数条管线，像蛛网交错；塔罐林立，机器轰鸣，十分壮观。陈调甫怀着激动的心情在碱厂巡视。生产正常进行，一切按部就班，有条不紊。

当他来到吸铵车间时，一幕情景使他呆住了。在昏黄的灯光下，一个值班工人趴在桌子上睡着了，发出"呼、呼、呼"的鼾声。他头上的水管正漏着水，发出"啪、啪、啪"的滴水声，桌前已被水浸湿了一大片，而那位工人却浑然不知。

陈调甫不禁拧紧了眉头。车间的工头见陈调甫巡察，赶忙大步走来，一见工人睡着了，便捅醒他，斥骂道："陈部长检查来了，怎么顶岗睡觉！快起来！"陈调甫制止住工头的责骂，问那位工人道："你上的什么班？""夜班。"工人小声地说。"一个班要上多少小时？""头天晚上六点上，第二天早晨八点下，共十四个小时。"

陈调甫听着，心头不禁一怔。他朝墙上的表望去，此时已是凌晨2 点多了。他默默走出车间，刚才激动不已的心情霎时蒙上了一层阴影。工人连续 14 小时的工作，怎么能顶得住，吃得消呢？化学工业，与一般工业不同，工艺复杂，稍一粗心大意很容易造成损失或出现事故，它要求从业人员必须全神贯注、精心操作。

陈调甫回到宿舍，辗转难眠，他披衣而起，伏案给范旭东写信，就这件事向范旭东作了汇报，并建议废除 14 小时工作制，实行 8 小时工作制，奖励有成就的永利人。

陈调甫的主张，得到范旭东的称赞。但此事关系到永利碱厂的生产，因为减少工时，产量将受到影响，而当时永利碱厂正与英国卜内门公司争夺市场，产量上不去，在与卜内门竞争时可能处于劣势。为此范旭东将陈调甫的建议交董事会商量。范旭东认为，制碱工艺操作复杂，实行长时间的工作制，是不合理的。他赞同陈调甫的主张，实行 8 小时工作制，希望董事会给予理解，共渡难关。

但是，一些不了解化学工艺的董事只顾眼前利益，摇头摆手，不同意范旭东、陈调甫的主张。在范旭东等人一再坚持下，最后董事会表示赞同。虽然其中有一段时间没有实行，不久仍恢复过来，从此成为固定制度。在 20 世纪 20 年代的中国，实行 8 小时工作制的工厂，可以说只有永利一家。

范旭东特意制定了一个奖励条例，向全厂职员公布，鼓励大家多出成果，为碱厂贡献自己一份力量。在这样一种良好的气氛下，一些技术人员积极探索，为碱厂解决了一个又一个的难题，从而受到重视和奖励。

"红三角"牌纯碱获得国际金奖后，产品质量上去了，销路也渐趋扩大，但产品产量一直上不去。尽管原来设计的一塔一炉日产量为 50 吨，但当时开两塔一炉还只能日产 35 吨左右。因此，如何在两塔一炉的情况下，提高到日产 80 吨或 100 吨成了当时的奋斗目标。

那时候侯德榜在美国，无法向他请示。于是几个年轻的技术工人许滕八、刘养轩、张佐汤担负起此项攻关任务。一日，许滕八值夜班，接班半小时后，碳化技术人员送来一张条子，说锅气太低，请速急解决。许滕八沿着灰窑和煅烧炉的管线寻找，最后发现煅烧炉出碱口正在向内抽风。原因找到后，许滕八命令操作工暂时关闭出碱口。2个小时后，气体浓度上升了。

通过这次检查，许腾八坚定了探索如何增加碳化塔产量的问题。他和刘养轩、张佐汤研究、磋商，提出了一个大胆的设想，碳化塔产量无法上去的原因，是碳酸气压力不够，反应过程不充分造成的，从而影响到整个生产过程。

为此，必须增加压缩机的转数。许滕八等人和管理设备的技术人员商量，大家都认为压缩机还没有增加过速度，如果出了问题，谁来负这个责任。许滕八向范旭东请示，范旭东说："技术问题，全靠你们，只要合理，你们可以大胆地干，不要怕。"在范旭东的鼓励下，许滕八、刘养轩等人开始对压缩机试行加速。第一步由每分钟35转增加到每分钟40转，4小时后看不出显著的结果，因而再增加到每分钟50转，碳化塔出口液中的含碱量显著增多，煅烧锅气上涨到70%，碳化塔进气浓度增加，碳酸气压力增大。包装室的包装工人也忙碌了起来。

第二步，又将转速增为每分钟60转，开了4个小时，问题出现了。碳塔出碱口将近满开，而蒸氨塔的溢流口走不及。问题转化为筹划改大蒸氨塔溢流口，以增加产量。经过一番努力，如期完成了改装任务。

解决了蒸氨塔存在的问题后，再将压缩机增加达每分钟70转，并另加了一条管道直接把碳酸气输送到反应塔内，产量一下子就翻了几番，日产80吨，达到了设计标准。永利碱厂的纯碱生产基本稳定下来。范旭东对许滕八等人的贡献给予了表彰，许滕八不久被任命为正技师长，后又被任命为永利碱厂的厂长。刘养轩、张佐汤升为车间主任，让他们独当一面。

对于工人，范旭东也同样对待。职工中只要工作成绩优秀，就会得到奖励。因而职工积极性很高，爱厂如家。工人张锡庚由于工作认真、踏实，特别在精盐干燥节煤问题上提出了合理化建议，经采用后有较好的经济效益，范旭东立即给予奖励，加薪晋职。职务由工人提拔为车间管理员，工资由 12 元增加为 26 元，当时工人的伙食费较低，每月大约为 3 元。

范旭东为工人建立了宿舍，工人一般住在工厂的工人宿舍内，每间住 8 人，选有室长，定时熄灯休息，不许外出过夜，不许赤背在外乘凉。如有违犯，要受记过、开除处分。为保证单身技术人员的学习环境，企业不搞集体宿舍，而是让他们每人住一间房。同时在厂外太平村、联合村、前新村建有工人住宅，房租每月一元三角，以使结婚成家的工人有自己的家。在新村建有职员住宅，有前后门独院，每月房租八元至十元不等。房价很便宜，电费由厂里担负，因此工人和职员都住得起。

1924 年，工厂建起了医院，免费为职工治疗。1925 年，建立明星小学，职工子弟免收学费。同时还设立了幼稚园，命名为"怀瑛堂"（纪念陈调甫已故夫人潘瑛如），也免费对职工子弟开放。工厂还建有浴室、理发处为职工服务，开办的食堂，服务质量也很高。一次，总统黎元洪来碱厂参观，称赞食堂办得好，说工人吃的馒头很白，同他在北京吃的差不多。

另外，厂里还有一个烤面包房，售价也十分低廉，由工厂按名额定期供给面包券，凭券换取面包。买日用品有消费合作社，工人出股2元，职员4元，另由厂里出资千元，共3000元开办，商品充足，被称为小百货公司。

20世纪30年代，由于时局风云变幻，永利工厂曾一度停产。然而《大公报》记者徐铸成到厂采访，所见却是这样一番景象：首先是"全厂工人均未解职，每日略事零星工作，余则在工人学校补习"。这在当时的企业里是绝少见到的。他还指出："工人与职员之生活丰富而有秩序，绝无如其他工厂劳资生活悬殊之恶习。"在旧中国企业界，永利、久大的职工待遇是相当优越的；在企业文化活动方面，也无出其右者，这些措施调动了职工的积极性，增强了企业的凝聚力，极大地促进了范旭东的实业发展。

1932年烧碱厂投入生产，永利生产增加了实力。由于生产得到发展，市场得到开拓，企业开始盈利，工厂的管理和各项福利事业都得到改善。1932年全厂职工达700多人（工人661人，职员106人），工厂在华北最早（1927）实现8小时工作制；工资不菲，普通工人工资为8～10元，技术工人最高工资可达98元；职工中工业专科毕业的技术员为30元，1931年大学毕业的薪金为44元，职员最高工资为400元。技术人员在厂每工作三年给有薪假三个月，由公司给路费外出旅游；每年如全年未请假者加发一个月薪金；年终对先进工作者尚有高额年奖。工厂设有医院，免费治疗；设有幼儿园和小学校，职工子弟免费上学；并设有工读班和特别班，各分一、二、三年级，努力扫除工人中的文盲。

1934年8月还成立特种艺徒班，为期三年，招收专业学校和高中毕业生，进行半工半读，自己培养人才。厂里建有工人宿舍，厂外建有工人住宅，房价便宜，工人和职员都能负担得起。与此同时，公司还建立了一套严格的规章制度，约束职工的行为。工厂管理由于奖罚严明，调动了职工的积极性，进一步促进了生产的发展。

范旭东在招聘人员时极为严格。如与北洋大学（今天津大学）协议，凡化工系毕业生中前三名都由永利聘用。技术人员初到永利时都要缴验学业考绩单，并由侯德榜等高级技术人员亲自谈话。即使这样也不立即任用，一般要有半年的"实习期"。所谓"实习期"就是把新来的人，放在实践工作中考核才能。在实习期间如学化工的往往是先留化验室做分析，由技师负责经常分给原料或各种样品，分析其成分含量，而这些原料或样品全是前人做过的，有明显结果，通过这些来考察实验室工作能力和水平。三个月以后，再分到车间去实习，这样便可以较全面地了解技术人员的能力和各方面专长。又如学机械的便让设计一个小阀门，由画图开始，到制模、铸造、上床加工、装配等全要独立完成，从中来考核能力。半年以后，认为合格就正式任用。

严格的考核和筛选，保证了永利技术队伍的精明强干。范旭东深知一个专业人才形成之不易，一旦录用就按所学专业及在考核中所发现的才能和兴趣分配工作，量才录用，并使工作长期稳定，以便他们在工作中积累经验，逐渐提高技术水平。永利用人一般注重才华，但也不绝对，如于锡泰才能并不出众，可是他对工作兢兢业业，承办之事能全力以赴，永利对他就给予重任，曾任水气车间主任、安全科长、制造处副处长。

永利不管是行政部门，还是技术部门的负责人，基本上都是选用在这一部门中技术上最精通的、有组织能力的人担任，这样既发挥了人才的作用，又可精减人员。如永利南京硫酸铵厂的财务科，只有科长、会计、出纳三个人负责全部财务，要求财务人员精明强干，效率很高，不然是绝不能胜任这一重担的。当时财务科长，既是行政负责人，又是经济专家，他所以能担此重任，和他的才能是分不开的。

在永利工作的技术人员凡是兢兢业业而又有才能，进取心强的，经常会被拔尖培养，培养的方式也很多，如选派出国学习、进修、实习、搞设计、参加国外技术服务，等等。仅1938年至1948年的十年间由永利派出留学（包括考取公费留美的）、进修和工作的就有二三十人之多，让他们积极学习国外的先进技术，再来提高永利的技术水平。刘嘉树、张燕刚、郭炳瑜、王品三等人都是在重庆经考试选拔出来的优秀者，被送往美国培训。

第二工业部副部长姜圣阶当时也是由于工作认真、刻苦努力而被送往美国进修的。永利曾先后派张佐汤、刘嘉树、郭保国、张燕刚等到印度达达公司进行技术服务，侯德榜也五次去印度帮助解决技术难关，为解决印度纯碱问题作出贡献。侯德榜、李祉川等人还曾帮助巴西、墨西哥等国筹划建厂。通过技术攻关、出国进修、技术服务等各种方式进行培养，使永利技术人员经常保持一个较高的水平，通过这些途径确实也为永利培养出一批高级的技术人才。

## 4. 永利纯碱，工业象征

19世纪后期，洋碱随着侵略者的炮舰和大量鸦片、工业品、日用品一起闯入我国市场。当时的洋碱主要来源于英国卜内门公司、美国杜邦公司、法国法本公司，其中以英国卜内门公司为主。卜内门公司创建于1872年，是英国最大的碱厂。该厂设在英国诺斯威奇厂房底下恰好是盐层深厚的矿藏，富蕴浓卤；通管吸用（用空气压缩机抽取），戒本低廉，非一般采用海盐制碱的工厂可比。又利用索尔维法制碱的先进技术，加上经营有方，故创建时发展很快。随着资本主义自由竞争的发展，卜内门在国内陆续并吞了理查德的沙白克碱厂，波门汤姆森公司，收买了氨法苏打公司的大量股票，昌汉公司也被逐渐兼并，终于成长为一个庞然大物。接着又独资创建阿摩尼亚公司，也向生产石灰、烧碱、漂白粉、硼砂、染料等化学产品的公司全力渗透。到 1926 年，经重新改组成立了帝国化学工业公司。

卜内门公司于 1900 年在上海设立分公司，名为"卜内门洋碱公司"，聘请在华传教多年、熟悉中国情况、精通汉语的李德立为首任总经理，以统辖各省市营业。各大商埠的分公司都由他一手次第创设。当时我国民间一向惯用"口碱"，不识洋碱，洋碱初来时只在通商大埠开辟市场。李德立为了宣传推销洋碱，深入廊坊等地，雇人肩挑洋碱。他手执铜铃招摇过市，沿街宣传。好奇的人聚拢围观，他则乘机演讲：洋碱用于发面如何速效、简便，如何卫生；用于洗涤如何去污除油。他手拿洁白的洋碱，边秀边送；次日再去，亲自实践，边演边教，以验宣传不假。李德立为打开洋碱销路，在宣传广告上走街串巷，不辞辛劳。不到 10 年，洋碱由于其洁白、优质、廉价而逐渐使民间惯于使用，广为传播。当时我国新兴的肥皂、玻璃、搪瓷、造纸、冶金等工业也乐于以洋碱为原料。洋碱销路广开，卜内门洋碱公司纷纷在哈尔滨、大连、天津、汉口等地设分公司，还建立了不少代销店，形成了一张财源、货源畅通的商业网。"口碱"市场日益萎缩，至 1914 年欧战爆发之际，我国年用碱量达 3 万多吨，其中"口碱"仅占 1/7，余则尽为洋碱，尤以卜内门为甚。

当时国内稍有工业思想的人，无不以生产纯碱为当务之急。范旭东以盐制碱的思想初萌于 1913 年在欧洲考察盐务之际。他看到欧洲工业先进国家不仅加工粗盐为精盐，可使人民吃到纯净的盐，而且以盐为原料，进行化工生产，推进工业发展。在欧洲，他屡欲考察以盐制碱的工业，均遭拒绝，在英国，他甚至遭到卜内门工厂的戏弄，从而更增进了他自力更生、创办民族工业的决心。第一次世界大战期间，当久大第一工厂建成时，财政总长周辑之反对久大运盐至长江一带与淮盐竞争，故意拖延久大精盐章程的批复。为打破僵局，范旭东曾设想把已建成的工厂改制纯碱。

18 世纪中叶英、法七年战争（1756—1763）期间，法国因军工和民用工业所需，用碱数量激增，而其一向依赖的西班牙土碱来源中断。法国科学院于 1775 年悬赏征集人工制碱方法，应征者不乏其人，唯路布兰提出的用盐制碱方法获得成功。1783 年法国科学院决定授予奖金以激励人工制碱法的发明，且于 1791 年在巴黎附近建成日产 250 ～ 300 公斤的工厂。但法国政府并不重视这一发明，相反英国人却很重视利用这一成果，迅速发展了英国的制碱工业。到 19 世纪中叶，路布兰法制碱大兴于世，1880 年产量高达 554000 吨。1863 年比利时人索尔维发明了氨法制碱（称索尔维法）。由于氨法制碱可连续生产，且产品质量高，节省劳动力，因而逐步占领市场。路布兰法则相形见绌，日益衰退，至 1913 年，世界纯碱总产量 285 万吨，而路布兰法所产仅 5 万吨。

范旭东决定采用索尔维法建厂生产，但索尔维法为专利，不得到索尔维许可不能仿造。当时比利时有一家索尔维法工厂，因欧战为德军所毁，但其所有技术人员和设备仍得以保存，并有意向中国发展。

廖叙畴在法得到这一信息后写信给范旭东和景学钤。范、景即请提示合作条件，然而彼方提出三个条件：资本须外方占过半数；机器设备及制造方面由彼负全责，我方不能过问；营业归华人主持，然卖价需由外方规定。范旭东和景学钤考虑再三后认为：一二两条尚可作相当让步，即我方要求派学生在厂中学习，数年后可以辞退外国技师，由我方接任，这一条外方也能接受；唯第三条，万难承认。因为当时世界碱业已被卜内门所垄断，索尔维集团和卜内门对峙，将来在东亚一带与卜内门竞争，万一在中国亏本，只要能战胜卜内门，则亏损可以在他国的利润中得到补偿，工厂仍可重振再起。而我国实业幼弱，创办实业只可胜，不可败，一旦失败，再不可能征集第二次资金，这样和外商合作，很可能以被吞并而告终。基于这一点，范、景坚拒第三条的承认，于是合作计划无果而终。

不得已而求其次。范、景二人想到利用天然碱精制纯碱来救一时之急。当时国内以"口碱"为大宗，其成分约为纯碱的一半，但运输困难。他们曾组织专人去内蒙古调查，结果却发现："内蒙古天然碱每年最多可产30万担，可制纯碱15万担，工厂建设需10万元，如以久大工厂迁往，则可省3万元；如运原料至塘沽加工精制，则运费很大。总之，以'口碱'改制纯碱在欧战期内必可获利，若战事一停，洋碱再度来华，即不能存在。"

范旭东和景学钤都认为：办工业是永久性计划，不是投机事业，如果天然碱精制和人工碱成本相同，亦应将注意力集中在人工碱，一个独立国家对这种基础工业，不能专赖天然，也不能久仰外碱输入，无论如何非制造人工碱不可，因此天然碱精制计划被打消。

采用索尔维法制碱的关键问题是：一则要有专家主持，这是技术的壁垒；二则盐是制碱的主要原料，需要源源不断地供应。我国的盐，在经营上的特点是盐价贱如沙土，盐税高昂惊人。当时塘沽海盐每担仅2角，但盐税为3元一担。使用长芦盐，每制碱一担，需用盐两担，光盐税就得6元，而战前市场上洋碱每担售价仅3～4元。如不解决工业用盐的免税问题，则以盐制碱的工业，在洋碱盈市的情况下就无从谈起。

1918年11月永利制碱公司在天津成立，范旭东、景学钤、张弧、李穆、陈调甫、王小徐6人为创办人。会后王小徐回南方发展机电事业，陈调甫决意留下，实现"实业救国"的夙愿。陈调甫随范旭东到塘沽参观久大精盐公司，在久大仅两丈见方的实验室里，范旭东和陈调甫促膝长谈。范劝陈把制碱的技术责任担当起来。陈调甫深感责任重大，表示："我能力薄弱，要我担此重大责任，等于要孩子当家。"范说："谁都是孩子，只要有决心就能成功。"还说："为了这件大事，虽粉身碎骨，我亦要硬干出来。"陈调甫大为感动，遂慨然允诺。

袁世凯主政时期，专靠卖国借债维持生命，曾和以英国为首的五国银团办成善后借款2500万英镑，规定以关税和盐税作抵押。因此，北洋政府财政部设盐务署，盐务署下设盐务稽核总所。盐务署署长名总办，由财政部次长兼任；稽核总所首长名会办，由英国人充任，首届会办为丁恩。当时体制为盐务署主行政，稽核所主持稽核税收，遇到有关盐税增减问题，稽核所所提的意见有很大的权威性，总办无不言听计从。

中国要自办碱业，申请工业用盐免税，这对英国的卜内门意味着什么，丁恩很清楚，为了保护卜内门在华的既得利益，他运用手上的权力，极力阻挠工业用盐免税的实现。丁恩竟在永利申请备案的文件上批示："永利请在塘沽设置碱厂，查长芦系海水盐，非矿盐，不宜制碱。中国可以制碱者惟四川井盐为上，次之则河东之池盐始相宜。"

范旭东等人见到盐务稽核所批示，均莫名惊诧。以盐制碱系极普通的事，且陈调甫等人使用南北海盐制碱均已获成功，为什么丁恩对此常识无知至此？范旭东即以一严正的书面材料质问丁恩："何以海水盐不能制碱？"并要求举出实例，说明理由。

丁恩接信后匆匆走访英籍理化专家，始知前批大谬，他把灰碱和碱灰混为一谈。丁恩再也不谈"海水盐不能制碱"的问题。但他又节外生枝，提出申请书中提到以200斤盐制100斤碱是一大错误，说按化学反应136斤盐即可制碱100斤（按转化率81%计），用此来拖延批复，但他们不知：制碱反应在当时的实际转化率根本达不到这样的高度；他们所说的136斤是指纯盐，而长芦的储盐均为有三成泥沙的杂货。由于理论脱离实际和对中国情况的无知，丁恩又一次失算。

接着，永利请盐务署总办张弧向丁恩疏通。丁恩面告张总办，称如中国政府能允许英人在四川自流井提取钾的特权，则永利免税案即可通过，俨然以此为交换条件。对此，范旭东、景学钤等永利创办人竭力反对，宁肯永利制碱公司不办，断不能以四川钾矿让与外人。因当时全世界唯德国有钾矿，中国如有则价昂过金。丁恩就是这样推三阻四，对永利免税一案一拖再拖，以此来扼杀我国民族工业的发展。

范旭东不畏强权，向政府据理力争工业用盐免税，终日奔走，历时两年，延至梁启超任财政总长，始正式以总长身份命令稽核所批准永利用盐免税。但丁恩只肯先免半税，范旭东则说一文盐税也不能缴，否则不办永利。梁启超则说："盐税担保借款系指食盐税非指工业盐，稽核所只有稽核税收之权，至于税收如何规定，系中国主权，洋员何能干涉？如彼坚持，当由政府公布农工用盐免税条例，一律免税，断不能因为盐税担保借款，而妨碍我工农业发展。"梁启超随即邀盐务专家景学钤到财政部起草"农工业用盐免税条例草案"。景学钤即速草成，并在草案上说明，拟提请国务会议议决，以大总统命令公布。丁恩闻讯，自觉再也无力抗拒，无奈之中，抢先批准永利用盐免税，以此找个台阶下。如是，一拖数年的永利用盐免税案，终于以范旭东的胜利而告一段落。

1920 年 5 月 9 日，永利召开第一次股东会，选出范旭东、景学钤、张弧、李穆、周作民、聂云台、陈栋材为董事，黄钧选、佟陀公为监事。由董事会推选周作民为董事长，范旭东为总经理。

1920 年 9 月，永利制碱公司始获农商部批准以 475 号注册，定名为"永利制碱公司"，设厂于塘沽，资本总额为银圆 40 万元；特许工业用盐免税 30 年；凡在塘沽周围百里以内他人不得再设碱厂；规定公司股东以享有"中华民国"国籍者为限。1920 年 9 月 20 日永利制碱公司"红三角"商标经商标局核准，发给注册证，证号为 16510 号。商标是一个做化学试验的坩埚图案，外加上一个红色三角形。这个图案，象征纯碱生产过程中同时气体、液体、固体三相直接反应，它是索尔维法制碱工艺技术的特征。

塘沽碱厂旧影

1920 年，塘沽碱厂建设开始。由范旭东坐镇天津总揽全局，陈调甫在塘沽主持建设，人们习惯称陈为厂长。由于旧中国工业落后，又没有建设大型化工厂的经验，因此举步维艰，设备加工也遇到不少困难：有讨铁水温度不够，大的铸件砂眼很多，就需要回炉重铸；加工的机件不够，就采用"蚂蚁啃骨头"的办法进行加工，费时费力。前后用了两年多时间，才基本上把所有铸件凑齐。运输过程也是困难重重。一次由上海天通庵铁工厂运设备到码头，大铁圈竟落入河中，费了好大周折，才捞了上来；一次因铸件太重，把码头压坏了，当时的"法国巡捕房"同永利交涉，要求赔偿。机件到了塘沽，卸在码头，因没有铁道，只能利用在设备下填圆木的办法，一寸一寸地拖滚前进，运入厂内极费时间。

碱厂机件除笨重外，部分还需堆叠起来，垒成高塔。安装工人缺少经验，又缺乏升高举重的设备，大部分依靠人力和少量土制起重设备慢慢地安装，真是既不安全，又费时费力。南北两楼的建成，也历经许多困难波折。当时在全国尚未见到 10 层以上的楼房，建筑方面的技师、工人均无经验，只能在建设过程中摸索前进，极费苦心。加之塘沽土地的负重力低，使大楼建设又增加了一层困难；只好采用铺开式基础，即在基础周围打上一批板桩，使基础下的土壤不致外流，以确保安全。

1923 年，永利制碱公司安装工作基本完成，开始进入单体试车阶段。技术人员对索尔维制碱的技术知之甚少。对于在试车过程中要注意哪些问题，要达到哪些目的，可能发生哪些困难，等等，都心中无数，整个试车犹如一艘船在没有航标的情况下在大海中摸索着航行。

索尔维法制碱的原理其实并不复杂，以食盐、氨、石灰石为原料，通过分解与化合反应，就能得到碱。而且所用的食盐和石灰石价格便宜，氨在生产过程中绝大部分可以回收重复使用，产品成本较低。所以，索尔维法制碱对实业界的吸引力很大。但是索尔维法制碱的工艺、设备和技术比较复杂，难以掌握。在英国、德国、美国、日本这些工业发达国家，因轻率尝试、不得要领而遭失败者不乏其人。范旭东、侯德榜是在没有详细资料、没有专家指导的情况下，摸索着进行这场革命性的艰苦创业的。试车过程中通过对工艺、设备进行数百次的修改和调整，永利这条索尔维法制碱的长龙终于活动起来了，胜利在望了。

在屡经失败后，终于在 1926 年 6 月 29 日，永利碱厂第二次开工生产，在经过长达八年的反复摸索后，此次开工，成功地制造出了雪白的纯碱，由此成为亚洲第一个用索维尔制碱法成功制碱的工厂。永利纯碱产品的质量逐步提高，碳酸钠含量达到 99% 以上，日产迅速超过 30 吨。1926 年 8 月，万国博览会在费城举行，中国永利制碱公司的纯碱，获得"中国工业进步的象征"的评语，获大会金质奖章。到1930 年纯碱生产能力已发展到 100 吨 / 日的水平。1930 年永利"红三角"牌纯碱，参加欧洲比利时举办的"国际博览会"，再次荣获金奖，享誉欧洲，为永利打开新加坡、印度尼西亚等地区的市场奠定了基础。

永利纯碱大规模生产后，便与卜内门展开了激烈的市场争夺。降价销售是卜内门惯用的手法。这一次，范旭东选择用敌人的方式打败敌人。

永利设在塘沽，在北方销售，距离近，运费自然较低；而卜内门的碱从英国运来，香港、广州对它最近，上海次之，天津和东北最远。永利如果只从贪求这点小利着眼，很容易中卜内门公司的圈套，更何况永利当时在汉口、长沙、上海等地的经营处，正因为卜内门公司的突然大落价，很多厂家和代销处都纷纷抢购英碱，一时难以同卜内门公司抗衡。在卜内门公司的降价攻势下永利碱厂的产品滞销，堆满了库房、站台，永利面临停产的危险。

范旭东研究分析了市场动态之后，决定采取相应的对策。他指示公司各地的营业机构，当卜内门将碱价降低时，便以更大幅度即低于成本的价格抛售，延长赊销兑款期限。并且决定为开拓我国碱的销路，将产品远销日本，在国际市场与卜内门公司一决雌雄。

当时日本三井公司与三菱公司两个财团正在争霸，竞争激烈。三菱有旭硝子工厂产碱，而三井向无碱厂，所以争霸处于劣势，三井辄自引为遗憾。范旭东得此信息，迅速派人与三井天津行区联系，允许它代表永利公司在日本试销"红三角"牌纯碱。一谈之下，正合它的心愿，表示愿意与永利合作。

当时三井正苦于无碱可售，非常希望有纯碱能和三菱比肩供售国内用户，并不计较永利佣金的多少。永利纯碱交三井代销，价格由永利自己定。范旭东便以最低的价格，让它在日本各处散销，以打击卜内门公司在日本行销的"峨眉"牌洋碱。

三井的分支机构布满全国，推销甚便。永利纯碱有三井代为义务宣传，质量好、价格低，深受日本用户的欢迎。

一下子，卜内门在日本的市场被永利的"红三角"牌纯碱冲破了！

卜内门公司伦敦总行的首脑们想不到范旭东有如此神速的一着棋。这样一来，卜内门洋碱不得不在日本也随之降价。但是，卜内门洋碱原在日本销售量极大，而永利只相当于它的十分之一。在日本较量结果，永利损失不大，而卜内门损失惨重，最使他们难堪的，还在于卜内门多年来独占的日本市场被永利冲破。

卜内门不得不承认眼前的事实："红三角"牌纯碱不但占领了中国的大片市场，而且已经在事实上打入国际市场。再这样降价竞争，形势只有越来越对卜内门公司不利。卜内门公司不得不甘拜下风，主动声明今后在中国市场上绝不再搞削价倾销；如欲变动价格，必先征得永利同意，联合进行。

后来，卜内门公司又派人来要求同永利就调整纯碱售价以及销售量问题进行谈判，经一再面洽、协商，卜内门公司终于同意了范旭东提出的纯碱市场销售价格以及数量的协议。其协议主要详细条款如下：

1. 市场。以当时中华民国和香港为范围。

2. 碱品。以双方所需的纯碱、烧碱和洁碱数字，按议定比例折合纯碱相等的数量计算。

3. 配销比例。永利占 55%，卜内门占 45%，但伪满洲诸省不在内。

4. 分区计划。双方同意将中国市场各地纯碱、烧碱、洁碱的销售，再按各区分别计划其配销比例，虽在各区内配销比例可能有所出入，但全国合计的总比不变。

5. 百分比的纠正。假如一方未能销到他们的配销比例时，通常其他一方应全力予以纠正，双方得采用以下一种或多种方法速为调整：

甲、价差。

乙、限制发货。

丙、待价发货。

丁、少卖的一方将他们的货物转移卖于多卖的一方，唯仍须归入他们的配销比例内计算。

6. 卖价。卖价必经双方商讨同意决定。

7. 调整缺货。如任何一方因故缺货时，经双方同意，其他一方应尽力将他们的货供给于缺货的一方，接济其销售。但在售出时，此数量应算归接受一方的配销比例以内。

8. 卖货条件和佣金。任何一方的纯碱或烧碱转移于另一方，虽应算入何方配销比例以内业予规定，但接受一方的卖价条件和佣金得由双方议定。

9. 政府法令。本协定无论何项条文如和国民政府现行和将来公布的法令发生抵触时，须本着履行本协定精神的态度予以修正。

10. 有效时间。从签订协议之日起扣足三年有效。

这完全是一款平等协商，而永利后来者居上的中国市场竞争约定的协议。对于海外市场，卜内门和永利也做了如下的协议约定：

1. 区域。日本本部和中国台湾，不包括朝鲜。

2. 期限。从 1928 年 11 月 1 日起至 1931 年 10 月 21 日止。

3. 数量。甲、1928 年 11 月至 1929 年夏季，每月委销纯碱 600 吨。乙、此后每月委销纯碱 1000 吨。丙、在协定期内任何 12 个月里委销的纯碱不得超过 15000 吨。

4. 卖价。卜内门应以尽量使我国碱价接近他们的峨眉牌纯碱价为原则。在任何情形下，不得低于峨眉牌 5%；万一有时不得不再低价出卖，这项价差，卜内门保证仍按只低于峨眉牌纯碱 5% 交付永利。

5. 付款。在塘沽交货后，卜内门同意每担先付永利银洋 2 元，其余在 50 天内付清。

6. 报账。卜内门经销的碱，在销去后必以代销账报告永利，并按日元折合天津银圆的兑换率付还永利。

7. 佣金。卜内门得按塘沽交货所得的净价抽提 4% 的佣金。

8. 押金。协定签订后，卜内门应以天津银洋 30 万元的押金交付永利，并于 1931 年 10 月 31 日以前 6 个 2%，每月内，得出永利以现款或货款抵付。议定年息半年一付。

9. 天灾人祸。遇有天灾人祸、罢工、停工、停制，非永利可能抵抗等情事，永利不负交货责任。但如值中日罢工，或日本、中国台湾地震、内战，卜内门无法运去时，卜内门亦不负任何责任。

10. 续约。本协定满期后，如双方同意，得续约三年，再满期时，续约亦同。

通过上述商业协议约定，永利的碱，中国的碱，不仅开始造福于国内，也走向了世界。一年之后，"红三角"牌纯碱，进入费城举办的万国博览会，并一举夺得代表最高荣誉的金质奖章，得到"中国近代工业进步的象征"的评语，消息传来，范旭东激动异常，在庆功会上，他说："十余年的辛勤，真够同仁忍受，换来的只是诸君头上的白发和内心的安慰，求仁得仁，我真替诸君高兴，而且衷心替诸君祝福，求自己进步的人群，应当是永生的。"

同时，他深感于在制造碱的过程中，落后而求进步的民族，为西方技术垄断扼喉胁迫之痛苦，鼓励侯德榜将永利的制碱技术，撰写成书，面向市场公开。1933 年，在纽约的书店橱窗里，出现了一本蓝色封面，烫金书名的书，书的内容是对垄断达七十七年的索尔维制碱法的详细解密，这本书，就是侯德榜所著，享誉世界的《纯碱制造》。

# 五、建厂六合县，制酸破垄断

在一个阳光明媚的上午，笔者来到江苏省南京市江北新区大厂街道范旭东广场，怀着崇敬的心情瞻仰范旭东铜像。

阳光从范旭东先生塑像东侧照射过来，他的身上折射出铜质的金属光芒，让人肃然起敬。他穿着风衣，戴着一副圆框眼镜，手握一卷蓝图，目光坚毅、睿智，全神贯注地望着远方，仿佛是在深思，如何让中华化工实业崛起在世界的东方……

## 1. 破除垄断，力争自主

早在 20 世纪 20 年代，范旭东就已深刻认识到酸类工业对于国家建设的重要性。孙学悟讲述的有关合成氨工业发展的一段故事，使他深受启发。在没有发明合成氨以前，欧美国家都要到智利去买硝石。

德国化学家奥斯特瓦尔德认为如果哪一个国家能将智利硝石控制住，谁就能取得战争的胜利。起因皆在于没有硝石就不能制造硝酸，没有硝酸就无法制造炸药。第一次世界大战初期，德国为此派军队到智利沿海去监视，后来因德国的海口被协约国封锁，硝石断了来路。但因哈伯和波许两人发明合成氮，不仅解决了德国军队缺乏炸药的燃眉之急，而且促进了德国化学工业的飞速发展。

范旭东又从余啸秋那里得知，过去中国广大农民只用人畜尿类、豆饼、绿肥等农家肥料，近年来，随着洋商肥田粉等化肥的推广，南方风气渐开，知道使用化肥，可增加农作物的产量。因此，这几年肥田粉进口量急剧增加，中国成为列强倾销硫酸铵等化学产品的市场，大量白银被外商攫进了腰包。这一切使得范旭东感到："要保卫祖国，要振兴中国的化学工业，兴办氨、酸厂，实是刻不容缓。"

当时，中国国内各种酸类化学产品仍为英商卜内门公司和德商蔼奇颜料工业公司（I.G.Far-benindustrie，A.G.）所垄断，每年仅肥用粉硫酸铋一项，就需进口十几万吨，支付外汇两千万银圆。

1929 年，当永利制碱厂举办成功，已牢固站稳脚跟的时候，范旭东便将建立酸厂的事摆上了议程。他满怀热情地致函实业部，要求发展中国基本化工，提出由政府投资二千万元兴办酸碱厂。其中，以六百万元办碱厂，以巩固永利取得的成绩；以八百万元办硝酸厂，以六百万元为硫酸厂。可是，实业部对范旭东的计划不置可否，冷淡处理。致使范旭东这一规模宏大的实业计划被搁浅。但是没过多久，实业部却将创办硫酸铵厂的计划发表于上海各大报纸上。其用意不言而喻，宁与外商牟利，也不与民族企业发展的机会。

实业部的这一举措，自然引起了当时垄断中国化工产业的卜内门公司和蔼奇颜料工业公司的注意。上海卜内门公司经理英国人翟光安（G.F.R.Jackson）致函实业部，表示英、德两公司愿本着他们两公司的总公司在欧洲创办硫酸铵厂的经验和中国政府合作组织中国氮气公司，在中国创办硫酸铵等厂。然而这两家外商表面上说是愿意商谈创办硫酸铵厂，在实际的谈判中，却大肆鼓吹建厂的难度，认为当时的民国政府无须建厂，只需从他们的企业进口即可，如此引起了负责谈判事宜的政府代表邹秉文的不满。在激愤之余，邹找到了范旭东，将其中环节和盘托出，范旭东大为愤怒，遂决意加入创办硫酸铵厂的筹备委员会。不久，在邹秉文的支持下，范旭东制订了一份"创立氮气工业意见书"，上呈民国政府，取得了孔祥熙等人的支持。

　　1931 年 9 月 28 日，范旭东在上海出席了实业部召开的筹备委员会。会上，英、德代表一再强调要实地调查，以此拖延时间，卡住中国政府。针对这种情况，范旭东指派陈调甫为中国方面调查员之一，协同英、德代表从事调查工作，调查组成员，除中国方面的陈调甫、王百雷两人外，英国方面为宋谱声（M.T.Sampson）、季培德（J.W.Gibb）；德国方面为华伦好司（I.Fathren hourst）、伊宣恩（E.Schoen）。这六位专家于 1931 年 10 月从上海出发，经南京、武昌、汉口到达湖南的长沙、湘潭、常宁、松柏、株洲等地，调查了煤焦和黄铁矿的质量、储量以及其分布情形，同时对于设厂的地点也在沿途进行了勘察。1932 年 2 月，六人又再次赴株洲进行了一番调查。

　　调查结束后，实业部多次催促英、德调查员尽快将调查报告等呈上。数月后，他们才将一份极其笼统的估计书以及有关设厂事项的报告交给实业部。根据他们的估价，年产硫酸铵 45000 吨的工厂的建设费为银圆 1500 万元；年产硫酸铵 3 万吨的工厂的建设费为银洋 1100 万元。

这时实业部部长陈公博一看估价书，觉得实在太过敷衍粗糙了，连起码的分门别类估计数都没有。便把估计书退给英、德两公司，要求他们呈报一份详细估计书。同时，1932 年 6 月，英、德两公司合作曾送交实业部一份草约合同大纲，经实业部修改后方与签订，但附带声明：草约合同以六个月为限，在此期间，英、德双方应尽快完成设厂计划和精密估计，否则草约合同无效。后由于估价书迟迟未送报，同英、德两公司签订的草约合同大纲也就逾期失效。

1933 年 11 月，"鉴于内外情势不容再事观望，范旭东决然呈请实业部由公司集股自办"。11 月 28 日，实业部部长陈公博致电范旭东："本日院议通过硫酸铵厂由兄办理，惟附限于一年半内成立之决议，特此通知。"

范旭东收到电文后异常激动，他兴奋地说：英德代表，不远万里而来，为的是和我政府签订合办氮气工业的契约，这事他们双方已经讨论了多年，政府的目的，在启发中国的化学工业，英德为的是把持市场，完全是背道而驰，而外人用意又比较深刻，大有不成功不放手的气势，我们同人本着良心的驱使，决然毅然排除一切困难，把这民生国计相关的基本工业，从虎口夺了回来，就国家全局上说，这当然是有重大意义。

着手兴办一个规模宏大的硫酸铵厂，首先必须有雄厚的资金做后盾，为了筹措办厂的资金，范旭东曾找邹秉文商议，按照摸底情况，永利如果能有美金四百万元或银洋一千二百万元，就可以办一个年产

5 万吨的硫酸铵厂。这笔钱倘由上海、浙江、金城、中国四家银行各认 300 万元并非不可能的事。

于是，范旭东和邹秉文分头找这四家银行商议。上海银行陈光甫最爽快，和他商谈数小时，便点头同意，表示愿意投资。随后，又找到浙江兴业银行的负责人徐新六，没有几天，徐新六也答应同意贷款。金城银行周作民一直与范旭东关系较好，且与久大、永利有债权关系。找他借贷，他满口答应，毫无异议。

最后找到中国银行的张公权，然而当时实业的投资，风险太大，张公权起初不太愿意。范旭东和邹秉文便想通过中国银行副总经理贝祖诒的关系，找张公权商量。贝祖诒很热心，表示必竭力促成，但贷款数目必须由张公权自己决定。然而，张公权还是没答应。后经多方奔走协商，中国银行才同意借贷。

得到四家银行认可后，范旭东决定全面调整永利制碱公司的资金。1934 年 3 月 28 日，永利公司召开临时股东会，报告了承办氮气工业之事。大会一致通过将永利制碱公司更名为"永利化学工业公司"，在天津设立管理处。并议决增加资本 350 万元，以增实力。其中 150 万元系旧有财产的重估，其余 200 万元为新股，由上海商业储蓄银行、金城银行和中南银行三家承购。这样加起永利原来 200 万元股本，公司股本总额为 550 万元。

同年 4 月 30 日，永利公司新旧股东在天津参加永利化学工业公司成立大会，选举周作民、景学钤、陈调甫、范旭东、侯致本、周寄梅、刘君曼、李烛尘、余啸秋为董事；王孟钟、吴少皋为监察人。成立大会上，三家银行对承购新股的数额确定了，即上海商业储蓄银行认购 100 万元，金城银行、中南银行各认购 50 万元。所交现金，不仅将公司所有旧欠提前一次还清，还有余额备供生产周转。

在范旭东南北奔走筹集资金的时候，永利硫酸铵厂厂址设在何处的问题也被提上了议事日程。忙碌之余，范旭东对有关厂址的调查资料和邻近资源的情况进行了认真研究，并派侯德榜和陈调甫一起到上海、南京、马鞍山、株洲等地进行复勘，他们两人对南京对岸的卸甲甸还进行了重点勘测。

关于厂址，有四个方案：一是上海租界杨树浦电力厂附近；二是湖南株洲或湘潭下摄司一带；三是南京卸甲甸（传说楚霸王项羽当年曾在这里行军休息）；四是安徽的马鞍山。

上海投资银行团力主在上海租界内杨树浦电力厂的地方建厂，他们认为，上海租界内有外国人的势力，工厂设在租界里，投资有保障，可以免受国内政局的影响。但是上海租界地产索价太高，杨树浦一带一万多平方米的地皮要价高达七十多万元，且没有发展余地，范旭东坚决不同意。

最后又经反复商讨，征得上海投资银行团同意，才选定了卸甲甸为最终的厂址。卸甲甸面江背山，距南京下关码头20里，是南京水上交通门户，陆路则距津浦铁路干线仅25公里，水陆运输均称方便，极宜于工业建设。范旭东曾写道：本厂设在江苏省六合县，地临长江，中隔八卦洲，过江，即燕子矶，由下关坐小火轮往，下水仅一小时可到；陆路只待修筑三十余里支路，可与津浦铁路之花旗营衔接；江边水深，终年可停海轮，交通至便。厂基占地一千数百亩，现只用一半，余待将来扩充与建造其他化学工厂之用。

资金问题已得到落实，厂址也已选定，矛盾最后集中到技术问题上。当时，从国内来看，已具备一些有利条件。制碱成功使永利化学工业公司内外人心振奋，人才、技术有了一定基础。从国际上看，世界正处在经济大萧条之中，在合成氨技术上，各国互相争雄，互相排挤，竞相出卖制酸、制铵技术和设备，这与永利制碱时的情况迥然不同。但是，前景并不容乐观，外国列强的歧视仍使铵厂的创办面临着一大堆困难。

范旭东把设计图纸、购买机器的重任交给了侯德榜。侯德榜先到上海通过驻沪外商对国外各著名厂家的设备情况作了认真考察。

1934 年 4 月 8 日，侯德榜率"永久黄"团体技术娴熟的张子丰、章怀西、许奎俊、杨远珊、侯敬思 5 人，从上海乘"日本皇后号"放洋东渡，赴美进行硫酸铵厂的设计、采购和培训工作。侯德榜一行先到加拿大考察了两个工厂，后又到美国考察了两个工厂：一个是采用德国哈伯法的硫酸铵厂，另一个是法国克劳特设计的兼产磷酸混合肥料的工厂。最后决定采用哈伯法。

侯德榜赴美仅两个月就和美国氮气工程公司签订了设计硫酸铵厂的合同。开始该公司索要设计费 19 万美元，后降至 15 万美元，经侯德榜再三商谈，最终以 10.2 万美元成交（仅及英、德索价的 1/10 左右）。硫酸铵厂的规模为日产合成氨 39 吨、硫酸 120 吨、硫酸铵 150 吨、硝酸 10 吨。接着，随同侯德榜一起赴美的技术人员由美国氮气工程公司分别介绍到有关工厂实习。

在氮气工程公司完成初步设计后，侯德榜组织办事处的全体技师，对 700 多张图纸逐一进行严格审查、核对和修改，工作经常通宵达旦。设计工作进展顺利，1935 年春已基本完成。

不过在采购过程中，一些美国商人企图利用这个机会在永利身上大捞一把，他们甚至相互约定价钱，试图逼侯德榜就范。譬如，硫酸铵厂需要四台深井泵，侯德榜向奇异公司磋商价格，奇异公司居然回信说不卖。原来慎昌公司曾经说："据永利人自己讲，这种水泵永利铵厂在所必需，且已指定购买慎昌的水泵。"

慎昌公司认为这笔生意是自己囊中之物，就向其他公司打招呼，声称"谁对侯先生有意减价出卖水泵，慎昌将不择手段予以报复"。这使侯德榜感到非常为难，幸得李国钦通力合作，才得以摆脱困境。

为了避免各种无谓的麻烦，不至于延误工期，永利在国外的采购任务就全面委托声誉卓著的李国钦所办的华昌贸易公司进行，再由华昌贸易公司向世界各大工业发达国家发出询价书。在收到报价单后，就着手对各报价单位的信誉、实力、产品历史、使用效果等方面进行调查；确认可靠后，再对同一设备按价格、质量等方面进行综合比较，做出最后选择。整个工程仅就采购、调查、咨询等来往电函，就达3万份之多，可见工作之繁忙、紧迫。

在采购过程中侯德榜和李国钦紧密配合，始终坚持优质、快速、廉价、爱国的原则。凡是工程上的关键部门和关键设备，始终坚持质量第一。合成氨的高压机、循环机、水泵和铜洗设备，全采用德国货；合成塔、冰机、造气设备则从美国采购；锅炉是英国制造的；不锈钢设备则来自瑞典。有了这些优质设备做基础，就充分保证了工程质量。至于辅助车间的设备，在保证质量的前提下，尽量从拍卖市场的廉价品中挑选，从而既保证了质量，又节省了资金。在采购过程中，侯、李坚持不向日本厂商发函询价，不买一件日本货，坚持了爱国原则。

长年累月的谈判、参观、验收、组织培训、学习，加上不间断地熬夜，使身体健壮的侯德榜也支撑不住了。1935年8月侯德榜染上了当时美国流行的"牧草热"（hayfever），但他仍抱病工作。这从10月14日他给范旭东的来信可见一斑：

> 弟在美近两个月来患所谓牧草热甚剧，在美国患此病者甚多，轻重不等。弟患此不幸甚重，夜间鼻不能呼吸，不能入睡，由此而失眠，白天精神疲惫。但历来仍勉强工作，晚间尚需十一二点始离开办公室返寓，所幸身体尚可支持耳。……弟实欲赶早结束回国。先母定下月中旬安葬。弟在美与各国事务待了，竟至愆期，不能返矣。故前日私人致舍弟敬思一电，请其务必届时返里。因舍下仅余女眷，乏人主持，情实难堪。昨天接舍间来信，忽报知被盗，窃去物件颇多。乡野不安，人民流离失所，盗贼充斥，中国之大，竟无一片净土，可谓伤心。私人身体、家庭情况、国事情形，无一不令人烦闷，设非隐忍顺应，将一切办好，万一功亏一篑，使国人从此不敢再谈化学工业，则吾等成为中国之罪人矣。……吾人今日只有前进，赴汤蹈火亦所弗顾。其实目前一切困难，在事前早已见及，故向来未抱丝毫乐观。只知责任所在，拼命为之而已。最后成败，均看此时坚忍毅力，如何，想同仁已鉴及此矣！

侯德榜集国难、家忧、疾病等困扰于一身，但仍在艰难困苦中奋进，"只知责任所在，拼命为之而已"，1936年3月侯德榜结束在美事务，同解寿绶、侯虞箎（在美读完硕士学位）一起回国，在上海受到范旭东、侯敬思、芦鹏翔的热烈欢迎。

## 2. 创社黄海，意义深远

黄海化学工业研究社的前身是久大精盐公司的化工研究室。1920年范旭东为拓展事业的需要在久大盐场附近辟地数亩，投资十万银圆，营造一所化工研究室，其中包括定量分析、定性分析、化学实验室、动力室等，并附有图书馆。1922 年，范旭东为了加强这个研究机构，充分发挥它的效能，把它从久大分离出来，成为独立的单位，更名为"黄海化学工业研究社"，成为我国第一个化工研究机构。

就在永利创办不久，被人称为"中圣"的科学家傅冰芝先生，来到了永利碱厂。"冰芝生于逊清末年，童年敏慧过人，年十七辅廪膳生。稍长，鉴于清政腐败，乃弃举子业，渡海求师，入日本东京帝国大学，习造船工业，为赣省留学界开风气之先，在帝六毕业，复游美，入哈佛大学，继续研究以求深造，适此美国政府制造最大航空母舰二艘，遍征设计工程师，冰芝应征合格，为美国最大航空母舰设计绘图者之一。此不仅为冰芝个人荣誉，亦为全美留学界及中国民族的荣誉。"

傅冰芝资深学粹，为当时中国科技界人士所敬仰。傅冰芝学成回国后，不少人请他到某省去当教育厅厅长或大学校长，傅冰芝先生都先后谢绝了。他弃大学校长，教育厅厅长不干，却欣然担任了永利机修车间主任，并且忠于职守，努力钻研，对碱厂起了很大作用。范旭东其所以对这些学者、志士有着这样大的吸引力，是因为他善于知人，也善于用人，懂得在团体内创造一种干事业的和谐气氛，建立起相互间的信任感，携手为共同的目标奋斗。范旭东本人好学不倦，一向提倡学术研究。早在他到欧洲考察时，在英国，一位碱厂老板曾向他介绍过这个工厂设立的中央研究所，这对范旭东启发很大，永利建厂时期，遇到无数困难和波折，范旭东更感觉到制碱技术高深，如不想专赖外援，非设立规模完备的研究机关不可。这时经胞兄范源廉介绍，他得知开滦煤矿有一位被人称作"西圣"的著名化学家孙学悟博士。

孙学悟，字颖川，山东文登县威海卫孙家疃人，1888 年 10 月 27 日出生于一个商人家庭。青年时代的孙学悟，充满爱国热忱，很早就接受了西方科学和民主思潮的影响，未满 17 岁便东渡日本留学，是威海卫头一名出国留学生。在日本留学的当年，他参加了孙中山领导的同盟会。第二年，孙学悟回国投入推翻清朝统治的革命活动，进入上海圣约翰大学求学，利用学生身份作掩护，宣传革命思想。后来，他越来越感到奔走宣传收效甚微，想以实实在在的科学技术振兴贫穷落后的中国。1910 年，他考取清华留美预备学堂，公费留美。

1911 年，孙学悟赴美留学，入哈佛大学，并取得哈佛大学博士学位，留任哈佛大学助教。1920 年归国，在南开大学任教，后到中英合办的开滦煤矿公司任总化验师。在公司他虽待遇优厚，内心却十分痛苦，身为炎黄子孙，却为侵略者掠夺中国资源服务，他感到负罪于国家，负罪于民族，时刻都想离开开滦煤矿。可恨当时政府腐败，不思振作，没有这个满腹经纶的学者可以大显身手的地方。为争取孙学悟前来永利，范旭东先后差人前往礼聘，却被孙博士一一婉言谢辞了。

原来，孙博士顾虑甚多，觉得自己是一个学者，只能搞些科学研究，办工业恐怕难以胜任，若办不好，不但不会助范旭东一臂之力，反而会招来麻烦。范旭东为打消孙博士的顾虑，于是决定专门成立一个研究机构，让这位学者有大显身手的舞台。见范旭东如此热心于科学研究，孙学悟便不再推辞。1922 年，孙博士毅然抛弃开滦公司总化学师的高薪高职，来到了残破苦寒的塘沽。

孙博士到来之后，"黄海化学工业研究社"召开了成立大会。当时永利尚未出货，经济十分困难，要维持黄海，又多一份开销，但范旭东对学术研究抱有极大决心，坚定的信心和豪迈的气概。一开始即说社中一切设备，必须能供给一百位化学师研究之用。他在《创办黄海化学工业社缘起》一文中写道：

> 我国百业窳败，亦已久矣，举国上下所用所需，事无巨细，几莫不仰资于外货。匪唯金钱流出无止息也，驯至一国独立之精神，自存之能力，亦随之而消亡垂尽。吁，此为何等现象耶！然周视四野，则山林四野未辟之利既随地而有，年富力强游手坐食之辈更到处皆是。货弃于地，人成废材。此又为何等现象耶！举是二者相积相乘，愈演愈烈。有前者之病，而国民生活时时蒙物资缺乏之压迫；有后者之病，外则启强邻环伺之野心，内则成弱肉强食之惨状。居今之日，有心者起图补救，岂尚为不急之务哉！说者谓补救之方多矣，而振兴工业当为其最要者之一。其说诚是。第近世工业非学术无以立其基，而学术非研究无以探其蕴，是研究一事尤当为最先之要务也。顾在吾国欲就工业而论学术，盖有不易言者矣。

试图就国内之旧式工业观之，彼从事于其业者，率皆徒以墨守成规为已足，初不知参求新理以图改良亦为其分内应有之事。若工业学校之学子，固明明以研究为事者也。乃其为学之方，又往往流于空泛，或仅知原理而不谙应用；或熟悉名词而未曾一见实物。至留学外邦专习工科者，虽不乏深造有得之材，然其所得于心者，往往又详于外情，而疏于本国之事物，一旦出所学以施诸实用，又不无扞格不入之憾焉。准是以论，则欲计中国工业与学术之发达，莫要于使研学者有密接于工业之机会，而其所研究之目的物即为工业上之种种用材。如是致力不虚，而成效乃著，当为事之确然无所疑者。同人于此见之既真，感之尤切，因尽力之所及，于国内化学工业中心之塘沽创设黄海化学工业研究社，仿欧美先进诸国之成规，作有系统之研究。于本地则为工业学术之枢纽，并为国内树工业学术。世界有欲阐明学理，开发利源，以贡献于祖国而致民生之福祉者，幸勿遐弃，曷赐教焉！

这篇文章阐述了范旭东创立黄海化学工业研究社的主要目的：

其一，因为工业救国的迫切需要，必须有一个能与实业发展相匹配，互相支持的科学研究社；

其二，振兴工业必须以科学的学术支柱为基础，才能不走弯路，少走错路，否则就是空谈误事；

其三，学术研究和中国的实际相结合，才能革除弊端，让中国尽早地摆脱贫弱现状，贡献祖国，造福民生。

为表明自己的支持态度，他当时将创办"久大"和"永利"所获的酬劳金，全部拿出捐于黄海，其他发起人受范旭东的感召也都解囊相助，并当即表示"因念科学研究不容稍缓，愿将永利公司章程内所规定之创办人全体所得报酬金，悉数永远捐作黄海社研究学术之用"以资倡导，并当场立刻榜示，作为永久定案。当时成立六会气氛热烈，"云天高谊"四字高悬会场，中国第一个私立化学研究机构就此诞生了。

对于内部的怀疑和质疑过于重视黄海的声音，范旭东做了如是回答：

工业若没有科学，永远是难得希望发展。没有理论的基础，应用的技艺是有限度的。事业和学问要配合，有思想，能创造，然后促进生产。否则充其量是模仿装配，绝对树不起自我的工业。设计、程序、原料、器材，都要仰给于人。一个国家如不能在基本工业，……得着自主，国防民生都无法解决。办工业的人要重视学问，研究理论，更要认准目标，不避艰难地去求根本问题的解决。所以说，黄海又是永久团体的灵魂。

范旭东以享有国际盛誉的英国皇家学会、法国的法兰西科学院为黄海社楷模，广聘著名学者，不限门类，不分学术派别，尊重研究人员个人的志趣，自由选择研究课题，相继吸引了一批学者，其中有美国留学归来的张克忠、长伯年、长松年、区嘉炜、江道江博士，法国留学归来的徐应达博士，德国留学归来的聂汤谷、肖乃镇博士，以及国内大学毕业的方心芳、金培松等助理研究员等。

"黄海"创社后，选择最切合国计民生的项目，作为主要研究对象，如轻重金属于国防工业，肥料于农作物，菌学于农业生产，水溶盐类于化工医药等，并且史无前例地设置发酵菌学试验室，研究细菌。生物世界和矿物世界需要大量的细菌工作，培养有用的细菌，让它为人类服务，这是黄海的一项任务，也是孙学悟博士的一个理想，他说："我们习惯用牛耕田，其实细菌也正像牛一样为人类工作着。"孙学悟博士埋头苦干，和那肉眼看不见的细菌打交道。这一时期，宋子文以圣约翰大学同班同学的身份邀请孙学悟博士前去为其服务，以壮"门面"。并许愿为他专门设立一个研究所，还劝他："何必搞那么一个小范围的东西，弄点大的吧。"但孙学悟博士高风亮节，不为所动，埋头为培养"菌牛"苦干，研究细菌，培养细菌，几乎熬尽了他的全部心血，写出了关于"菌牛"的报告 13 卷，达 70 多册，做出了前无古人的卓越成就。

而在此之外，黄海化学工业研究社在抗战前，还取得了以下的主要成果：

一、研究从久大精盐生产所剩的卤水中生产轻质碳酸镁，用为生产牙膏的原料，并从卤水中提取氯化镁，供纺织厂做润滑剂。久大采用这两项成果发展副产品，广增利润。

二、永利开车伊始，处于"毛病百出"阶段，黄海社以协助永利解决技术问题作为首选任务：解决红黑碱问题；研究煅烧炉结疤问题；实现盐水精制问题。孙学悟还亲自主持碳化塔的查定问题，搞清碳化塔产量上不去的症结问题，全流程工艺指标的确定，原料、成品、中间控制分析规程的确定。可以说，整个制碱的过程，黄海社都做了大量工作，为永利碱厂渡过技术难关，进入平稳生产，做出了不可磨灭的贡献。而为配合侯德榜写作《制碱》一书，黄海社更是费尽辛苦，做了大量的测试工作，为该书提供了各项宝贵而翔实的数据。

三、在南京铵厂建立以前，黄海社对世界氮肥工业的发展和我国氮肥使用情况和建设氮肥工业的必要性做了大量的调查研究工作，撰写了对我国氮肥工业发展有深远影响的《创立氮肥工业意见书》。张子丰研究员直接参加了铵厂的设计、采购、培训工作。随着铵厂工程的进展还承担了各种耐火砖、耐火材料的检验任务；主持了铵厂磷肥和复合肥料的研制工作，为铵厂的建设做出了不可磨灭的贡献。

四、发酵与菌学。对我国固有的关于发酵与菌学技艺进行了收集和整理。黄海社以优厚的待遇聘请各省富有经验、身怀绝技的酿造业的老师傅来社，与具有科学知识的研究人员一起工作，共同对我国固有的、丰富的酿造技术和经验进行系统的科学整理和总结，以期推陈出新。对酒精原料和酵母的开拓、选择，以及营养问题也做过大量试验研究，所得成果被国内各酒厂广泛应用，推动了我国酒精工业的发展。

五、1935年从发酵和化学两方面研究了苎麻的脱胶问题，取得了丰硕成果，使苎麻脱胶获得成功，得到细软洁白适用于纺纱、织布的苎麻。肥料方面：研究利用海藻和矾石作为钾肥的来源，磷肥的原料采用海州的磷灰石矿，氮肥的研究除参加永利铵厂技术上的工作外，实验室工作多偏重微菌的应用，如农村的堆肥与植硝等。

六、轻金属：1928年就注意到炼铝工业的重要性，初时使用复州黏土作为试验原料，后又改用山东博山铝土页岩矿石为原料，于1932年完成了提制铝氧的初步工作。1935年试炼出我国第一块金属铝样品，并用以铸成飞机模型，以志纪念。同时开展了明矾石综合利用的研究，包括石灰法、碳酸钾法等，以及对硫酸盐和钾盐的利用，都做了详细的研究。

七、水溶性盐的研究，首先研究了如何利用长芦盐区废弃苦卤，供企业家设厂应用。继之对内蒙古碱湖进行了调查与样品分析。后又接受盐务局委托，调查河南的硝盐与河东的池盐，研究了综合利用的方案，供他们选择采用。海盐或多或少都含有钙盐和镁盐，这是大规模索尔维法制碱的障碍。1935年研究了浓盐水的精制法，结果证明唯有利用熟石灰和碳酸铵法设备简单，经济合理，适合制碱工业的程序。

黄海社的成绩斐然，而在这背后的，却是范旭东近乎掏空家底的大力支持。而黄海研究社，面向实际研究科学，面向群众宣传科学的精神，也一直没有改变。凡有发现发明，也必然成文成册后，再送到国内的各个大学和各大图书馆，并不藏私，可以说，黄海研究社的存在，为整个中国科学的进步，做出了巨大的、无私的奉献。

## 3. 海王为喉，振聋发聩

1928年9月20日，范旭东继久大、永利、黄海、永裕之后，又创办了一个刊物，名为——《海王》旬刊。并亲手动笔为《海王》旬刊撰写发刊词，在这情真意切的发刊词中，字里行间无不体现出范旭东维护、发展集团事业的良苦用心：

> 塘沽的事业，自民国三年（1914）久大呱呱坠地以来，
> 譬如一个小孩，还是未成龄的高等小学生，幸亏他拼命地
> 干，不仅他自己有了建树，同时他那永利、黄海、永裕三

个"小弱弟"也靠他提携保护，都渐渐地成长起来了。在平常人家，有了兄弟一个，就够他一家的荣誉，现在我们一家有四个兄弟之多，也真够大的了。从前局促在塘沽一个村落里的兄弟，早已跑上国家舞台，近来他们更进一步，直奔到国际路上去了。不过他们兄弟都还在幼年时期，社会诱惑又多，压迫又厉害，他们这样勇往直前地干，毕竟能理解的人少，抱悲观的人多，也真亏他们努力啊！他们即是各奔前程，所以他们的范围越闹越宽，团聚的机会一年比一年少，这真是大幸中一件至小的不幸，早就应该补救的。因此我们创办了这个旬刊，每隔十天，大家得报告近况，行者居者都能够互通消息。虽说没有什么了不得的价值，譬如每十天大家写封家信，也是很愉快的一件事。有时能介绍一些新知识和好笑话，在旬刊上发表出来，使兄弟们做工和讲买卖的余暇，拿来解闷，比吃两粒劣货仁丹必定还有效些，况且家乡风味，大家当然没有不喜欢的，不仅是喜欢，还能够鼓励我们向前迈进的勇气。所以这个赠品，可以说是"千里送毫毛"礼虽说是轻，情意却很重的，也不可太小视它。

旬刊的出版，起到了团体内部互通消息，联络情感，加强团结的作用，正如《海王》旬刊第十六年第一期在重庆出刊时，范旭东说的那样："它是团体最重要的分子，是团结这个团体的胶着力，我们有了错处，受它的潜移默化，自然改悔，误入了迷途，它像暗夜的灯塔般指引方向。"

范旭东先生创办的《海王》第七年（1934 年）合订本

范旭东先生创办的《海王》第二十年（1947 年）合订本

1934 年《久大精盐公司业务报告书》

1935 年《久大精盐公司业务报告书》

对旬刊的栏目设计，范旭东匠心独具，在设置一些科技文化等学术栏目的同时，专门设置人人皆关心的生活栏目。他曾说旬刊末尾一栏，"读者最欢迎，就是淘气的'家常琐事'，有闻必录，集本团体罗曼斯的大成，字里行间，不论是个中人也罢，局外人也罢，管教他个个看得眉飞色舞，厨师手法越高，引起食欲越大"。

范旭东曾为《海王》"家常琐事"写过如下一段有关同人婚礼的见闻："……最后大家要求报告恋爱经过，新娘俯首微笑，新郎鞠躬不已，鼓掌越紧鞠躬越深，几达九十度以上，反正这先生抱定宗旨，只鞠躬不说话，大家毫无办法，过后才明白，他是以行动来表示他恋爱经过的，就是如此。"由此可见范旭东的幽默和诙谐，对普通工人的关心，也反映出"永久黄"团体内自由活泼的气氛。

范旭东经常为《海王》撰稿，并时时更换笔名，因为在他看来，"要阅者去信仰文莫去信仰名"。这虽算不上什么警句、名言，却充分体现出他个人的民主作风。他著文纵贯古今中外，旁征博引有的放矢，潜移默化之中，给人以深刻的启迪：

> 亚力士多德是帝王之师，是世界老牌子哲人，多学多能，受尽了古今自称哲人的崇拜，有人问："他对于化学的贡献怎么样""这确是个难题，因为他太有名了，总应该没有错误的"，我们如其悄悄地闲穷究一下，我敢说他老先生对于物质的观念，根本就没有闹明白，自然谈不到有贡献于化学。当时水、火、土、空气四行学说盛行，这是再浮浅不过的。他不惟不反对，甚至再把寒、热、燥、湿附会上去，使后人看物质的眼光发眩，摸不到真相，这样一眩，算来至

少两千年眇过去了，哲人主张的正否和人类进化的快慢是这样如影随形的可怕的厉害。

有人很引为荣幸，说希腊的四行，是中国五行间接传过去的。我觉得即算千真万确，奉劝也不必高兴，中国受五行之说的害，真够劲了，科学在中国老生不起根，难道不是五行之说，支配了几千年知识阶级的头脑，还有别的缘故吗？

中国古人为求长生不老药，发明了炼丹这个法宝，谁知道白色人看了眼红，一五一十从埃及，而希腊，而阿拉伯学了过去，他们生来一副嗜利的头脑，不效法老师求长生药，偏偏想"点石成金"大发其财，理想是多么卑下的，大国民确看不顺眼，有人说，走长路的人能够时刻留心校正方向，就算路上有些迷糊，多绕几个弯子，这并不足为害，终究会走到的，我相信这个有几分道理。炼丹术在西方就是这样，经过两千年的暗中摸索，末尾卒至给他们寻出了近代化学一条宽而且长的大路，利用原生无往而不利，"点石成金"只是学窗笑话的资料，于今，他们做到了"吸气成金"。中国智识阶级，一向守着安贫主义的超人习惯，绝不想发财，这已经够高尚的，近来简直连命不想活得太长，炼丹，他们懒得麻烦，大家吃炼丹的原料完事。反正命是不要的，落得随便。这回在汉口过端午，亲眼看见人们在狂饮雄黄酒，同时把吃剩的余酒，用手指刮起来，涂在小宝宝的脸上，哈哈，炼丹术在中国是这样神化了，孜孜为利的白色人，听着，再过两千年，你也莫想做得出你先生这样的好梦啊！

范旭东用如此生动、尖锐的笔法，暴露出当时中国工业的落后，以及所谓"智识阶级"沉迷于务虚的愚昧，将一些引人深思的问题提出来，供人思考，催人奋发。

而在《海王》期刊中，范旭东亲自撰写的文稿中，不难看出这位近代以来一等一的实业家博大超然的人生价值观。

比如他说人生乐趣首在于贡献：我辈对于人生觉得无可乐观，也无（勿）庸悲观。受社会的贡献，同时还贡献给社会，各尽各的能，各遂各的生，把希望当作勇气的来源、排除万难的武器，所以一年三百六十五天的干，精神上倒是很安闲，人生乐趣，或者就在这里啊！

比如他说成功之精神在不忘初心：我们的头顶，个个都放光了。但是盛气并没有比当年稍减，最高兴的是这十八九年来，我们内部的创业精神没有涣散，同事个个保持着书生本色，淡泊自甘，心身都很安泰，万方多难的今日，这是多么难得。

比如他认为当群策群力以救国家：战事推移，不可究极，现在姑以三年为期，完成此番新负之任务，不论战事或进或停，其间必有无限辛酸逼人忍受，绝无疑义。吾辈所能贡献于抗战建国者，只各人一点薄技，切望莫为物胜，群策群力发挥出来，人人以效死疆场之心为心，天下绝无失败之理，吾人必当坚决自信。

又比如他认为一定要立足现实，警惕空谈：中国的弱点，根本在人生观太空虚，受不起实现主义的冲刺，唯其空虚，所以最易趋向敷衍、萎缩、自私，得过且过的途径。唯其崇尚实现，所以万事都要基底，丝毫不肯苟且，这都是必然的归结。

再比如他主张沉下心来做学问，发展科技的紧迫性：中国如其没有一班人肯沉下心来，不趁热、不惮烦，不为当世功名富贵所惑，至心皈命为中国创造新的学术技术，中国绝产不出新的生命来。

凡此种种赤忱言论，都归结到了他的"服务精神"中去了，即：我们办实业的人，要具有世界的眼光和为人类服务的精神，我们为救国家的危亡而办实业，在环境许可之下，不问事业的大小，努力地往前干去。

除了鼓励大家一心一意，发展"永久黄"团体的事业，范旭东经常在杂志上发表针砭时弊的文章，让人们时刻保持清醒：

在《旅京杂感》中他写道：中国报纸，那股麻木味儿，我简直揣摩不出他是在那个深山洞里修炼成功的。比方外交问题罢，这是惊心动魄的，他的口调，就和意亚的外交消息一样，满不在乎，照例有闻必录，录了就算完事，半点无动于衷；同一样的事情，同在上海，外人出版外字新闻，字里行间，比汉文紧张万倍。……其实中国的报纸，如其肯把那播扬伤风败俗的勇气和热忱，移转到时局问题上去，多少也还有说话的机会。

当币制改革的命令，要发未发的头几天，上海市场，真是发狂，这个这样说，那个那样说，一天发出无数的谣言。我最厌气的，就是投机的个中人，也嚷着投机不是正当玩意；也批评有政治关系的投机，是如何祸国殃民的；前清的官如何清廉；北洋军阀又如何胆小；蒙着鬼脸说鬼话。

……政治季节的南京，里里外外的问题，真是多！真是严重！目前也真是处于危机一发的时光了。譬如一个临危的病人，纵然把散在四方的亲属朋友，个个都叫拢来，如其里面没有几个真知灼见的人，和多数真能了解那真知灼见的人的本领的人，鼓起他的勇气为病人医治，我看，除非大家来亲视含殓以外，莫有多大帮助……

无情地揭露了国民党政府当时在政治治理上的失败，腐败横行而毫无羞耻之心，没有改过和改进的半点可能。

在《我的国防设计观》疑问中，他又有如下的论述：

> ……中国的弱点，根本在人生观太空虚，受不起实现主义的冲刺，唯其空虚，所以最易趋向敷衍，萎缩，自私，得过且过的途径。……宋儒丢开古人格物穷理的治学原则，专讲居敬功夫，把做好官当最高理想，"致君泽民"，是人生任务的全部，心目中无复有丝毫创造观念，这是酝酿中国人空虚的人生观最强烈的酵素，已经够受。……影响所及，至今不能振拔！反过来看，在当时的欧洲各国，十字军正在活动，东西文化虽间接沟通许多，纷乱也不可言状。到十四世纪后，恶疫流行，死去人口将近一半，引起社会不安，更不是笔墨所能形容的；但是这种难境，居然玉成了欧洲人的前途，这就不能不归于当时一班特出的贤哲了！……不到几百年，造成了今日超人的伟绩。可怜崇尚空虚的民族，只落得愈见空虚，供人宰割罢了，这不是我民族的最大弱点是甚么？

对只知崇古务虚，满口理学主张，只晓得侍君，却不能救民，临事却无半点主张和能力的传统文化中的劣根性部分，提出了尖锐的批评，这些言论，至今看来，仍未过时。

《海王》旬刊遵循范旭东的办刊宗旨，极力提倡科学应用于中国，介绍新知识于国民，从工业到农业，从宇宙到海洋，从哲学到文学，从金属到菌学，包罗万象，像本百科全书。孙学悟博士的《扩充人生》的哲理文章，方心芳关于菌学的学术论文，侯德榜的《旅美日记》，范旭东的《管制日本工业之我见》，阎幼甫的文字改革文章，李烛尘的《久大走向新生途中的管见》，都先后在《海王》上发表，既为在中国普及科学文化作出了贡献，又对"永久黄"团体起了指导性的作用。因团体本身学者甚多，知识面既宽又新，再加上社会各界的重视，稿件源源不断。

由于《海王》旬刊为"永久黄"团体摇旗呐喊，在它的宣传下，社会各界对于"永久黄"团体有了更深刻的认识，1935年、1936年，上海、杭州、南京、汉口、广州等地的工商业家、科学工作者、大学生和留学生来塘沽参观永利、久大的络绎不绝，塘沽一时成了众人向往的中华民族工业的圣地。

## 4. 酸碱成型，羽翼得全

1934年3月，江苏省政府训令指定六合县临江之卸甲甸、关帝庙等地方，准许永利铵厂购地1300亩。4月5日，永利铵厂代表张英甫、李滋敏与六合县政府代表包安保等14人就土地价格、房屋拆迁、安置就业等问题达成协议。6月下旬，厂址购妥。7月起，泰基公司进入永利铵厂工地平整场地，修筑纵横马路，建造码头，浇灌基座，盖厂房和公事房。1935年5月，国外定购的机件开始到货，9月，厂内建起2座大气柜高耸入云。江边建起双杆百吨起重机及趸船，以备从上海运进的百吨合成塔的吊卸。10月，百吨重的合成塔运到，并安然起吊落位。到年底共完成贮气柜 2 座，贮氨桶 7 座，贮酸桶 2 座。铁工厂、翻砂厂也陆续完工，投入生产。

1936 年 9 月，焦气厂、压缩部、合成部、精炼部也先后完工。12 月中旬，锅炉房、硝酸厂、硫酸铵厂的内外管线，冷水塔、江边深井等工程完工。

1937 年元旦刚过，硫酸部、氨部、硝酸部、硫酸铵部纷纷向厂部报告验收完毕，原料备齐，开工前的准备工作就绪。

1 月 4 日起，各部技师、技术员、技工均进入岗位，开始倒班作业。我国第一座规模宏大、设备先进的综合性化工厂即将投入生产。

1 月 26 日下午 5 点，第一批合格的硫酸生产成功；1 月 31 日夜，在液氨槽收到 99.9% 的液氨，完全合乎生产标准。

1937 年 2 月 5 日下午 3 点，硫酸铵也生产成功，接着硝酸也顺利投产，永利铵厂达到一次试车成功，充分说明中国工程技术人员完全有能力驾驭技术复杂、设备先进的综合性化工厂。

为了庆祝铵厂的顺利开工，侯德榜在团山私邸宴请各国专家。应邀专家计有美籍 6 人、英籍 1 人、德籍 2 人、瑞典籍 1 人。席间，美国氮气工程公司的白思脱工程师代表各国专家发言。白思脱曾代表公司到过欧洲、苏联、日本，建设过同类型的工厂。1931 年他早在天津就曾和范旭东洽谈过建设硫酸铵厂的问题，是所有专家中最早到中国来工作的。白思脱说："就我在世界各地参加过的同类型工程相比，在工程进展速度和质量两个方面，中国稳居第一。尤其是永利的专家和工人艰苦奋斗、办事认真的精神，使我深受感动。祝贵公司的事业顺利！"

永利硫酸铵厂建设成功，前后共耗资 1200 万元，其规模之大，在当时是中国工业史上绝无仅有的,而其技术水平之先进,也堪称东亚第一。这项轰动全社会的大事对于发展我国的农业、加强国防都极其重要。一时间,记者采访、电台广播、机关团体学校组织参观,学者、名流、达官贵人也纷至沓来,永利声名鹊起。然而范旭东对此仍头脑清醒,他召集公司的负责人语重心长地劝诫说:"我们虽然取得了成就,但只能算掌握了初步生产知识,若拿国际标准来衡量,还差得很远,焉敢自满自得?至于管理,别说同英美先进国家比,就是国内一些单位都比我们高明百倍。"

在谈到今后发展时,范旭东说:"铵厂的一砖一木,一机一屋全是在债台上垒起来的,以债度日是不得已而为之的。今日铵厂已建设成功,务望同人努力生产,争取在短期内还清债务,使工厂真正成为永利自己的工厂。另外,我们还应发展生产,先期可考虑在硫酸、合成氨、硝酸、硫酸铵 4 种产品的基础上,有计划地发展硝酸铵、硝酸钠、硝酸钙 3 种简而易得的产品,以应市场需要。将来再增设炼硫、炼焦、磷肥、钾肥和烧碱等产品。当然,这些全都还是设想,下一步棋到底该怎么走,还望各位多加考虑。总而言之,目前的任务不是发展,而是搞好生产,只有搞好生产,站稳脚跟,我们才能稳步前进。"

1937 年 2 月,范旭东在硫酸铵厂剪彩之日乘船来到卸甲甸。范旭东特地拉着为硫酸铵厂的建设做出重大贡献的邹秉文和李国钦两位特邀嘉宾,一起走上硫酸铵厂的最高建筑,不无感慨地说:"基本化工两翼——酸和碱——已成长,听凭中国化工翱翔矣!"

永利硫酸铵厂利用高压合成的生产原理进行生产,工艺复杂,设备精良,投资庞大,远远超出了我国 20 世纪 30 年代的工业水平,即使在整个亚洲也是首屈一指,令世界瞩目。它的主要产品是硫酸、硝酸、硫酸铵、液体阿摩尼亚等化工的基本产品，它为农业肥料问题的解决，满足国防化工的需要，呈现出美好的发展前景。范旭东曾十分欣慰地说：这个工业不为外商攫取，而由永利接过自办，未尝不是国家之福。

永利硫酸铵厂的成功建设，在社会各界引起了广泛而深切的关注。一时间，众多记者争相采访，电台纷纷播报相关新闻，各类机关、团体及学校积极组织人员前往参观学习。同时，众多学者名流、达官贵人也纷至沓来，对永利事业表示了浓厚的兴趣与高度评价。这一系列事件使永利事业在短时间内迅速成为社会各界瞩目的焦点，同时也极大地提升了范旭东先生的社会声誉。

面对这一片片赞誉声，范旭东非常谦虚地说：必请诸位注意，（硫酸铵厂成功）绝不是偶然的结果，也不是哪一个人或哪一个团体特别努力的缘故。我常深刻地追念，这类事业少则三五年，久的拖长到十多年，才有眉目。如其不是股东，不求近功，社会多数无名人士不极力扶持，员工个个不以坚决的信心共同奋斗，到国民政府时代，不蒙逾格维护，尽管我们这班穷小子有天大本领，超人精神，也是枉然！古今有力有心的人，只因为生不逢时，厄于环境者，何可胜数？吾人切不可忽略了"人助"这个因数，贪天之助是自取灭亡之道。

硫酸铵厂投产后，趁春耕之际，马上将产品运到广大农村。为了抵制外商倾销化肥，倡导农民用国货，范旭东指示首仲伦写了一封给农友的公开信，信的内容如下：

　　亲爱的农友们，永利化学工业公司在中国已快有二十年的历史了，绝不会欺骗你们，你们用永利的硫酸铵作肥料，定能够增加产量，改善你们的生活。永利公司在国内各埠，都有支店和代销处，如有不明白的地方，请就近打听，必能得满意的答复。请你们实地试验，看永利公司的"红三角"牌肥田粉——硫酸铵，是否真有效验。

在范旭东的积极宣传下，永利"红三角"牌肥田粉运销到苏、浙、闽、粤农村，大受农民欢迎。范旭东以能间接为农业生产贡献力量，十分快慰。不久，范旭东又和中央棉产改进所联系，让永利硫酸铵厂同中央棉产改进所联合进行推广国产化学肥料的试验。其试验基地覆盖江苏、安徽、湖南、湖北、四川、山东、陕西、山西、河南、河北等省40个地区，面积达两千余亩。

为了充实硫酸铵厂车间基层的技术人员，范旭东决定面向社会，在各地招考技工。当时报名的人非常多，达千余人，经过认真筛选，招收了124名。由陈调甫专门负责他们的培训，实习事项。这一批技工在陈调甫的严格管理下，通过一段时间的训练，都非常熟练地掌握设备的性能、操作要点以及工艺指标等。在他们即将走上岗位之前，陈调甫语重心长地强调：本公司所经营的事业，是整个国家的事业，不是一个私人集团的事业，所以本人在公司服务，就是替国家服务。本公司所用的机器，以及制造的方法都是最新式的。在世界任何一国，此种工厂都是守秘密的，不易见到学到的，诸君在此实习，实在幸运得很，我同诸位庆贺！又再说句常说的老话：这是千载一时的机会。

之后，陈调甫又鼓励大家："亲爱的诸君，我知道近年来诸君脑海受的剚激太多了，诸君的血常在那儿沸，诸君的发常在那儿动，诸君同别位热烈的青年一样，想拿自己的血，一滴一滴地撒遍祖国的山河，然而时期未到而妄动，是无用的，工具不完备而大举，不易生效果的。诸君如欲报国，如欲救民，还是在永利，努力做工吧。"

永利硫酸铵厂在范旭东的精心经营下，在全厂职工的齐心努力下，产量和质量都得到提高。不久，就做到了日产氨 39 吨，硫酸 11.2 吨，硫酸铵 150 吨。

# 六、西迁再建厂，自贡兴盐业

  四川自贡，因有着悠久的井盐生产历史而被冠以"千年盐都"的美誉。

  在民国二十八年（1939）七月七日印行的《我们初到华西》[①]这本小册子的第21页，印有一帧5.2平方厘米的照片，旁边的说明文字是："驳盐过水闸的烦苦情形。"

  书中记述，1938年2月24日，时任国民政府财政部四川盐务管理局局长的缪秋杰，陪同刚从天津西迁来川的著名实业家范旭东一行，从重庆到自流井进行了为期4天的考察，最终决定在自流井张家坝建久大自贡食盐厂。久大迁川，"在中国恐怕还没有先例""只在'为国'两个字的信念"[②]。这张照片有可能就是在这次考察时拍摄的。

  照片定格的是釜溪河，又称盐井河，曾担负了自贡井盐外运80%

---

[①] 久大盐业公司、永利化学工业公司、黄海化学工业研究社联合办事处编印。

[②] 《我们初到华西》第15—16页。

以上的运输量，是古代和近代自贡井盐外运的黄金水道，近两千年的盐业辉煌在釜溪河沿岸留下了珍贵的井盐文化遗产。

## 1. 外敌入侵，艰难经营

1931 年 9 月 18 日，日本军国主义者悍然出兵占领了我国东北，发动了震惊中外的"九一八"事变。1933 年，卖国的《塘沽协定》签订，它进一步暴露了日本攫取华北的侵略野心。1935 年，日本帝国主义者又唆使汉奸殷汝耕，在河北省通县成立了"冀东防共自治政府"。

塘沽当时属河北省宁河县，也属于冀东范围。从此，塘沽的环境越来越恶劣。街道两侧充斥着日本的洋行和酒店，到处可见游荡着寻衅滋事的日本浪人。公路上每天都有许多日本军车由东北开往天津，长长的列车上罩着苫布，车尾架着高射枪炮，日本的军舰也开到塘沽停泊，时局越来越紧张。

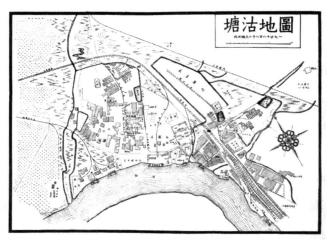

《塘沽地图》，载于 1932 年 12 月《塘沽之化学工业》，上有久大西厂、久大东厂、久大盐田、久大私坨等

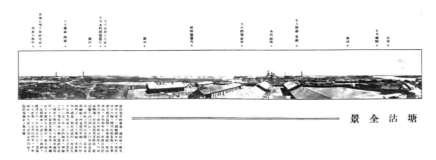

《塘沽全景》，亦载于1932年12月《塘沽之化学工业》，上有久大码头、久大东厂、久大精盐仓库、久大盐田、久大西厂、黄海化学工业研究社、明星小学校等

范旭东坐镇天津，和李烛尘一道在设于法租界内的天津永利总管理处办公，处理碱厂事务。当时塘沽的日军常借口清查抗日分子，无理取闹，不时进厂搜查，严重干扰了碱厂的正常生产。范旭东很气愤，亲自命人用日语写上"无用四者入可久"的标牌，高悬于厂门外，明确表达了对日本法西斯暴行的抗议。

随着时局的急剧变化，范旭东等已经感到战争不可避免。1935年5月，《何梅协定》签订，塘沽实际上已沦入冀东汉奸政府手中，驻扎在塘沽的日军更是横行霸道，经常到碱厂制造事端。范旭东一方面竭力应付眼前，另一方面与李烛尘商议，做长远准备。

首先做出了一些应急安排：为了防止空袭，永利碱厂的职工在南北楼中间以厚钢板及碱袋筑成防空洞；许多职员及工人的家眷，都设法安排疏散，以解后顾之忧。接着组织技术人员，夜以继日地工作，整理永利碱厂的重要档案、技术资料、设计图纸等，并由塘沽秘密转移到天津的永利公司总管理处内保存起来。

1937年7月7日，日军借口一个士兵失踪，首先向我国驻北平西郊卢沟桥的守军开枪开炮，中国军队奋起反抗，这就是历史上著名的

"七七事变"。日本军国主义者以此为借口，发动了全面侵华战争。7月29日，北平陷落。7月30日，天津陷落。华北局势一片混乱。南北交通中断，工商界一片恐慌，一些要人纷纷逃命，广大民众涌入难民潮中。

久大、永利的职员们在范旭东的领导下，尽量开足马力，多生产，以为战时服务。但由于交通阻塞，生产原料运不进来，产品无法运出，工人不得不停工待命。

而在卢沟桥事变发生后，国共两党，迅速发表了抗击外敌，捍卫国家的声明。7月8日，中国共产党发表"为日寇进攻卢沟桥通电"，7月15日中国共产党中央委员会发表"中国共产党为公布国共合作宣言"。宣言书最后提到："寇深矣！势亟矣！同胞们，起来，一致团结啊！我们伟大悠久的中华民族是不可屈服的。起来，为巩固民族团结而奋斗，为推翻日本帝国主义的压迫而奋斗，胜利是属于中华民族的。"7月16日蒋介石为了"团结各方共赴国难"，决定邀请各方人士在庐山进行谈话会。17日，蒋介石出席第二次庐山谈话会，会上对卢沟桥事变后的形势和中国政府立场作了严正表示。蒋介石指出："中国是一个弱国，如果临到最后关头，便只有拼全民族的生命，以求国家生存；那时节再不允许我们中途妥协，须知中途妥协的条件，便是整个投降，整个灭亡的条件。"他说："最后关头一到，我们只有牺牲到底，唯有牺牲到底的决心，才能博得最后的胜利。若是彷徨不定，妄想苟安，便会陷民族于万劫不复之地！"他说："战争开始之后，再没有妥协的机会，如果放弃尺寸土地与主权，便是中华民族千古的罪人！那时只有拼民族的生命，求我们的最后胜利。"指出："如果战端一开，那就是地无分南北、年无分老幼，无论何人，皆有守土抗战之责任，皆有抱定牺牲一切之决心。"

作为"华北三宝"之一负责人的范旭东也应邀参加了庐山谈话会。范旭东听到国共两党决心团结御外的号召，决心跟着国家长期抗战，保住民族气节。他抱定"宁为玉碎，不为瓦全"的宗旨，电告李烛尘留守天津，督促"全体职工，拆除设备，退出工厂，留津待命"。此时，铁路交通中断，原料不能进来，产品运不出去，国内其他地方的业务仅凭函电遥控处理。

塘沽沦陷后，李烛尘急命留在厂内的最后一批职工撤至天津总处。日军将久大、永利团团围住，在厂门口站岗放哨，强占黄海化学工业研究社使之成为日寇的运输司令部；日本的特务机关也进驻了范旭东创办的明星小学，至于联合村和太平村更是变作了侵略者的马厩和堆栈，一时间，之前中国化工业的圣地，变成了群魔乱舞的祸乱之地。

日本侵略者几次找范旭东要把永利碱厂"买"下来，范旭东气愤至极，干脆地予以回绝。当时卜内门华行总经理吉勒理乘人之危，曾派其华董孙仲之向永利建议：将塘沽碱厂挂英国旗，改为中英合办，以抗日寇侵入。英方愿以其日行押金30万元，抵充合作资金。其意在既保全了押金，又乘机参加永利投资，作战后合作根据。范旭东认为这是前门拒虎、后门进狼的做法，更不可取，遂严肃声明"无法考虑"，挫败了英国人趁火打劫的阴谋。

早在淞沪抗战爆发时，有先见之明的李烛尘就意识到一场长期的战争已不可避免，而"永久黄"团体一要随时准备撤离；二要着眼在后方重建开工。李烛尘指出："我们的目标明确，要到后方新建化工厂，当前任务是整理碱厂图纸和设计资料。"他指定由李祉川代技师长负责，朱先裁、郭保国、张燕刚、刘嘉树、周睿、蔡伯民、李仲模、王恩藻等人参加。在整理图纸期间，他们多次回塘沽核对实物尺寸、结构及设备布置等，为撤退做好准备。

当时的日寇为了防止"永久黄"团体南撤，已在厂门口站岗放哨。为避免意外，李烛尘特意派 2 名留日职员专事应付日寇，以麻痹敌人。其他技术人员则克服重重困难，一方面从事数据的测绘，另一方面，乘机拆卸了石灰窑顶的旋转布石器。这一设备设计合理、布石均匀，技师们不愿留下资敌，故将其拆散后，进行抛弃处理。技术人员又拆除了蒸馏塔顶的温度传感器和管线，这在当时是新型仪表。技师们工作了三四个月，到 1937 年 12 月，终于把碱厂图纸整理完毕，编好说明及目录后，分成八大卷用铁桶装好，再由参加整理图纸的技师，每人负责携带一卷。由天津乘英国太沽公司小火轮经塘沽到大沽口外登上该公司的"岳州"轮南航香港，再北上经广州到汉口，逃出了敌占区。

在日寇占领塘沽后，日军部华北开发公司授意其属下的兴中公司夺取永利。由于永利公司在国际盛名在外，日方起初还有所顾忌，派代表刀根几次到永利总处以"日中亲善"名义诱商，要求与永利碱厂合作，妄图取得合法手续，"名正言顺"地霸占碱厂。李烛尘对此置之不理。刀根连连碰壁后，日本军部大感棘手，一方面以逮捕反日分子进行威胁；另一方面又找来日本三菱公司出技术、出资金和永利合办，软硬兼施，企图让阴谋得逞。

李烛尘出于无奈，不得不虚与应付，但搬出公司股东"以具有中国国籍者为限"的章程，将其拒之门外。日方终于图穷匕见，到了 12 月 9 日，刀根拿着一份预先拟定好的永利公司同意接办的协议文本，逼迫李烛尘签字。面对这伙强盗的卑劣行径，李烛尘拍案而起，怒斥刀根："世上哪有强盗抢东西，还要物主签字之理？你们做强盗也太无勇气了！"第二天，日本军部下令三菱公司的技术和管理人员开进永利，强行接管，至此，"永久黄"团体在塘沽的产业全部落入日寇手中。

## 2. 宁为玉碎，不为瓦全

南京硫酸铵厂于 1937 年 2 月 5 日全面投产，硫酸、合成氨、硫酸铵源源供应市场。时值江南春耕开始，自然急需化肥，而永利的产品质量优异，受到了广大农民的欢迎，市场反应良好，一时间来厂参观、考察、采访者络绎不绝。范旭东为硫酸铵厂提出先稳定生产，再有步骤、先易后难的发展计划，确有宏图在胸。然而在铵厂开工生产才 5 个月，抗日战争爆发，紧接着平、津失守，塘沽沦陷，这一泻千里的形势，使范旭东经营了 20 多年的事业瞬间全陷入敌人的魔掌之中。

1937 年 8 月 13 日，日军进攻上海，淞沪会战揭幕，为应对战争需要，范旭东急令组织铵厂全体职工全力配合国防需要，利用已有设备和原材料白天黑夜赶制军需炸药。侯德榜把一百多台全厂最好的机床搬到厂外的山洞里，加工飞机用的零件和地雷壳、军用铁锹、飞机尾翼等。全厂职工爱国热情饱满，精神极为振奋，在紧张的战争形势下，坚持生产，从而有力地支援了前线。

日本侵略者极想保存且在战后接收这座亚洲一流的永利硫酸铵厂，以为自己的侵略战争生产军用物资，于是通过各种渠道，施加压力，谋求与范旭东合作，并提出只要合作，铵厂的安全就会有绝对的保障。但他们轻视了范旭东的爱国决心，他已决心和全国人民一起誓与敌寇血战到底，表示"宁举丧，不受奠仪"。

"七七"卢沟桥事变以来，范旭东一直忙于应变，塘沽、青岛、大浦的事业，上海的总经理处，南京的硫酸铵厂无不在他所牵挂之中。他不得已下令塘沽同人撤退，并将上海总经理处迁往香港。在上海他取消了上海的经理处，另设上海秘书处并请李偶夫留守。随后自己赶到卸甲甸视察铵厂，安排青岛、大浦事宜。

日本侵略者因在范旭东手上得不到铵厂，气急败坏，兽性大发，于 8 月 21 日、9 月 27 日、10 月 21 日三次向铵厂猛烈轰炸，工厂前后着弹 39 枚，硝烟弥漫、浓烟滚滚，硫酸厂、大气柜、变换工段、触媒车间全遭到严重的破坏；水电也被中断，工厂不得不停止生产，着手裁员疏散。黄汉瑞和南开大学教授张子丹到上海见范旭东，带回范的一封信，信中称，希望至少要准备一套图纸带到湖南。

11 月 5 日，日寇从金山登陆。11 月 9 日，蒋介石下令守军全线撤退，上海陷入敌手。接着日寇兵分两路：一路沿京沪线通过苏州、无锡、江阴、常州直逼南京；另一路沿太湖南岸，绕道皖南意在从三面包抄南京，南京形势岌岌可危。

由于战事仓促，从上海打响到南京吃紧仅几个月时间，加上国民党对南京"固若金汤"的虚假宣传，使撤退陷入被动。在战争硝烟笼罩下，南京秩序大乱，城郊的各条路上，长江的大小船上，到处是携老带小的逃难人群。日本飞机到处追赶射杀，南京一派凄凉景象。范旭东又一次视察铵厂，慰问在战事危急之中支持抗战、坚守岗位的职工，以及做善后的安排。

范旭东与当时主持厂务的侯德榜商议后,指示李滋敏留守,不到万不得已,一定要坚守阵地,让侯德榜全权主持撤退事宜。1937 年 11 月下旬,范旭东乘民权轮西进汉口。

侯德榜遵范旭东指示,整理重要图纸,转运汉口,运不出去的则付之一炬;凡能拆卸的仪表、机件、工具都分批运走。12 月 3 日,侯德榜从英国使馆打听到已是太沽公司船长的同学来到南京,便请他帮助运走一批机床和设备。侯德榜还指示厂里的技术人员和技术工人一律携眷西撤。

12 月中旬,范旭东派林文彪、周自求、寿乐、张镛、程秀标、王杰如、王占清、刘清文、崔荣垄等 9 名技术人员,乘最后一次下驶的太沽公司"黄浦"号轮东下,计划再回铵厂去抢拆重要机件;不能拆者,原地销毁。任务完成,随原船返回汉口。可当船抵南京时,铵厂已被日军占领,林文彪等人只得无奈折回汉口。

1937 年 12 月 13 日,日本帝国主义抢占铵厂,挖出埋藏的设备,并把硝酸厂全套设备劫运到日本九州,安装在大牟田东洋高压株式会社横须工厂。

## 3. 众志成城,万里西迁

1938 年元旦前后,"永久黄"团体的技术人员、工人和眷属 1000 多人,陆续汇集汉口,此时这庞大的群体背井离乡,前途未卜,人心惶惶。面对这千多号人的衣食住行,李烛尘竭尽全力,安置大家的吃、住,又极力安慰大家。待到范旭东从香港赶来汉口后,众人更觉有了主心骨,人心也得到安定。

范旭东刚到汉口，得知南京陷落后，日寇对我手无寸铁的同胞进行了历史上罕见的灭绝人性的大屠杀。南京城一片凄凉，万户萧疏，血流成河，尸积如山。他无比愤慨地说："敌人凶暴乃至此，临月之孕妇殉难，真绝世之惨剧，情何以堪！人类到如此，可谓野蛮到极点。敌人欲以此来压制中国的抗战，完全是做梦，吾人绝对不为暴力所屈服。在今情况下，如能做一点事，必当加紧，虽未必于抗战救亡有何直接裨益，良心则当如此。"

今后该何去何从，要尽快拿出主张来，范旭东立即召集李烛尘、侯德榜、孙学悟、范鸿畴等核心人物开会，研究"永久黄"团体今后的命运和方向。会上意见并不一致，有的主张疏散人员，各奔东西；有的主张克服困难，重建家园。

范旭东不主张对事业、对抗战采取消极态度。他说："抗战后我们大家最大的收获，就是大势强迫着我们发挥创造能力。有人想苟安，想维持现状，立即就站不住脚，要滚下十八层地狱，会给敌人取得最后的战果，那是万万做不得的。尤其是我们平素对国事还有相当抱负，更不能起一丝一毫颓废杂念，行为要更加纯洁、勇敢，自不待说，必当尽心竭力，从种种角度，创造新的环境，救国兼以自救。我们有位同人有这样的诗句，我读后很为鼓舞，我读给大家听——'谁人肯向死前休？！'"

在会上，孙学悟乐观地说："反正我们这伙人是劳作惯了，四海为家这个理想，在我们不难实现……乡土观念本来就不厚，也从不计较个人劳逸得失，可谓事无挂牵。砼轻自守的只在'为国'两字的信念。"

经过热烈的讨论，大家一致同意范旭东的意见：克服"逃难"的心理，利用这个机会为中国再创立一个化工基地，哪怕节衣缩食也在所不辞，更要勇往直前。初步的构想是：四川丰产盐，碱厂、盐厂设在四川；湖南化工原料、煤炭丰富，铵厂可设在湖南；黄海化学工业研究社也决定选在湖南长沙水陆洲（即今长沙市著名景点橘子洲）。会议决定西迁工作由李烛尘总负责，兵分湖南、四川两路积极迁移，后因抗战形势急转直下，武汉失守，广州沦陷，长沙大火，只得放弃在湖南开始经营的铵厂和黄海。

橘子洲头

　　满载着物资和"永久黄"同人的船只，溯江西行。他们上要躲避日寇的空袭，下要逆着湍急的江水，峡路难行，尤其是过了宜昌、秭归，进入三峡航道后，两岸壁立千仞，处处险滩恶礁，江水汹涌，一泻千里，船只寸步难行，只得靠着纤夫在岸边栈道匍地背纤奋力拖船前行，堪称难于上青天。

　　经历千辛万苦，船队终于出了三峡，又经云阳、万县、清陵、长寿，到达重庆朝天门码头。为了在华西重新开拓基本化工基地，他们分头由水、空两路向既定目标奋进。1938 年 1 月中旬，傅冰芝率领的先遣队首抵重庆；2 月中旬，范、侯、孙所率的队伍也陆续到达；3 月 18 日，李烛尘、唐汉三、何熙曾也乘飞机由汉抵渝。这么大批技术人员西迁，在中国历史上尚属空前，如果没有"永久黄"团体的领导人和西迁员工团结一致的爱国赤子之心，是万难做到的。

2 月中旬，各种器材陆续溯江而来，经过努力，终于在离重庆 20 多里的沙坪坝以最快的速度动工建厂。到 5 月 1 日，铁工厂已经在嘉陵江西岸创立，可以开工。为了配合刚从南京搬迁到江东岸的金陵兵工厂的工作，铁工厂迅速投入生产。这个厂前后工作了不到 10 个月，由于华西基本化工基地要实施了，员工和设备都亟待投入，决定进行拆迁。在这 10 个月中铁工厂共制成 53000 多件钢制品，还有 200 多吨翻砂车制品，支援军工急需。

范、侯、孙、李等人制定了华西建设的几项原则：

一、无论能否全部实现，工程计划必须完整，至少要包括酸、碱、炼焦三个单位，构成一体。万一无力同时并举，不妨分期施工建造。

二、各单位的规模，以适应目前力量与市场为标准，但计划必须留有余地。

三、原料力求自给，如凿新式盐井，自采煤炭、黄铁矿、石灰石等。

四、选择厂址，必须为华西化工中心之地，且顾及将来与西南、西北各省畅通无阻。

就在范旭东等人决定重启征程时，当时的民国政府对"永久黄"

团体又起了贪念，原来在战争爆发前，为了促成华北企业的南迁，蒋介石做出了补助承诺：

一、特许该公司在南方添设新厂，所有用盐免税及成品免税均按照该旧厂办理；

二、旧厂如有自行毁灭必要发生时，新厂建设费，政府准在补助保息预算下，每年补助一百万元，以三年为限；

三、旧厂如无自行毁灭必要时，仍照第二项办理，佢自第四年起，该公司应按年退还补助金，每年 50 万元，分 6 年还清；

四、上项特许利益，自该公司新厂计划呈复核定施行时，分别给予。

为了支持国家抗击外敌，范旭东未有过多迟疑地代表久大、永利接受了民国政府这并不见得有多优待的条件和拨款。作为以后南迁建厂的部分资金。

汉口方针定下后，事情刚刚有了起色，范旭东正准备着手进行工厂的恢复工作。然而，还未容得范旭东过多考虑，国民政府便想推翻前次与范旭东的贷款协议。行政院资源委员会要把给久大、永利迁厂的 300 万元贷款改为政府投资，纳"永久黄"于"国营"事业之中，并以"当毁不毁，当迁不迁，当建不建"的三大罪名扣在范旭东头上。意思是说战争爆发后，天津久大当毁不毁，南京永利硫酸铵厂当迁不迁，而如今川西新厂当建不建。

面对着莫须有的污蔑，范旭东知道这是国民政府行政院资源委员会耍弄的阴谋，其目的不过是想吞没"永久黄"事业，变成四大家族的私产罢了。

范旭东自然不肯就范，为此，他利用其国民参政会参政员的身份，在国民参政会上，与资源委员会的官僚们进行了针锋相对的斗争，他义正词严地驳斥道：抗战以前，经建机关分设在"多头"之下，"各谋所事"；抗战之后，有所调整，结果还是"职权混淆"，"各自为谋"，"再蹈互相牵制抵消之覆辙"。他正是旧病未除，新病又来。现在"我们的脚跟还没有站稳"；"我们谈不到讨论国营与民营的争论"，唯一要做的，就是"埋头研究"，"追求进步"，去多干一点实事。

在范旭东的据理力争之下，自知理亏，又深怕非常时期引起民族资本家愤慨的国民政府行政院资源委员会，不得不撤销新的提案，恢复旧的政策，将拨款批给了久大和永利。

## 4. 建设盐厂，重启征程

1938 年，在重庆分别成立了久大、永利经理处。在总经理范旭东率领下，久大由李烛尘任副总经理，永利的范鸿畴任副总经理。他们遵照范旭东的部署，席不暇暖，一面派人着手在重庆创设临时工厂做工，一面为开发华西化工基地外出调查。

对于四川资源的调查，早在 1919 年，李烛尘就初步进行过一次考察；后来黄海社的孙学悟陪同任叔永、翁咏霓等人又进行了第二次专门考察，此次考察收集到不少资料。而这时，对"永久黄"持有支持态度的四川省盐务局局长缪剑霜因公到重庆，会见了范旭东。二人谈及川盐进展情况，缪遂邀请范旭东亲自到自贡、犍为一带考察，以寻找合作的契机。

1938 年 2 月 24 日，考察队一行人由南渝中学匆匆启程，到自流井、乐山、犍为一带考察盐政。范旭东说："时间在这紧急关头是万万空费不得的，战时的后方，能够多增一分生产，于前线不止增十分战斗力。"

范旭东等人为选厂址东奔西走，一而再、再而三地复勘有希望的地方。到初秋，已选定犍为、叙府、泸州三处供最后抉择。

永利、久大入川，进行厂址选择，李烛尘提出自流井居多的张家坝和犍为的五通桥是最合适的地方。论原料，它们是四川的产盐区；论交通，水陆两便；论燃料，则既有天然气，又有煤炭的支持。然而难题在于，当地的盐户并不欢迎他们的到来。虽然抗战初期四川省政府曾派专员到汉口，欢迎沿海各厂内迁，称保证提供各种方便，但自流井的盐户却认为，久大规模大，技术水平高，设备新，是全国有名的企业，怕他们一进来把本地企业挤垮。当地的盐商们提出"井不出租，地不出佃，坚壁清野，逼其自退"。作为抵制久大入川的行动口号。有人甚至扬言，"川汉铁路我们都反掉了，还怕你这个小厂！"当地的《自贡小报》刊登整版的文章，专门反对久大建厂。

盐商们还把在自流井有股份的地方军阀邓锡侯、王缵绪请出来反对久大建厂。当李烛尘找到地方政府申请建厂时，他们竟暧昧地表示"众怒难犯，爱莫能助"。有些盐户甚至告状到川中军政府。对此，当局深感事态严重，即将此案上报国民政府军委会，建议"为绥靖地方，久大可予停工，再行计议"。

1919 年，李烛尘曾对四川盐业考察，得知，除自贡、犍为外，在西南再难找到适合久大、永利生存的地方，坚持把厂设在这里。范旭东也坚决支持这一想法。在李烛尘的日夜努力下，终于找到一丝门道。原来，川西军阀邓锡侯的儿子见盐业有利可图，也在自贡凿井设厂，本地盐户碍于邓锡侯的势力，虽不敢公开和小邓作对，但明里、暗里总挤对他。李烛尘登门拜访小邓，把久大、永利西迁的困难处境向他一一倾诉。小邓联想到自己的处境，对李深表同情；又想到如果久大能进来，对自己也增加了一份助力，于是满口答应帮久大到川省当局进行活动。同时，李烛尘也把这件事捅到国民党中央军事委员会，而久大要员钟履坚和国民党政府里的头面人物又很熟悉，经过多方疏通，政府同意派员下来调查这场纠纷。下来调查的官员姓谢，他恰好是唐汉三的表弟，这下事情就好办了。

自贡盐户那边，李烛尘亲自登门进行疏通，反复向他们说明：久大迁川并不是要来抢大家的饭碗的，实在是国难当头，不得已而为之；久大愿以自己的技术帮助大家提高产量和质量；一旦抗战胜利，久大一定迁回原地，建在四川的厂子可以交给本地人来办。经过这些细致的工作，自贡盐户对久大的反感日渐减少。后来当政府来员调查时，看到自贡盐户的反对气势已不如初期之盛，乘机提出以将来久大所产食盐，不销在川盐销区，可运至鄂湘西部原淮盐销区行销，不损害四川盐商利益为条件，获得了自贡盐户的认可，久大终于被获准在自流井设厂。

范旭东在缪局长引导下参观张家坝模范盐厂旧址。这里离盐场仅十余里，不仅有公路可通，而且沿着威远河，水路交通也很便利。盐厂的烟囱已砌成好几尺了，堆积的材料，也都没有动用。缪局长认为："久大如能来设厂，最好就利用这块地，比临时圈购省事得多。"当地盐商也表示欢迎久大来此落户。厂长唐汉三和驻自贡办事处主任钟履坚闻讯也赶到自流井，重新勘察张家坝，认为在附近购地并不难，但是要讲价、立契等，恐非三五个月做不成，且张家坝这块地曾费力垫高过，存积未用的砖瓦木料也不少，最好连地亩一起收买过来，垫地等费用照数归还原主，省事省力。几经商洽，成契接收过来，从此厂基确定。

创办盐厂，照章须先申请，批准后方可动工。4月4日，久大上呈四川盐务管理局，申请设厂，定名久大自贡模范食盐厂，表示和本地的模范盐厂不同。呈文陈述初步改良川盐技术方案和久大在技术上援助川盐同业的决心。大意如下：

> 公司经营盐业，历二十余年，于制盐技术，略窥门径，受难之余，不甘自馁，猥以改善川盐技术相督责，公谊私情自当谨从。兹决就钧长指定之张家坝地方，购置厂基，创设模范食盐厂，聊尽绵薄。查自贡各厂，现皆苦成本过高，其故由于拘守陈法，未暇计及效能。目前要务，无若将锅釜、炉灶，乃至取卤燃烧诸设备，择其轻而易举者先行改善，逐渐进展，庶于地方人力物资，不至相差太远。在欧美工业先进国家，原不乏效能最高之制盐装置，似非急切所能仿效。公司模范食盐厂，本此见地，只采用钢质平锅，新式炉灶，以煎造花盐为主，随时将花盐之一部分，利用机器压成一定重量之巴盐，以便外运。经此初步改良，成本当可望减轻若干，盐质亦必比旧法优美，殆无疑义。预定年产一百万担为率，秤放推销，概遵川省行盐定章，其济销省外或受省外同业定购者，均随时呈清核示。但无论产销，公司概不请求专利，俾便公开。图始最难，并愿于创办之初，对本省司业，以两事相约，期与合作。本厂制造技术，可尽量公开，听凭同业仿效。设同业间有以兴办盐厂之设计工程相委托者，本

厂于双方契约之下，允为负责代办。川盐改进，条理万端，
在公司可能为力者，只在技术公开而推广之。

不到两个星期，呈文已奉四川省盐务局转到总局批示，通知久大
"迅即筹备进行"。久大自贡模范食盐厂的工程，基建刚开始曾发生过
遭当地少数顽劣盐商煽动下聚众捣毁，焚烧久大器材设备之事，幸得
川康盐务局闻讯出动军警制止，事态才未扩大。开工建设在器材不凑
手，运输又困难的情况下，为纪念"九一八"国耻，全体职工同仇敌
忾，奋发努力，历时4个多月，终于全部完工。工程朴素无华，自设
机修厂和发电厂，各种设备尚称上实用、完备。选定"九一八"这个
令人悲痛的日子举行开工典礼。当时来宾如云，全厂职工异常兴奋，
以产品供济湖南沅陵、常德一带，为解决湘西人民淡食之苦，也为支
援抗战贡献力量。

久大自贡模范食盐厂为改进川盐技术，积极和黄海化学工业研究
社紧密配合，利用他们的技术成果，用风力自然蒸发的原理来浓缩卤
水，从而节省能源达2/3，大大缩减了制盐成本；使用塔炉代替旧式盐
炉灶，可节能30%，比巴盐灶节能50%，同时可提高产量25%；汲卤
工具由畜力改为电力。

这三项工艺的改进，使落后的川盐技术有明显的提高，节省了能
源，增加了盐场的收入；盐场还利用制盐母液，提取副产品；为了运
输方便，又引进当地块状巴盐的技术，自制水压机，将粒状精盐压成
10斤一块的盐砖，又减少了运耗；久大自贡模范盐厂还利用附近糖厂
熬糖后剩下的母液，制成动力用酒精。凡此种种，都为盐厂在四川立
足创造了条件，使盐厂在川声誉日隆。

久大公司不仅在制盐技术上积极帮助四川各厂商，为他们提供新技术，而且还为当地企业提供机器设备、管理服务。1944 年，国民政府资源委员会曾在隆昌圣灯山钻成一号探井，气水丰旺，川康盐局鼓励久大公司利用制盐，以解决云、贵、湘、鄂部分地区人民的"淡食"问题。

在范旭东、唐汉三的积极创建下，久大选地建成隆昌盐厂，生产平锅火花，并发展盐化工生产。这一举措引起隆昌部分地方势力反对，他们视这块地为"肥肉"，垂涎万分。几经交涉，一些本地土豪提出成立隆圣企业公司，由隆昌县自办盐厂，但他们缺技术，因此想要久大入股，利用久大的机器设备和技术力量。助人为乐，是范旭东培养起来的永、久、黄的一贯传统。协商结果，久大除将机器设备折价入股外，还派陈浩如为副经理，协助管理，范逸先为总工程师协助生产，修建了两口平锅制盐。投产后，又派唐士坚工程师设计，自发直流电，利用隆盐产制烧碱、漂白粉。月产液碱达 15 吨，漂白粉 25 吨。

久大自贡旧厂区一角

久大自贡模范盐厂在四川盐业界不计私利，为川盐同业及川盐销地各人民谋福利的精神，受到广大盐商、盐工和老百姓的崇敬，他们称它为"久大精神"。

面对久大带来的日新月异的变化，当地的绅商无不感慨地说道："久大并无秘密，只信仰科学，他们日夜钻研，以求技术之改进，这委于有服务社会不计待遇和享乐的精神。一切都是事实，事实胜过雄辩。"

1937 年底，永利员工开始搬迁，陆续到达汉口。次年 2 月，抢运了一部分设备到长沙、重庆等地。随着日军侵华攻势的进一步推进，永利不得不改变在长沙设厂的计划。

# 七、犍为复永利，化工挽危亡

　　走进四川省乐山市五通桥区的东方电气集团东风电机有限公司，浓烈的历史文化气息扑面而来，枝繁叶茂的合抱大树，饱经风霜的石头房子，波光粼粼的百亩湖，一块刻有"新塘沽"石碑，把我们的思绪带回了战火纷飞的年代……

　　漫步在厂区，范旭东先生手书的"新塘沽"石刻庄严厚重，是永利川厂浩然正气的象征；大型回廊式建筑办公室和试验室保存完好；曾被费城万国博览会誉为"中国工业进步象征"的"红三角"牌纯碱标志，依然清晰地嵌刻在指挥部的外墙上；长200米、宽50米、深达6米，可储水6万立方米的百亩湖在阳光照耀下闪耀着点点波光；用凿湖时打出的条石建造的"石头房子"，造型独特别致；南北纵向、总长221米被誉为亚洲第一跨的机械厂房气势宏大……

## 1. 克艰历险，永利复工

1937 年，七七事变爆发，位于天津塘沽的永利化学工业公司塘沽碱厂遭日军劫占，范旭东不愿意与侵略者合作，毅然率领侯德榜等永利碱厂精英辗转湖南、四川等地选址，最终在产盐丰富的五通桥老龙坝购地 700 多亩修建永利川厂。

在经过一番考察和讨论后，范旭东最终选定在岷江东岸的老龙坝（在今四川省乐山市五通桥区桥沟镇）建厂。新厂面积占地一千多亩，委任后来被称为永久黄"西圣"的傅尔放主持厂务。

傅尔放，字冰芝，江西人。生于清末，17 岁补廪膳生，但放弃举业，渡海求学。1909 年就读于日本岗山六高，1912 年入东京帝国大学习造船工程，成为范旭东的同学。正是在这一阶段，二人相互砥砺，结下了深厚的友谊。1915 年毕业后，傅尔放回国入江南造船厂任绘图员。并于 1916 年考取官费赴美，入哈佛大学深造。此时，美国为制造航空母舰遍求设计工程师，傅尔放应征合格，担任美国最大航空母舰设计绘图人之一。这不仅仅是傅尔放个人的光荣，也是全美留学生和中华民族的荣誉。傅钦佩范旭东的为人和实业救国的志向，将在美设计航母的大部分收入都寄给了范旭东，以支持中国制碱工业的发展。学成归国后，他拒绝了江南造船厂厂长、大学校长、江西省教育厅厅长等多个高级职位，而欣然应范旭东之邀来到荒凉的塘沽，担任永利碱厂机修车间主任。

傅尔放曾说："智效一官，随人俯仰，强者利用政治势力剥削他人；谨愿者，亦不过贪禄分利之一份子而已。于国计民生绝无裨补。"他在永利历任机修车间主任、土木工程部长、"永久黄"联合办事处教育股股长、南京铵（即硫酸铵）厂厂长。他一生克勤克俭，躬行实践，实事求是。抗战期间临危受命，率领职工含辛茹苦地创建永利川厂。

老龙坝所在地山峦起伏，三面环水，岷江东岸的一道山体猛然横切入岷江之中，形似龙头入水一般。江面骤然收窄，水流加急，由此形成了一个巨大的滩沱。岷江流淌于两山之间，天然形成的险关也让老龙坝成为自古以来的形势要地，如唐初嘉定二十二镇兵之一的罗护镇就在此处。这里也是岷江道水陆两路的必经之地。

老龙坝北部有一座道士观，危立在独石成山的山崖之上。观下有一处著名险滩，旧名真武沱，又被称为道士滩，如今也叫虎口滩，素有"岷江第一险滩"之称。清康熙时诗人余光祖有诗云："舟临道士观，群山一壁峙。"乾隆时遂宁诗人张问安顺岷江南下，曾亲历其险，留诗为证："道士观前石嵯峨，青崖苍古临江波。风涛一霎不能往，回首凌云争奈何。"当地曾流传一曲民谣："嘉定下来一条江，抬头望见西坝场；吊钟寺和尚挨钉锤棒，岩窝儿出产老生姜；三尖石又名杨家将，磨儿场有贞女坊；双旋坝船儿直箭放，道士观漩涡像箩筐。"这里面提到了岷江航道上的一些码头、河口和滩口，特意点出了道士观滩头的险要。即便是如今，站在山顶，仍可见奔腾不息的岷江水呼啸而过，湍急水流形成的漩涡大如箩筐。民间客商乘船筏漂流而下，路过道士观时是一个漩涡套着一个漩涡，船筏被卷入水中，然后再冒出来，随即又被卷入，几经磨难，最后往往船覆人亡。因此，"道士观"也被当地人唤作"倒死罐"。

那么，范旭东他们为什么选择在老龙坝兴建新厂呢？根据范旭东在《我们初到华西》（刊于《海王》1939 年 7 月）中的自述，其实也是多方考量的结果：

> 到民国二十七年（即 1938 年——引者注）秋初选定了
> 犍为、叙府、泸州三处做最后的比较。因为食盐是我们必需
> 原料之一，产地是有限制的，运往别处应用，在中国现行盐
> 制之下，也有许多不方便。犍为一带是产盐区，此外的条
> 件，也不比其余两地相差很多，因此决定在犍为县属之道
> 士观地方，圈购厂址，在这里奠定华西的化工中心。民国
> 二十八年（1939 年——引者注）三月一日，公司特废去道
> 士观旧名，改称新塘沽，纪念中国基本化工的摇篮地。新塘
> 沽在岷江东岸，附近食盐、烟煤、黄铁、灰石、耐火土料
> 等，都有出产。据地质学家调查，甚至煤气、石油，尽有发
> 现的可能，化工原料，堪称齐备。产量现在还不能确定，要
> 再勘测，但比在别处，多少已有把握。这一带江水深湛，地
> 势宽敞，上距嘉定二十余公里，下至叙府二百余公里，直达
> 长江，目前只大水期间可以通轮船，如其河道稍加修理，终
> 年必可通航。一九〇三年英法浅水兵轮，曾由重庆上驶，转
> 入岷江，经过新塘沽，直抵嘉定，他们的记录，也说这水道
> 并不难修理。利用岷江，可与成渝、叙昆两路直接联络，将
> 来货品转运西南西北各省，亦甚便利，与我们选择厂址之原
> 因，极相符合。

可见，犍为的产盐区地位，丰富的矿产资源，以及便利的交通运
输条件，最终决定了它超越叙府和泸州，成为永利川厂的新址。事实

上，犍为的盐业生产可以追溯至战国时期以前，早在宋代"卓筒井"（一种以直立粗大的竹筒吸卤的盐井）技术发明之后，包括老龙坝在内的乐山、犍为一带已有盐场。经过明清两代的发展，至清乾隆、嘉庆年间，老龙坝一带的五通桥盐井已"不下万井"，为全川五大盐井之首。据统计，嘉定府每年征收的盐税五万余两，其中80%来源于五通桥。因五通桥隶属于犍为县，这座川西盐业中心也被称为犍为盐场，与牛华的乐山盐场合称犍乐盐场，驰名巴蜀。因此，范旭东等人看重此地的物产和交通，选在老龙坝建设永利新厂，无疑是非常务实的。

老龙坝

据说老龙坝上原本有大小四座寺庙，为道士观、观音阁、三教寺和三圣宫，是一个宗教建筑群。永利购入老龙坝的地面后，因为此地道士观的庙产与所在地金粟乡（今为乐山市五通桥区金粟镇）存在民事纠纷，即"田产虽已购成，然庙产尚悬，催促敝厂早日解决"（1939

年永利川厂致金粟乡救济院信函）。经过多方斡旋，到 1939 年 12 月，由经济部部长翁文灏亲自下文，责成地方处理此事："除呈请行政院令四川省政府转饬犍为县政府晓谕刘侣皋等，对于变卖庙产，勿再别生争议。"在这个过程中，永利的职工也有出力。如永利川厂驻桥办事处主任王公瑾和负责修建永利码头的曹青萍，曾利用私人关系托川中著名翻译家李劼人找四川省省长说项（王公瑾系李劼人表妹夫，曹青萍是李劼人的表弟），以期早点解决产权纠纷。最后，"县府以四产半属学产，核加正价七千一百零二元七角六分，呈报省府核准"，永利终于办妥了购地手续。

当时，永利在天津的工厂被全部破坏或被强占，资产损失巨大，也给兴办新厂带来了资金上的麻烦。在 1939 年 11 月召开的国民参政会上，永利提交了一份募集资金的提案。范旭东会同 28 位当时的社会名流，倡议政府借款两千万，以支持永利川厂的兴建。在提案中，范旭东强调："永利虽为商办，其为国兴业之精神与过去之成绩凤为同胞所共鉴，复兴该公司事业之重任似应由国人分负之。"在此之前，双方就资金筹措方式展开了几轮磋商，前后历时一年有余，国防最高会议要求官商合办，由政府代为筹款或投资，并由政府负责主持，将永利川厂和塘沽旧厂截然分开，而永利则力主自行筹措资金，始终不赞同官商合办，坚持新厂为"旧事业之生命延长"，要为股东与旧厂投资银团的利益负责。实际上，这还是范旭东对抗被国民党行政院吞并"永久黄"事业的延续。

在此之前，行政院资源委员会曾企图将久大、永利迁厂的 300 万元借款转为官股或作为投资，范旭东从一开始就是坚决反对的。他对国民政府官僚系统的痼疾深恶痛绝，认为"把所创办的企业交由国民党接办或搞什么'官商合办'，他是信不过的，但是如果中国政治真正走上民主轨道，政府廉明公正，他所经营的企业可以随时交给国家，用它来为人民造福。"① 因此，他以加入官股就是改变企业的性质为由，说明这是一个重大问题，总经理无权决定，一定要征求股东大会意见，而目前战事正殷，股东四散，交通不便，无法召集股东会议，这事最好待时局稍靖后再定。之后，又以"脚跟还没站稳"，要"埋头研究""追求进步"，暂时还"谈不到讨论国营与民营的争论"为由，回绝了行政院的要求。即使是要得罪政府，他也坚持自筹资金。他在给孙学悟的信中说："财政困难，的确有问题，不过办法上还得下功夫，我想这样磨炼下去，办法自然也会产生出来的。"②

这一次同样如此，范旭东拒绝了官商合办或官府投资的要求，他提出以工厂全部资产做担保，年息8厘，半年结付一次的方案，向中央、中国、交通、农民四大银行申请贷款两千万，但被拒绝了。当然，受挫的范旭东并没有放弃，他在国民参政会上呼吁，"中国需要工业，已到得之则存、不得则亡的阶段"。最后，因为建设华西化工基地直接关系到抗战建国的顺利展开，永利也收获了广泛的社会舆论支持，最后国民政府不得不同意了范旭东的要求。

厂址选定后，具体负责内迁工作的是李烛尘。李烛尘也是永利的创始人之一，早年同范旭东一起创业，造出了中国的第一公斤纯碱，并多次与英国卜内门公司斗智斗勇，维护了永利和中国的利益。从前期调查选址、协调与地方的关系，以及后来坐镇天津指挥技术人员和

---

① 章执中：《爱国实业家范旭东》，收入《化工先导范旭东》，北京：中国文史出版社 1987 年版，第 46—47 页。
② 孙学悟：《追念范兄》，《海王》旬刊第十九年第 4 期。

员工西迁，李烛尘几乎是全程参与。在李烛尘的运筹帷幄之下，永利的很多设备物资和技术人才都顺利转移到了四川。

当时的老龙坝，可以说是人迹罕至，荒凉至极，甚至还有野兽出没。"1938 年底，老龙坝这个偏僻、险峻的土地上突然出现了一片热火朝天的景象，成千上万的人在这里凿石挖土，建房筑屋。"作家龚静染先生在《梦断新塘沽　永利化工抗战入川记》中写道。1939 年 3 月，范旭东亲笔写下"新塘沽"三字刻在老龙坝的一块石壁上，厂区道路分别取名为四省路、河北路、青岛路、唐山路、塘沽路等，以铭国土沦丧之耻辱。他们对这个新塘沽寄予很大的希望，永利要重建中国化学工业的基础，将之视作神圣而伟大的川中复兴事业。"国难突发，公司匆促西迁，只为不甘心为暴力所劫持，且承朝野热心同志之维护，始得在川重整旗鼓，其志至壮，其情堪悯！"

要在这座山岗上开疆拓土，确实是困难重重。可是，胸怀实业救国伟大理想的范旭东及全体职工，以百折不挠的苦干精神开始了第三次创业。从一开始，范旭东就没有想着把五通桥老龙坝当成临时落脚点，而是和前两次创业一样，想要建成一座具有世界水平的新厂："切望华西这个新天地的设施，至少不比世界水平线太低，并且立志要发挥各自的效能，以补环境的不利，将来这个工业才能不被淘汰……因此，抱定宗旨，宁肯不做，做就做好，做就做成，一定不惜代价，办求上进。"①

范旭东曾回忆说："样样要从头做起，没有原料要自己打井取盐，没有煤炭要自己开矿取煤，真是件件都得自己办。"即便如此，在他

---

① 《"永久黄"团体档案汇编》。

亲临施工现场的时候，还是将永利的生存发展与民族国家的抗战事业联系起来，以高涨的爱国热情来鼓励大家："在这战火纷飞的岁月，在这疮痍满目的山地，开拓永利生存的道路是千难万险的，但为了复兴化工，日来进行其力，吾等在未死之前，尽一分，算一分，只要多少于抗战建国费了心力，始不愧也！"

虽然本地的生产资源适合办厂，但建设厂房的大量物资却难以自给自足，需要从外地转运。为节省运费，永利购买了一条马力不大的小火轮船，即永利号，从重庆运送一些贵重物品到五通桥，在道士观码头卸货，非常方便。永利川厂进入建设阶段后，很多建材和工厂设备也是通过船运从外地转运而来，在运费上比陆运要便宜许多，但受制于气候、地势和技术水平，运输过程也是很艰难的。比如在建设初期，每月需要用掉一千至两千桶水泥，水泥必须用轮船运送，但到冬季，岷江进入枯水期，运力就会受影响。而岷江进入洪水季后，运送物资的木船又容易发生事故。而马力不足的小火轮，一遇涨水就行驶缓慢。轮船下行顺水非常顺畅，但上行困难，所以小火轮在上行途中还需要纤夫拉纤帮忙才能过滩。到物资转运接近尾声的时候，永利终于决定将它低价卖给了重庆轮渡公司。

根据学者整理的今乐山市五通桥区档案馆所藏的《永利川厂企业档案》，仅仅1939年一年，永利就损失了五条船，从中我们可以窥见川厂建设之初的艰辛：

> 该船（船主徐焕庭）于廿八年（1939）六月十一日，在松溉下游廿五单地遇洪水冲击，触石沉没，当经极力设法打捞，因急流散失，大部无法捞获，计损失器材共值壹万贰

仟肆佰玖拾五元。

该船（船主王树云）在途先后两次遇险，第一次系于廿八年（1939）六月十日在茄子沟地方误触礁石，中仓撞破，当即进水，经设法捞救，货物幸无损失，仍用原船修理装载继续上驶。于七月六日行至合川双石滩地方，又一次出险，船腰撞断，全部沉没。

该船（船主张树清）于廿八年（1939）七月八日下午，驶至纳溪观音背滩而牵棚突断，其时大水急流，无法挽救，当即下撞触石，全船沉没，所载器材经设法打捞，仍有一部分散失未能觅获。[①]

这些触目惊心的记录，如今读来还是令人扼腕叹息。为减少运输过程中的损失，永利给木船都买了保险，也在运输中的重要节点如重庆、泸州、宜宾等处设站，以便联络。此外，他们还派专人负责处理沿途木船的出险事宜。运费的支付也是采用分段付费，尽可能将损失降到最低。

厂长傅尔放此时虽已届天命之年，本人疾病缠身，但还是义无反顾地接下了建设永利川厂的重任。一到五通桥，他们就迅速雇用了 5000 名工人，每天在山上叮叮当当地凿石移山，填土修渠，盖房子、建码头，平场地。他们披荆斩棘、风餐露宿，日夜奋战，硬是把一座座山丘削平。到 1939 年，嵌刻有"红三角"标志的现场指挥部，以及大型回廊式办公楼和实验室建成，供职工住宿的住宅楼也初具规

---

① 以上转引自龚静染：《花盐》第四章《西迁重镇》，成都：四川文艺出版社 2022 年版，第 143 页。

模，总共有十六幢，被命名为开化楼、进步楼。与此同时，他们还发挥智慧，就地取材，直接切取条石用来砌房。1940年，8000平方米的制碱厂、发电厂等重要建筑落成，几乎都是用当地石材建成的。凿山取石留下的深坑，也得到了合理利用。他们将深坑建成了长200米、宽50米的蓄水池，可蓄水6万立方米。池水作为生产、生活用水，被永利人命名为"百亩湖"。湖内养鱼，周围植树，后来成为永利川厂的一道著名风景。到1941年，总长221米，被誉为亚洲第一跨的机械厂房，以及总长830米的地下隧道和上万平方米的山洞车间全部建成。与新厂相配套的医院、学校，也次第建成。

百亩湖公园

可见，虽然条件异常艰苦，但重建工程的推进速度是惊人的。这是名副其实的"永利"速度。这些厂房、住宅等建筑物的规划合理、造型优美，直到现在仍屹立在岷江边，诉说了那段艰苦又光辉的岁月故事。

20 世纪 30 年代永利碱厂

1939 年 2 月 26 日，永利公司为纪念已被日寇侵占的中国化工的摇篮——塘沽，特废去老龙坝旧名，改称"新塘沽"；并在厂门前左侧的山岩上勒石雕刻。在他的办公室墙上，范旭东也挂着一幅塘沽碱厂的照片，照片上亲题"燕云在望，以志不忘"八个字。他一直不忘恢复旧有的事业，曾对章执中讲"我们一定要打回去的"。[①]

由于时机还不成熟，永利川厂的建设不能酸、碱、炼焦齐头并进，故而他们决定在新塘沽首先建设碱厂。按照范旭东的计划，川厂将来必需的原料要自给自足。这对当时的永利来说是一件十分为难的事：因为这牵涉到庞大的人力物力。如若原料不能得心应手，工厂即使建起来也举步维艰。

为此，他们从美国订购了一部开凿深井的机器，试探新塘沽附近的盐质状况。在厂长傅冰芝的努力下，得到地质专家李悦言、丁子俊

①  章执中：《爱国实业家范旭东》，收入《化工先导范旭东》，第 47 页。

的指导。经过勘察后，他们选在距离川厂 10 里左右的杨柳湾冷峨寺附近打井，并在此设立了川厂深井工程处。当时的条件也比较简陋。开凿深井的区域用竹篱笆围起来，他们在东面山丘上建设锅炉房、发电机、井台，南面建了办公室和宿舍，还是草顶的，北面则设有一个仓库，西侧面临乐山至五通桥的公路。

深井工程由佟翕然主持，彭力夫、黄琪瑞、林仲藩等协助。永利聘请了美国韩孟德（W. S. Hammond）及赫尔（S.Hall）为技师。韩孟德于 1940 年 9 月到达五通桥。在筹备阶段，无论是开辟井地，还是准备器材、建筑房屋，没有一件不是佟翕然亲自策划，动手操办的。尤其是正式动手安装机器时，他和韩孟德、彭力夫、黄琪瑞诸位，从早晨忙到黑夜，身兼泥瓦匠、泥木匠、铁工匠、机器匠数职。他们身着蓝布工作服，满身油泥，表现出在困难中硬干、快干的精神。1941 年 1 月 20 日，深井工程启钻开工；开工后，又调郭炳瑜前来支援。

在深井钻探过程中，永利同人紧随技师，一个个汗流浃背，油污满面，毫不示弱地抢起八磅大锤，在焦炭炉旁锤修钻头，淬火，还犹如猴子一般在高耸云天的井架上爬上爬下。永利深井工程采用的是新式快速钻探法，需要钻穿不同深度的砂石砾层岩芯，取样后进行分析，从而确定盐卤资源的储量和分布情况。

开工两年多以来，由于深井所需的配件在国内难以加工，机器零件时常面临短缺。钻井工作不得不断断续续地展开，总计真正工作的时间不过七八个月。尽管如此，深井工程处的员工仍旧努力克服困难，完成了开凿、扩大和修理三项工程，达到井深 3500 多尺。除发现天然气、石油（经取样化验为重油）和黄卤外，预期的黑卤也如愿发现。那浓厚的黑卤和火焰猛烈的瓦斯，象征着中国化工的光明未来，实为抗战以来中国化工界、地质界的一大成就。永利钻井的深度不仅远远超过当地的自流井和此前所有的盐井，而且超过了甘肃玉门石油矿深井的深度，成为当时中国的第一口深井。此外，它也为五通桥地区有储量丰富的盐业资源提供了有力的证据。1942 年 9 月 11 日，深井开凿成功。重庆《大公报》10 月 15 日专题报道了永利深井成功盛况。

这里还有一段小插曲。在钻井工程进行过程中，重庆有位要员到深井部参观。回去后向人表示不理解：永利既肯花钱使用外国工头，为什么不用一两个工程师来监督他，而把偌大一件事交给几个工人和外国人干着。这位大员无论如何也想不到，那几个和洋人一起干活的"工人"就是永利的工程师佟翕然、郭炳瑜和林仲藩。这就是永利工程技术人员的苦干精神，也是他们支援抗战建国的实际行动。

范旭东曾说："这井在千磨百折中，实际只做了二百三十天的工，包括开凿、扩大、修理三项工程。这速度在世界标准来说，并没有多大愧色，足使我们对自己的信心，愈加深厚。"①

以范旭东为首的永利人，始终对中国传统的盐业生产技术抱有极大的敬重和同情。永利初到四川时，范旭东、侯德榜等人在四川盐务管理局局长缪剑霜的陪同下参观自流井，目睹盐卤从三千多尺的地下吊上来。他们感慨，"这盐井全是用人力一分一寸凿成功的，确是世界奇迹，这种忍耐力断然是超人的，没有得到科学恩惠的技术家，要这种苦行才能成功一件事，不亲眼看见这里的井工，谁也不能想象。

---

① 劳人：《永利深井卒至成功了》，原载一九四二年十月二十日《海王》，劳人系范旭东笔名之一。

此外推卤煮盐，都是古拙到可怜的程度，孰令致之，知识分子个个都有责任，尤其是朝野靠盐吃饭的人们，应该不要完全漠视"。他们这次考察后有一个最深刻的印象，那就是"那古香古色的盐场，出乎意外。打井、汲卤、煎盐等等所用的方法和他们的工具，实在太简单。这样全靠人畜气力的原始技术，虽然每年能制出五六百万担盐来，今日之世，只怕除中国人外，谁也没有这种忍耐力？但这绝不是中国的荣誉。我们站在同胞立场，同情之余，认为这是现世的悲哀，因为稍有科学知识的国家，绝不必为此区区，把人力这样作践，假使再推想到千千万万吃盐的同胞，那更无聊，他们既没有选好盐吃的自由，只有跟着受罪，花很大的代价，还买不到好盐进口，相习成风，竟不以为怪。盐业分明是种经济事业，在现状之下，供求两方面，都失掉了经济的意义。影响所及，大而言之，民族的健康。至小于盐业的本身，也非常不利，值得大家反省的"。[①]他们还听闻了一个犍乐盐区用传统方法开凿盐井的故事："闻有一家已经历世三代，现在还在继续下凿。他家祖先为鼓励后代的决心，竟择井旁做了埋骨的坟墓，临鉴其侧，期在必成。"[②]范旭东赞道："这悲壮的胸怀和诚毅的心志，真足起顽立懦，确是中华文化的结晶！"但同时，他又为同胞尚未享受到科学的恩惠而深感同情："我们不愿意拿科学来做计较得失的工具，我们同情我们同胞不得科学恩惠的遭遇。"所以在永利深井开凿成功后，范旭东和永利同人的心情久久不能平复。那种历经艰辛终于可以令同胞共享科技进步的兴奋，非亲历者难以理解。

---

① 《我们初到华西》，见《化工先导范旭东》，中国文史出版社，1987年版，第225页。
② 劳人：《永利深井卒至成功了》，原载一九四二年十月二十日《海王》，收入《化工先导范旭东》，第234页。

## 2. 勤恳务实，成果丰硕

在永利川厂建设过程中，除上述深井工程之外，职工们在其他方面的建设中也做出了很大的贡献，充分发挥了艰苦创业精神。抗战时期，永利在老龙坝这荒芜的山区共建成了碱厂、炼油厂、翻砂厂、机械厂、陶瓷厂、土木工程处、煤矿、六百千瓦发电厂、侯氏制碱法试验厂及深井工程处等十个单位，相当不易。现仅举数例，以窥全豹：

1939年，建成永利川厂机械部。这个机械部，是将永利在重庆沙坪坝的永利铁工厂的全部设备运到老龙坝后装备而成的。该厂工种及设备齐全，工作母机大部分为1934年硫酸铵厂建厂时从美国购进的，小部分为抗战后由美国购入的新装备；安装后颇显气派，使得机械部成为当时一个中型机械厂。机械部的主要生产任务，是制造川厂建设所需的国内配套的全部设备及零配件，同时还接受岷江电厂及五通桥

永利川厂旧址

盐厂等委托加工的设备和配件。通过对外加工产品收取费用，也能为川厂增添一些经济收入。

1941 年，川厂鼎锅山煤矿开始生产优质煤。最初产量较少，后来逐渐增加，每日大约可产 40 吨。这样，解决了电站及生产车间全部用煤的需要。

1941 年，自办炼焦厂。永利用鼎锅山产的优质煤自办了一个土法炼焦厂，开始生产合格的焦炭，为机械部化铁铸造机械零件提供了燃料；多余的焦炭则出售。

1941 年，利用当地瓷土建设陶瓷车间，开始生产日用瓷器，面向市场出售。

1941 年，川厂动力部电站建成，开始发电。川厂的电站，原本设计有 3 台锅炉和 3 台发电机，但因战局紧张，只运到国内锅炉和发电机各 1 台。发电量为 500 千瓦/时。这座电站的高大厂房，也是就地取材用条石砌筑的。厂房内布置了 3 台锅炉和 3 台发电机的基础。因只到厂的锅炉及发电机仅各 1 台，其余的两套基础只好暂时闲置。电站供电后，全厂的生产用电和生活用电得到了彻底解决，住户终于结束了油灯照明，极大地方便了日常生活。电站发电稳定后，所产电力除自用外，还将多余的电输送给岷江电厂的电网，收取一定的电费赚取利润。

1942 年，重碱厂房被迫停建。由于滇缅公路运输中断，从国外订购的建厂物资无法顺利运回国内，纯碱厂的建设无法继续，不得不停工。原计划用条石砌筑的高层重碱厂房，只建到第三层，也随之停建。生产用房，仅建成了一座石灰车间厂房。后来被用作侯氏制碱法的小试验车间。

永利川厂厂房。布满岁月痕迹的厂房，厂房上泛黄的标语和破碎的窗户静静地诉说着当时的辉煌

1942 年，建炼油车间。纯碱厂停建后，为增加一些新产品，永利将未建成的重碱厂厂房改建成一座炼油车间。滇缅公路运输中断后，大后方出产的桐油失去了出口通道。桐油是制造油漆的重要原料，在国外很畅销。可当时出口渠道断绝，国内桐油严重积压。为了利用这种资源，永利川厂发挥智慧，试验用桐油裂化炼制汽油。试验成功后，不仅产出了汽油，还生产出合格的煤油、柴油和沥青。

1942 年，建设路布兰法制碱车间。如前所述，由于从国外购买的设备无法进口，纯碱厂被迫停建。

永利的专家们讨论研究后决定，利用川西地区的芒硝、石灰石，以及本厂出产的煤，改用路布兰法制碱法。这个决定的推进相对顺利，从设计、施工到投产，仅仅用了半年多的时间，且生产出来的产品十分优质，生产工艺较原路布兰法有较大的改进。他们增加了石灰窑，对碱液进行了二次碳化，使含碳酸钠量大为提高。产品被分为超、特、优、良四等。但即便是最低等级的产品，碳酸钠的含量也达到了 95% 以上，广受市场欢迎。虽说路布兰法生产的纯碱，由于采用的全是固体原料，首先需要将原料进行粉碎、混合，无法连续作业，机械化程度不高，体力劳动较多，因而生产规模不能过大。不过当时日产纯碱约 10 吨，从规模上讲，也是当时后方的一个纯碱生产大厂了。

随着这一系列生产线的逐渐搭建，公司的产品种类日益多样化，永利的财源也有了保障，员工们的生活也有了较大改善，"永久黄"团体的凝聚力也得到了增强。正如郭炳瑜回忆的那样，"永利川厂经济十分困窘，百般筹措，并生产路布兰法纯碱，开煤矿，做玻璃和耐火砖，炼油，开动电厂售电，制除虫菊蚊香等，维持同人生活，不使分散，以保存这'永久黄'团体的技术力量"。[①]

比外，永利还有一个很大的战时工程，那就是氨厂山洞的开凿。他们在美国设计了一座氨厂，为避免遭遇敌机轰炸，主要设备预备安装在山洞之内。这座氨厂的厂址选在厂区东南方月儿光村背后的小山上。就当时的技术水平来说，在山洞内安装设备的难度还是很大的，对宽度和高度的要求都比较高。山洞内设计了 3 条平行的主巷道，再由横巷道连通。开凿山洞的工程量也颇为浩大，预计凿出的石方量高达 1.5 万立方米。经过大家的不懈努力，前后历时三年，直到 1944 年才凿通建成了这座山洞厂房，但因设备尚未运到，只好封存待命。

---

① 郭炳瑜：《永利碱厂五十年见闻》，收入《化工先导范旭东》，第 93 页。

从以上梳理就足以看出，永利川厂的建设道路是相当艰辛的。在困难时期，永利员工每人每月仅发三斗白米、三人一块银圆零花钱。在川厂建设期间，范旭东时常到厂视察，每次总要在晚上工余时间召集职员工人开家常会。这种会议的氛围十分轻松，往往没有特定的主题，类似于川人"摆龙门阵"。会上，大家畅所欲言，无所不谈，大至国际局势、抗战进展、国内政局，小到公司情况、工程进展、批评建议，甚至还有个别员工的趣闻轶事。正是在这样融洽的交流中，"永久黄"的事业和精神都得到了推进和延续。

## 3. 务实致用，解救川民

在范旭东的理念中，学术研究机关黄海社是"化工技艺的神经中枢"。黄海社和久大、永利一起，共同构成了其化工事业的三大柱石。事实证明，黄海社的科学研究在入川后，仍旧发挥积极作用，极大地改变了四川的社会面貌，救四川人民于水深火热之中。"永久黄"团体在1935年订立的四项信条——在原则上绝对相信科学，在事业上积极发展实业，在行动上宁愿牺牲个人顾全团体，在精神上以能服务社会为最大光荣——也在南迁后得以一一践行。

1935年，汉奸殷汝耕在日本人的扶植下，在河北通县（今北京市通州区）成立了"冀东防共自治政府"。塘沽当时隶属于河北省宁河县，正在伪政府的统治之下。黄海社同人忍辱含垢，同永利、久大两厂一道，在恶劣的环境中苦苦挣扎了两年。到1937年七七事变爆发之时，"永久黄"团体的事业还在蒸蒸日上中。当时碱厂有一千多工人，一百多职员。据郭炳瑜回忆，"其中老的技术员都具有二十年的制碱经验，新进来的技术员也都是阵容整齐的大学毕业生，他们用旧的机器设备，制出比进口还强得多的产品"。到 1936 年，永利的产碱量已达到了五万五千四百一十吨，烧碱年产四千四百四十六吨，创下了建厂以来的最高记录。[①] 南京的硫酸铵厂也在 1936 年底建成了亚洲一流的新型化工联合企业。1937 年 2 月，成功生产出硫酸、合成氨、硝酸、硫酸铵，产品广受农民欢迎，全国为之欢欣。然而，在北平、天津、塘沽相继沦陷后，黄海社的社务再也无法开展，不得不决定南迁。

1937 年底，"永久黄"同人在范旭东、李烛尘、侯德榜、孙学悟等人的率领下，纷纷从塘沽、天津、青岛、大浦和卸甲甸撤离，至 1938 年元旦前后，"永久黄"的技术人员、工人和眷属一千多人陆续集结于汉口。经过热烈的讨论，决定将碱厂、盐厂设在产盐丰富的四川，铵厂设在化工原料和煤炭资源丰富的湖南，黄海化学工业研究社则迁往湖南长沙水陆洲。

1938 年 7 月底，黄海社在长沙的新屋落成，便就调查和分析两部分展开工作。然而，随着战事不断吃紧，汉口失守，广州陷落，在长沙建厂已不现实，不得已再次疏散；在水陆洲新建的研究室只得被迫放弃。事实上，在建设长沙新址的时候，为防万一，菌学研究室和水溶性盐类研究室已被安排与久大、永利一起西迁入川，并暂时借用重庆南开中学的科学馆先行恢复工作。

在这次大迁移中，由于沿途的交通状况极为混乱，黄海社的图书和仪器运到广州后不能及时转运，其中积累了十几年的资料不幸遭遇损毁。这令已经年过半百的孙学悟心痛不已。

---

在内迁过程中，孙学悟提出："化学研究不要在大城市凑热闹，要和生产相结合。"他的这一主张得到了范旭东的支持，黄海社遂与永利、久大一起，同时撤入了五通桥。孙学悟和黄海社研究人员一起，在用民房改建的简陋实验室里，头顶瓦片，脚踩泥巴，开始工作。由于研究工具缺失，当时的黄海社，连最基本的试验设备都只能就地取材，自行制造。他们请手工匠人敲成锡制的恒温箱，以木炭作燃料，用当地老百姓用来腌菜的瓦缸陶罐作提制用的容器，蒸馏烧酒制成酒精，用木板钉制实验台和书架。正是在这样极端困难的情况下，黄海社同人埋头苦干，完成了一项又一项重要的研究课题。

范旭东曾在黄海社研究人员的报告会上讲过："学术研究是一种神圣的工作。做研究的人，首先要头脑清晰，把世间所谓荣辱得失是怎么一回事，看得通明透亮，拿研究的对象当作身家性命，爱护它，分析它，务必使它和人类接近，同时开辟人类和它接近的坦途。这种任务岂是随便可以完成的吗？……像牛顿这样具有那样资质、那样成就的人，还叹息学海无涯，我们还有什么话可说？但愿跟踪前辈，愉快而感奋，一步一步、一代一代地向前走着，为不世的伟才，预任披荆斩棘之劳而已。这是黄海同人的心愿，也是我黄海一贯的学风。"

入川后"永久黄"团体经济处于最困难的时候，范旭东曾多次提到："我们经济困难，就是当裤子，黄海和海王是一定要坚持的。"对于研究机构工作的困难、要求的艰深，范旭东自有一番深切的理解和满腔的爱心，对社会上一些人对研究机构不切实际的批评，他也直言不讳地解释。范旭东说："二十年来世人责望学术研究机关的，多注重眼前的得失，常常冷语批评：'某社某人不顾民生疾苦，这时候还在研究室做洋八股。'他们硬把学理和应用分作两起，要先应用，后学理。

凡是研究学理的就被误会是纸上谈兵，不切实用。这论调相信他是出自悲天悯人的至情，并非恶意。但是，一言丧邦，不知多少做研究工作的受到折磨。说句痛心的话，中国人到如今还在和环境争死活，说不上受国家社会的敬仰，潜心学术。"

黄海社入川后，在艰苦的环境下，为着抗战建国的伟大使命，以孙学悟"用中国的原料研究生产中国需要的产品"为指导思想去努力从事研究工作。孙学悟认为："五通桥是四川的盐业基地，是大后方军民食盐的供给点，那里制盐方法因循守旧，根本满足不了需要，黄海应该协助和指导他们采用新的工艺，迅速提高食盐产量，开展综合利用，为大后方食盐供给起保证作用。这才是黄海在国难之秋，在大后方站稳脚跟的唯一选择，也是发展黄海的希望所在。"

黄海社和地质调查所合作对犍、乐地区和五通桥盐场的盐卤进行全面的调查和分析，摸清了各种卤水的成分和分布情况，得知各区卤水中氯化钡、氯化镁、氯化钙的含量，以及按盐井的位置由南而北的顺序逐渐增加。为了节省燃料，提高产量，黄海社以犍、乐两盐区为中心，采取了各种措施：枝条架：利用自然蒸发浓缩盐卤的办法，可以节省燃料 2/3 以上。这一成果在西南盐区推行很广，远处达到川东和云南。盐砖：研制利用木榨试制盐砖，后来又改用螺旋式铁榨制盐砖，改变了由粒状花盐制成块状巴盐过程中耗费燃料及不卫生的状况。塔炉：塔炉比旧式炉灶能节省 30% 的燃料，比巴盐灶省 50% 的燃料。同时，卤水的损耗也可以减少，产量提高约 25%。汲卤工具电力化：用电力汲卤代替水牛从盐井中汲取卤水，并且协助制作设备、安装和培训操作，使之得到普及推广。

四川犍、乐地区有一种地方病叫"痹病"，患者先是麻痹，从脚上起，渐渐上升，麻到心脏就停止呼吸。多年来这种病既查不出病因，又无药可治，人们为此感到恐怖。黄海社就组织人员和当地医院合作，从痹病患者的食品中收集样品，进行分析，检查结果和动物试验证实，这一带黄卤中含有毒性很大的钡，痹病系盐中含钡所致。黄海社随即又研究了食盐精制除钡的方法，从此消除了痹病，为川民除了一害。

## 4. 黄海学风，科技报国

在黄海社到来之前，衄水向来被视为废物，黄海社对犍、乐两盐场的卤巴和衄水进行分析，从衄水中提取和制造溴、石膏和硫酸镁，制出医药工业的必需品。1940 年黄海社开展对黑卤水和黑衄水的研究，根据研究成果设立试验工厂从事生产，计有贡井的三一化学制品厂、五通桥的四海化工厂和明星化学制药厂，促进了地方化学工业的发展。黄海社对地方盐场全部公开技术，并派专人协助地方建立了五通桥食盐副产品制造厂。

1943 年黄海社为发展西北盐业，与盐务局共同组织了一个西北盐务考察团，以新疆为重点，进行一年的实地调查。除了对各个盐区的地质食盐储藏量、生产情况、产品质量以及有关工业条件等做深入调查外，还采集了有代表性的样品。黄海社对这些样品都做了详细的分析，为以后开发西北盐业准备了条件。

孙学悟有一个理想：奴役细菌。在生物界和矿物界都有大量的细菌在工作，可培养有用的细菌为人类服务。孙学悟说："我们习惯用牛耕田，其实细菌也正像牛一样正为人类工作着，千千万万的细菌，就是千千万万的牛。要发展发酵菌学，丰富人类生活。"菌学室的工作在范旭东"菌学研究，绝不放松"精神的指导下，一直努力不懈，不仅在当地，就是在全国也是遐迩闻名。

入川后首先研究了糖蜜发酵，解决了酒精发酵工业中重要酵母及其营养的问题，所得成果被国内许多酒精厂先后采用。乳酸发酵试验也在这时候完成。此外还对泡菜、饴糖、豆腐乳、茶砖、柠檬酸、丙酮、丁醇等的有关发酵问题，也做了不少试验。

五倍子是我国特产，过去一直将这种工业原料直接出口。1938年，黄海社研究解决了由五倍子制造棓酸（单宁酸）的技术问题。1940年，由银行出资在川南县建立工厂，每天产棓酸几百公斤，从此把原料出口改为成品出口，增加了国家收入。同年又开展了棓酸固体发酵的研究，取得了满意的结果；还完成了发酵尿水提取氨的试验。随着对五倍子发酵研究工作的逐步发展，形成了对五倍子的综合研究；后又发展为染料的研究，发明黄色和棕色染料各一种。1942年决定成立染料研究室，准备对染料进行系统的研究和开发。

微菌在四川散布很多，而且容易找到。孙学悟和他的同事不仅研究土的"菌牛"，还研究洋的"菌牛"；既研究传统的"菌牛"，还研究盐里的"菌牛"，石油里的"菌牛"……黄海社从100多种微菌中筛选出的棓酸菌，和从50多种黑田菌中选出的柠檬酸菌，都有相当大的实用价值。研究中得到的酱油曲菌，尤其是酒精酵母菌，早为许多酒精厂使用，获得广泛的好评。黄海从1931年起，就着意收藏各类菌种，到1952年被中国科学院接收，这里培养和保存的菌种是全国最多的。这批名目繁多的菌种已成为我国科技界的宝贵财富。

此处，黄海社还展开了五通桥区植物含钾量的测定、由钾碱制氯化钾的试验、云南磷灰石矿的分析，以及用叙永黏土做原料研究提制铝氧等工作。1941 年，又着手云南、贵州铝矿石的研究，并对由资源委员会送来的云贵两省的铝土页岩 60 多种样品进行分析；开展对金属铋的分析、冶炼工作的研究，炼出金属铋，精制后可供制药应用，从而建立了我国金属铋自给自足的基础。

1942 年，为纪念建社 20 周年，由黄海社同人发起，将已经在试验室取得的成果、欲进行工业生产的产品、进行半工业试验的工厂，三位一体，在四川自贡市的贡井成立了"三一化工厂"。

黄海社在研究工作中面向实际，重视技术推广和科学普及工作，欢迎各界来社学习技术和实习。黄海社人也乐意到工矿企业去指导生产，真正做到了"果能有些许成就，一切归之国家，决不自私"。黄海在华西时虽经济十分困难，但大家仍节衣缩食，千方百计筹集资金将各种研究报告汇集出版，分送国内各大学、图书馆、有关部门和工矿企业。在文献方面，自 1939 年夏出版《黄海发酵与菌学》特辑（双月刊），到 1951 年共出版 12 卷 70 册，刊文 233 篇。1950 年 10 月出版《黄海化工汇报》铝专号，将试验冶炼铝的研究成果分 11 篇进行系统总结。另有很多调研报告，仅 1932—1942 年就有 39 份之多。这些文献现已成为我国科技文献库中不可多得的珍品。

黄海社在华西的主要功绩是出成果、出人才。全面抗战以来，黄海社在华西所出的成果远大于 1922—1937 年 15 年成果的总和，而且绝大部分成果都直接应用于生产，对推动华西化工事业的发展做出了积极的贡献。

在人才培养方面，首先，孙学悟以身作则。他每天按时上班，埋头试验，手不释卷，循循诱导，言不失义；他淡泊名利、安身立业的精神成了黄海社同人的活榜样。其次，他在工作中大胆放手让年轻人独立自主去研究，从不横加干涉，形成严肃、严格、严谨的研究态度，勤奋刻苦的工作作风，活泼自由的学术风气，为黄海社培养人才创造了芳香的土壤和清新的空气。

范旭东和孙学悟为黄海社事业的长远发展，在人才培养上是不惜代价的。在抗日战争最艰苦的时刻，"永久黄"团体经济上已到了咬紧牙关、勒紧裤带的时候，他们还是四处筹措资金，选拔优秀年轻的研究人员出国深造，前后派往国外留学的有：张子丰、方心芳、谢光巨、吴冰颜、赵博泉、魏文德、孙继商、郭浩清、肖积健、刘福远等。而这些学子也不负众望，在新中国成立前后都陆续学成归来，为新中国的化工事业做出了应有的贡献。

# 八、奔波滇缅路，亲身保运输

有一条路，从它诞生起，就注定背负着民族重任，这是一条诞生于抗日战争烽火中的国际通道，这是一条滇西各族人民用血肉筑成的国际通道。

它便是滇缅公路，又叫史迪威公路，这是抗战结束后国民政府为表彰史迪威将军对我国抗日战争的贡献而进行的更名。

## 1. 奔走呼吁，跨境运输

抗战以来，沿海各港口相继陷落，永利川厂建设所需设备只得通过越南的海防经广西和云南转运进川。起初，虽受到铁路方面的制约，尚能勉强应付，后来全国各机关的货物汹涌而至，永利这一私营机构，绝不可能在运输紧急的时候和政府、军队抢运输量，因此常有数十天而不得 1 吨货位的情况。后法国在欧洲崩溃，日寇乘势压迫越南，间接攫取越南、中国在海防的器材、物资。永利当时尚有 500 吨待运器材，全部被日寇扣留；后经匀得开往菲律宾轮船之吨位，拟运菲储存待运，不料物资刚装上船，就被日寇发觉，拦截而去，使公司蒙受了巨大损失。

为了建设华西化工中心，不得已另辟仅剩的"海口—仰光"滇缅国际路线。新辟路线全程长达 3000 多公里，途中地势险恶，困难万端，非自办运输不足以解决问题。

1940 年 10 月下旬，范旭东亲赴美国，购置车辆、油料、轮胎、配件，切实加强运输力量。从美国回来后，范旭东立即投入到滇缅线的开拓之中。同事考虑到他已年近六十，劝他不要再冒险，但他义无反顾地说："运输线就是我们的生命线，生命线的争取，首先要拿生命去拼。"

1941 年春，范旭东从美国乘飞机到中国香港，一直马不停蹄地在五通桥、自流井、昆明、腊戍、畹町、中国香港、重庆间来回穿梭，视察工厂、筹办运输。9 月 12 日，国民政府公布运输统制法，规定公私物资经过滇缅公路一律交运输统制局按程序内运。这完全打乱了永利自办运输的计划，对川厂的建设无疑是扼杀。范旭东以参政员身份晋见蒋介石，情绪激昂地直面力陈永利自办运输的理由和筹划经过，称现在 200 辆最先进的载重卡车在美国已经启运，国内各要道机修站和司机人员也已准备齐全，五通桥建设也初具规模，的确是万事俱备，就待汽车一到，自办运输线一开通，永利川厂建设即可继续进行，于国于民有百利而无一害。同时他毫不客气地揭露了运统局官员收受贿赂、中饱私囊、管理混乱、调度无方、毫无服务精神的现状，力主永利继续自办运输。蒋介石听了他的反映，同情永利，网开一面同意了范旭东的主张。

1941 年 4 月，范旭东由昆明飞往仰光。昆明刚下过一场大雨，清晨凉意袭人，风又很大，他只得穿上大衣。几个小时以后到达仰光。两地温差十几度，下飞机时已是大汗淋漓了。一到仰光，范旭东马上投入工作，在许冀安的陪同下进行实地考察。他不但留意满载货物的驳船，还注意码头仓库的位置，就连路旁盖着油布堆积如山的货物，也能引起他的兴趣。经过一番考察，范旭东决定将公司大批技术人员调到运输部沿线各站任职，并在畹町、保山、昆明、毕节、泸州设立接待站，招待司机、维修车辆、加油、调度运输，以增效益。几天来，他和许冀安在仰光走街串巷，四处奔波，招收司机。司机大部分是头上缠着白布的大胡子印度人，也有部分缅甸人和华侨。他们雇用装车工人，洽谈价格，探听轮船到港日期，制定装车日程，忙得不亦乐乎。在仰光，范旭东说："弟决定在此多候些日子，将运输部事务赶上正轨。将近 15 年没有料理日常琐屑，现又亲自开一二元的支票，写账、翻电报……再重复一次塘沽的最初光景，也有趣，老范还来得。"

## 2. 亲自督运，何惧艰险

彼时仰光天天是 40℃高温。范旭东说："越是想得个阴天，匀一口气，偏偏不如人意，越是晒得起劲，到这一个半月，算起来只下过一场暴雨。这暴雨来得相当吓人，但一转眼又照旧晒。"总算等到 5 月 30 日，仰光的雨季到了，天气凉爽起来。这是永利第一列货车出发的日子。范旭东打着伞前来送行，再三叮嘱车队注意安全，要首尾相顾，互相帮助，并祝他们一路平安。几十辆崭新的福特卡车，满载着永利的设备器材，依车排成一个长队。下午3点，车队在运输队长杨仲孚的亲自督运下，在大雨滂沱中驰出河滨街，浩浩荡荡地上路。

范旭东冒着高温考察沿途，有些设备运输很困难，如制碱的重要设备干燥锅，锅体分为两个半圆形锅皮装运，每块锅皮重3吨，长6米，比汽车车身还长，要把锅皮的一端扣在驾驶室上才能运出去。这样，驾驶室就无法开门，只能摇下挡风玻璃进出，如遇紧急情况，则很危险。本可乘小汽车返昆明的范旭东，怀着高度的责任心和使命感，毅然钻进第一辆运锅皮卡车的驾驶室，以六旬高龄，颠簸前行。

车队沿着盘山公路在群山中逶迤缓行。夜间，车灯齐亮，宛如一条火龙，非常壮观。沿线要通过缅甸国界和几个山居少数民族地区，过路的人要遵守英缅的法令，还不能看轻土司的威严，一不小心就有被关进土牢的危险。车队除了要克服险峻的山道、万丈深渊、暴雨和由暴雨带来的滑坡、泥石流外，还要克服酷暑、瘴气、毒蛇、巨蚊和疟疾带来的困难。但司机们仍坚持忍耐，队形不乱，日夜兼程。

车队到达中缅边界的九谷，经英国海关检查放行，进入中国地界。填报入关手续，照章缴费后，车队又浩浩荡荡地出发了。由于正值雨季，路基多处被毁，简直是时行时停，从畹町到遮放虽仅38公里，但车队足足走了6个多小时。车过龙陵、腊孟、下关一段时，又因大水冲毁公路和山崩而受困。经天生桥、漾鼻铁桥，在崇山峻岭的盘山公路上忽高忽低地盘旋。

一天傍晚，车队行至一处山峪间，一下子乌云密布，尘土漫山，闪电炸雷滚滚而来，大雨瓢泼，远近山谷全为白茫茫的山雾所笼罩，视界近在咫尺，险象环生，人们赶紧躲进附近一座已是断垣残壁的破庙。大家疲惫极了，倒在地上就睡，雨水滴在身上也未察觉。他们就是在如此艰苦的环境下，演绎着一幕幕爱国报国的悲壮活剧。

## 3. 政府昏庸，极力抗争

范旭东在仰光一住就是 80 多天。他送走一队一队满载货物的车队，其中有的货物还是危险品，如三队车、四队车、五队车，全部是汽油。"拟留一部自用，余均出售，换成美元，填还公款，以免牵动大局。"范旭东还策划替政府贸易委员会运输出口桐油。这样，车队来往都不放空，以运输来挣钱，填补公司的财政空缺。

7 月 4 日，范旭东离开仰光，一直在昆明、腊戍、畹町、中国香港、重庆间来回穿梭，处理各种棘手的问题。然而很快他就发现，这条运输大动脉的主要危险还不在于自然条件的险恶，沿途的贪污、腐败、黑恶势力和官匪一家的人为灾害，就像无数吸血的毒蚂蟥，叮着吸血，使车队寸步难行。在这样艰难的行程中，车队勉力开了几次，更大的灾难又降临在范旭东的头上。

9 月 12 日，国民党政府又公布运输统制新法。此前公司行车已经饱尝运输统制局的干涉勒索之苦，动辄征扣公司车辆。如今新法，更进一步规定：公私物资经过滇缅公路，得一律交运输统制局按程序内运。于是，公司车队只好停开。由昆明到畹町的运量也只好放弃。

范旭东不甘心坐以待毙，9 月 26 日他再次以参政员身份面见蒋介石，直诉运输局的腐败和永利自办运输公私两利的成果。蒋介石当面表示了积极的态度，让范旭东呈文请准。可是等了 10 天，呈文批复才下来，代电全文如下："准其公司物资由运统局代运，每月由仰光运至昆明360吨，运费记账，候工厂出产再还。"对公司自运一节，在这则电文中，却是只字未提。

为了抢运在仰光的物资，范旭东在万难面前，受尽委屈，在运统局的节制下苟延着组织抢运。真是屋漏偏逢连夜雨。1941年11月下旬，范旭东开完国民参政会赴港公干时，太平洋战争爆发，范旭东被困香港。待从香港脱险，回到重庆时已是1942年3月2日。一到重庆他就宣布："我马上开始工作，希望同人各守各的岗位，少谈方法，多做实事，向前努力，把我们的事业做成一颗民族复兴的种子。"

## 4. 功亏一篑，再陷危局

当范旭东一行还在自香港去重庆的路上时，缅甸战局已急转直下。早在1941年底日寇进攻香港的时候，便开始空袭仰光。1942年1月16日日军进攻土瓦，侵占缅甸，3月2日偷袭仰光北部。3月8日（即范旭东到重庆后的第6天）仰光失陷。范旭东拒绝所有人的劝说，毅然前往腊戍料理残局。从重庆到昆明时运输部同人劝他留在昆明指挥，他却说："为国家和事业吃点苦是应该的，这次我从香港回来，人世间的苦事都经历过了，经验也很丰富，这次去畹町，万一还痛苦些，甚至翻车出事，我也不辞。祈求心安，其他一切意外的痛苦和危险请不要顾虑太多！"

4月19日，范旭东赶到畹町，24日得知日寇一支快速部队绕道泰国孤军直插入缅参战的中国远征军侧背，袭击缅北重镇腊戍，企图一举切断"抗战输血管"滇缅国际交通线，封死远征军的退路。腊戍到畹町只有 180 公里，而且全是柏油路，无险可守。腊戍一旦陷落，畹町势必难保。自从仰光失陷，运输部同人冒着千难万险，从缅甸抢出几百吨器材和 3500 桶汽油，现都存在畹町公司的仓库里，万一畹町告急，将如何是好？范旭东暗自盘算，如果战局发展还能给两个星期的时间，公司在畹町的物资就可全部运完。可是这"两个星期"在哪里？

4 月 25 日，危急之中的范旭东又一次向重庆蒋介石侍从室发了急电，要求务祈电知运输统制局，"明令准许公司抢运，自用之油料分存内地敝公司各站，随时自由取用"。可是直到 26 日始终不见回电，范旭东在万般无奈之下，决意离开畹町，前往各站安排抢运。待范旭东赶到昆明，已是 5 月 1 日傍晚。晚饭前，他看到《云南日报》一行黑体标题"敌军已窜入腊戍"。范旭东的心骤然一阵发凉。原来，早在 4 月 29 日，他尚在由永平去祥云的途中时，腊戍已经被日寇占领。时间又过去整整两天，眼下畹町的情况又怎样？从腊戍到畹町汽车只要五六个小时就能赶到！在畹町仓库里的器材、汽油怎样了？当晚范旭东调集所有可调动的卡车，直奔畹町抢运物资。5 月 3 日，范旭东从昆明给孙学悟的信中写道："……畹町危极，小弟真够烦恼。我们抢运出的器材、油料还有几百吨，虽然放了大批车子去抢运，究竟来得及否？成问题。"

确切地说，畹町就在范旭东调集大量卡车前往抢运和给孙学悟写信的当天已经失守。在仓促之间，政府下达"自行销毁畹町物资，以免资敌"的密令。永利在畹町的大量汽油，在"一滴油一滴血"的抗战期间，竟然在轰然一声中化为浓烟烈火，实在令人痛心不已！

范旭东得知这一消息后感到心力交瘁。他坚持通令运输部，竭尽全力将沿线所有物资运到五通桥。5月4日，日寇侵占龙陵，对保山狂轰滥炸，惠通桥被毁。5月5日，日寇强渡怒江。在骇人听闻的"烧抢保山"事件中，永利从腊戍、畹町抢运来的公私物资在烧抢中损失殆尽。在一片混乱中滇缅公路西段的永利运输部各站车辆损失80多辆，进口器材损失不计其数。1942年5月12日，范旭东从昆明给孙学悟的信中说："近几天，闹滇缅路的战事，简直是人仰马翻。永利同人拼死抢出来的器材，（敌人）一个包抄又全毁了，伤心，恨人，无从说起！"

# 九、困居香港岛，矢志抗日寇

1941 年 11 月下旬，范旭东出席国民参政会的例会后，回到香港银锣湾寓所。刚过了一个星期，偷袭珍珠港事件爆发，紧接着日本又袭击了英国在太平洋的战略基地新加坡，使战争范围迅速扩大。

12 月 8 日早上的报纸和前几天一样，平安无事。范旭东想起要办理到缅甸去的护照需要照片。在去照相馆的电车上，他看见报纸"号外"上的标题大书"香港在战事状态"，不觉大吃一惊！回到家里，发现寓所前面海军操场的草坪，已经变成了高射炮阵地。家门前已变成阵地了，这里是绝不能再住的。一看范夫人正忙着整理行装，范旭东关心的那些记着公司大局的"随手记录"，堆得乱七八糟，从来没有整理过，想带走也办不到，只好忍痛烧掉些，其余的送进一家银行的保险柜，托他们保存。

## 1. 港岛失陷，气节不衰

战争爆发后，日军很快占领了新界。为了迫使香港的英国当局投降，日军昼夜不停地向香港炮击，偶尔还派少量飞机轰炸，更加重了香港的恐怖气氛。20世纪40年代的香港，远不及上海繁华，主要的马路只有皇后大道和德辅道。德辅道有不少高层建筑，银行、洋行、酒店、百货公司（先施、永安、大新）大多集中在这里。金城银行香港分行也设在这里。它是一幢七层高的大厦，建筑很坚固。范旭东夫妇、经济学家何廉、大公报总经理胡政之等著名人士全被周作民邀请至银行大厦的地下室临时避难。

12月12日，日军占领九龙半岛，海面交通断绝。日军司令部向香港的英国当局致以严厉照会，限期无条件投降。13日，香港报界一致决定停刊，以示抗议。大公报港版主编徐铸成先生在终刊号上写了一篇题为"暂别读者"的社评，其中引用了文天祥名作《过零丁洋》诗中的"人生自古谁无死，留取丹心照汗青"作结语。当天晚上，日军轰炸的炮火特别密集，德辅道、干诺道上的一些大建筑物成为众矢之的。14日晨，徐铸成冒着炮弹，去慰问胡政之和范旭东夫妇。范旭东一夜为炮袭所扰，久久不能安睡，但看到徐铸成仍很兴奋地说："看到你们的社评很得体，很有中国人的气概！"又说："我昨晚听了一夜的炮声，很高兴了解到日军炸弹的爆炸力很有限，可见它的炸药制造并不怎么先进，我们再努一把力，完全有可能追过它。"在炮火连天中，范旭东完全没有考虑个人安危，还一心想着如何发展化学工业和抗战救国，这种爱国主义精神深深地感动了徐铸成。

范旭东还特邀徐铸成到他房间里谈论对"立国大本"的看法。范旭东说："立国于现代世界上，主要要在科学、文化各方面打下现代化的坚实基础。政治制度和政治风气是重要的，但比之前者没有决定性意义。譬如，你把《大公报》办成一张真正反映民意、敢言而伸张正义的报纸，受到国内外的重视和尊重，那就在舆论界立下了一根坚实的柱子；再如我们化学工业方面力求进步，产品在国际上列入先进行列，那我们在这方面也立了一根坚实的柱子。中国有这样几十根柱子，基础就牢固了。政府好比是一个屋顶，好的屋顶会在这柱子上牢牢建立，铺盖上去；不好的，自然安放不住，终有一天会垮下来，要重新修造，但不会影响下面的柱子。有了这些柱子，终有一天，会盖好一幢举世瞩目的堂皇大厦。"

这些言论充分发挥了他一贯主张的"科学救国"的思想，使徐铸成受到很大的鼓舞。

1941 年 12 月 25 日下午 3 时，格鲁斯饭店楼顶打出白旗，香港总督终于在投降书上签字。炮火停了，日军蜂拥进了香港，搜查、抢劫、奸淫事件四起，商店关门，日用品买不到了；满街都是垃圾、废报纸之类，粮食全被日军封存，粮店全都关门，引起恐慌，少数粮食供应店排队总有万人以上，一石米暴涨到 300 元军用票（合当时港币 600 元）。每个市民都死气沉沉，全市一片黑暗。一些与中国内地有关的知名人士如颜惠庆、陈友仁、周作民等全被拘押起来，先集中在九龙的半岛酒家，后又转押到香港大酒店。胡政之早就躲进铜锣湾的一位同乡家。范旭东仍住金城银行，因日军当局没有认出这个干瘦老头就是中国化工界的名人范旭东，才得以幸免。

## 2. 巧妙抗敌，谋划逃离

范旭东亲眼看到被占领的香港，目睹日军砸烂商店的橱窗，用刺刀挑取里面的东西，不少房子被钉上"大日本陆军管理""大日本海军管理"的木牌，甚至连孤儿院也未能幸免。可耻的汉奸为虎作伥，欺压同胞。舆论界除《大公报》以外，大都事敌，成了敌人的传声筒。特别是汪精卫系主办的《华南日报》，在日军侵占香港的第二天就大肆宣传"大东亚新秩序""大东亚共荣圈"，还发表了南京伪政府的"告港九同胞书"，要大家"各安生产"，与"皇军"合作，还雇了很多流氓、小贩到处派送。这些卖国之举深深刺痛了范旭东的赤子之心。他说："这样看来，中华民族的前途也还是可怕的，到了这种非人生活的环境里，竟还厚颜贪生！还有一班知识分子，太缺乏知识，太缺乏判断力，自扰扰人。"

金城银行好不容易弄来一点大米，也全被汉奸搜走，范旭东夫妇每日仅以一粥一饭度日。这种恶劣环境并没有使范旭东颓废，他经常以阅读各种书籍来消磨时日。他幽默地说，他很欣幸，能够读到不少平时想读而没有时间读的书，米虽不易买，但精神食粮并不匮乏。

在胡政之离开香港的第二天，徐铸成被日军多田报导部长找去谈话，强令要求徐铸成、金城夫恢复《大公报》港版出版，并限三日答复。徐铸成一筹莫展，跑到范旭东那里，看见老夫妻俩正在小打气炉上做稀饭。范旭东说："自从周作民被抓走后，我们已成了不受欢迎的人了。何廉已搬走，我们无处可投奔，自己将就起个火，对付着生活。"待范旭东草草吃完早饭，徐铸成说："日本报导部已找到我们头上，威逼我们出报，您是胡政之先生的好朋友，是我敬重的前辈，我只有冒险前来讨教。"

范旭东想了一想说："我想你先要有自信，一定能战胜困难。日本派到香港来的这些文武官员，至多不过是他们的三四流人物。而我们都是中国第一流人才，相信我们的聪明才智一定能斗过他们。其次，你要把握主动，他们要强迫你出报，你若是怕出报，这样，他掌握了主动，你处处落入被动。你应该多想想，想出几个他没法解决的问题，你就变被动为主动了。争取了时间，再设法离开香港。我相信你一定能战胜这个困难。我也急于回国，正在找门路。"在徐铸成离开前，范旭东紧紧握了握徐的手说："三个月后，我们在重庆见。"

徐铸成受到范旭东的启发，对多田施了个金蝉脱壳计，表面上同意出版，但提出很多具体问题，要求多田解决，并且开了一张召集报社旧员的名单，让多田寻找（实际上这些人中大多已离开香港回了内地），多田答应在一周内找齐这些人。谁知在多田会见徐铸成的第二天黎明，徐铸成、金城夫、连郭根一起换了短衫短裤，由一个粤籍同事带领，走到油麻地码头，混入难民队伍挤上小货轮，挨了一天的饿，到傍晚脱离魔掌才回到广州，转赴内地。

范旭东、何廉和金城银行重庆分行经理徐国懋，一起策划尽早离开这人间地狱。当时正好日寇为了减轻港九数百万人的粮食负担，占领当局有意疏散人口，无论经由陆路、水路返回中国内地，一概不予阻止。范旭东他们趁香港秩序尚未恢复，以难民身份申请登记，领取了离港证。当时返回内地的路共有三条：一是走海道去上海；二是走广州湾；三是走九龙深圳回内地。第一条路因他不愿再多吸一口沦陷区这种污浊的秽气，根本不予考虑；第二条海道危险性太大；于是选择了第三条走九龙深圳线。

## 3. 终脱险境，斗志愈坚

1942 年 1 月 8 日，胡政之在粤籍友人的帮助下离港脱险。在听到胡政之安抵内地的消息后，范旭东夫妇、何廉、徐国懋一行也于 1 月 25 日脱离了魔窟——日占香港。"和我们同行的有 90 多人，包括范旭东夫妇、何廉、刘国均、徐国懋、徐继庄……男女老少都有，由徐继庄任领队，徐国懋任副领队。"

"1942 年 1 月 25 日……破晓时光，路上行人稀疏，一两个矮小的敌兵，肩扛着雪亮的枪刺往来，仰望浮云，分外晴澹，几缕劫后残烟，还是毫无心情般在半空飘荡，和站在海边那千百个难民排成长蛇阵一样无聊。"足足排了 4 小时的队，由于证件齐全，日本兵总算没有留难，范旭东一行踏上香港—九龙的渡船。渡海之后，在九龙宿一夜，开始徒步行走。

出了九龙街，踏上去大浦的公路。路旁不少难民的尸体都还没有收。范旭东亲见一个年轻妇女怀里紧搂着一对双胞胎婴孩，被敌人的刺刀捅死了，倒在血泊中……范旭东受到极大的震撼，老泪纵横。他们沿着一条靠海的小路过沙头角，直奔盐田。一路历尽辛苦，穿着工装，一天走 70 里山路，来到一个渡口。当大家争着上船时，几个日本兵叫喊着直奔木船而来，阻止他们上船。范旭东从他们的谈话中知道他们并不是为"检查"而来，而是要从这一队中抓一些壮汉去做苦工。范旭东奋然一步跨到岸上，用熟练的日语对日本兵说："我们都是在香港银行做事的，现在香港粮食紧张，我们是获准离港去自谋生路的。"日本兵很惊讶能在此地听到如此流利的日语，问："先生到过日本？"范旭东回答："我是京都帝大毕业的。"日本兵十分恭敬地回答："啊！先生是我的前辈，我也在帝大念书，才读了两年，因征兵来中国服役。"范旭东摇摇头说："很可惜！少了一个学士。"

他们从盐田经龙冈、淡水、良井到平潭，原拟去惠阳，可途中遥见惠阳城火光冲天，听说日寇正进攻惠阳，于是，改道横沥，一天24小时，生命无时无刻不在生死线上摆动。从九龙到横沥虽仅300多里路程，但前后走了10天，到达横沥时已是2月4日。

他们先后经过日占区、土匪区、游击区，然后才到达自由中国。在某游击区承罗大队长热忱照顾，范旭东很感动地说："如果多有几位罗大队长那样的人，即使想把存港的物资抢运一点出来，我想也可以办到。"

到横沥后，范旭东一行改乘民船，溯东江北上，过河源、义合、黄田而抵达蓝口。12日到龙川，再乘长途汽车到韶关，改乘火车到桂林。在何廉及久大湘区负责人林受祐的努力下，弄到两张机票，范旭东夫妇才得以平安飞渝。

1942年3月2日晚11时，明月当空，天气十分明朗清爽，范旭东夫妇平安到达重庆珊瑚坝机场。前往欢迎的"永久黄"同人心情大悦。近三个月心中的阴影随着欧亚机着陆的吼叫声而一扫而光。一下飞机，范旭东便激动地说："我们是幸运地回来了……走在我们前面或走在我们后面的同胞，有不少已无辜地牺牲了，这只能归诸于命运吧！"在讲到事业进展艰难时，他说："只要我在一天，就为团体事业努力一天，除死方休。"

## 4. 自力更生，侯氏制碱

在逆境中争先机，正是在如此艰难窘迫的境地下，享誉国际的"侯氏制碱法"应运而生。而这其中，既有侯德榜呕心沥血的下了大力气的研究，也有范旭东作为企业掌舵人不遗余力的支持。

索尔维制碱法的主要消耗原料是盐，而盐在塘沽堆积如山，容易获得，但在华西地区则是质差价昂。用索尔维法制碱，对侯德榜来说，早已驾轻就熟，若用来设计华西的碱厂，只要按比例缩小即可，在技术上绝无问题。但是华西的盐比塘沽贵几十倍，而索尔维法盐利用率仅 70% ～ 75%。如果在华西继续沿用索尔维法，那么每天就会有大量的盐白白浪费，处在负债度日境地的永利自然没有那么多的资金供应这种无谓的损耗。另外，还有大量的废液怎么处理？为此，侯德榜在南园常和范旭东讨论了这些问题。

范旭东以从事化工事业 20 多年的经验，总结出对建设华西化工基地的方针性意见，他认为："工程设计是兴办一项工业成败的关键，设计得法则可能后来居上，否则势必永远呻吟在落后的地位……切望华西这个新天地的设施，能不低于世界水平，并要立意拿效能来补偿环境的不利，将来才不会被淘汰。目前我们的人力、财力都万分竭蹶，按常理只要将我们已有的图样稍加修改，对付完事即可。但是为'要好'一念，不愿这样苟且。因此，宁肯不做，做就做好，做就做成。对于工程设计，一定要不惜代价，力求上进。"

范旭东的这一主张使侯德榜豁然开朗，对具体技术路线的选择他是胸有成竹的。早在 1934 年，侯德榜就获悉德国有察安法专利，食盐的利用率高达 90% 之上。因此，侯德榜认为，在华西采用察安法是最合适不过的。范旭东自然支持侯德榜的想法。到 1938 年 8 月，他派侯德榜率寿乐、张子丹、林文彪、侯虞簏赴欧洲考察察安法制碱，并洽谈购买专利，为川厂建设采购相应的设备。

然而当时德日两国早已暗中勾结。考察组一到柏林，有关碱厂即严格保密，且对制碱专家暗中监视，拒绝有效的沟通；索要专利费更是极高，以刁难而劝退；并提出将来产品不准在当时已被日寇占领的东北三省销售，以侵害中国的主权和领土完整。

范旭东对此十分气愤，认为"这是否认东北三省是中国的领土，是对我国的侮辱"。他针锋相对，据理批驳，提出"今后产品不仅要销到东北，甚至要向世界各地销售"。侯德榜也义愤填膺地大声疾呼："难道黄头发、绿眼珠的人能搞出来，我们黑头发、黑眼珠的人就办不到吗？"

由于德方在谈判中蛮横无理，范、侯决定中止谈判。侯德榜在德国购买了不少制碱方面的专刊，收集到很多技术资料。当时的德国纳粹政府企图以搜集情报的罪名将他逮捕，侯德榜知晓后，马上离开德国，奔赴美国，准备自力研究制碱新法。

到 1938 年底，侯德榜在纽约深入研究分析了在德国得到的那两本关于察安法的专利说明书和已发表的有关察安法的三篇论文，并结合在考察中获得的实际情况，总结出了察安法专利的特点：以碳酸氢铵为原料，加入食盐进行复分解反应，加入 5%～10% 的硫酸盐，制取碳酸氢钠和氯化铵。以此为基础，侯德榜在纽约制订了详细的试验计划，准备开展进一步的研究。

为开展新法制碱的研究，范旭东同步也在五通桥永利川厂成立研究部。但工作一开始，由于材料、仪器和通信等落后匮乏，试验开展并不顺利。如制备碳酸氢铵的氨，华西根本没有生产；甚至要得到一支合格的温度计都不易，至于食盐所需的恒温水槽就更加难得了。

范旭东经过慎重的研究和讨论，决定把试验场所搬到各方面条件都较好的香港进行。试验在侯德榜指导下由郭锡彤负责，谢为杰、张燕刚、黄炳章等参加。

试验由侯德榜在纽约遥控指挥。侯德榜对试验要求非常严格，他不仅确定试验内容，还指示对每项内容的具体目的和要求。整个试验设定了十几个条件，共进行了 500 多次循环，分析了 2000 多个样品。试验每一个条件要求重复做 30 次。当时的工作十分紧张，试验人员每天都工作 12 小时以上。试验过程中每周要向侯德榜做详细汇报，而他对每次试验的结果都有认真深刻的分析和具体的指示。

到 1939 年秋，已基本摸清察安法的各种工艺条件。1939 年 10 月，侯德榜由美国回国途经香港，和试验组成员对前阶段试验进行认真总结，同时研讨了不用碳酸氢铵为原料而用 $NH_3$ 和 $CO_2$ 的水溶液代之，直接进行复分解反应的可行性，试图对察安法有所突破。

为了实现工业化，必须进行扩大试验。然而，以当时香港的条件，做扩大试验也有不少困难。尤其是卜内门公司的远东基地设在香港，为防止失密，范旭东又力主将试验地点搬到相对方便且安全的上海进行。1940 年 1 月决定将试验迁往上海法租界进行，由郭锡彤、张燕刚、黄炳章三人负责。其中谢为杰奉调到美国哥伦比亚大学实验室继续对察安法做深入细致的探索和改进，以便侯德榜就近指导。

在上海的试验人员东拼西凑购置试验所需的设备、仪器、药品，克服不少困难，历时半年才使试验的准备工作就绪。又经过几个月的扩大试验，进行顺利，所得结果和香港的试验数据十分接近。接着，他们又完成了不以固体碳酸氢铵为原料的扩大试验，同样取得了理想的结果。

在试验进程中，中国和美国两地的研究人员对试验进展保持密切联系，及时交流信息。在深入研究过程中，他们发现专利报告中提到的"该法的关键在中间盐的加入"这句话很不确切。因为他们对中间盐的加入，对加入量的多少，时间的迟早，都进行过细致的探索，发现即使在不加入中间盐的情况下，只要操作控制恰当，都可得到良好的结果。经过反复论证，最后肯定专利报告中所谓的"关键"纯属是商业欺骗行为。在揭示了"中间盐"的秘密后，试验进展变得更加迅速起来，而这也预示着一个新的制碱法即将形成。

为了表彰侯德榜在开拓新法制碱上的功绩，1941 年 3 月 15 日，永利川厂特举行厂务会议，会上范旭东亲自介绍了新法制碱的特点和研制经过，并提议将这一有自己特色的制碱方法命名为"侯氏碱法"（译名 Hou's Process），会上一致通过该提议，并于次日向正在美国工作的侯德榜祝贺，贺函称侯德榜"抱愿恢宏，积二十余年深邃学理之研究，与献身苦干之结果，设计适合华西环境之新法制碱，为世界制碱技术辟一新纪元"。

侯德榜这位奋勇攀登科学高峰的战士，对同事的尊敬和祝贺感到由衷欣慰。但他并不满足于已取得的成就。身在纽约的侯德榜认为，新法制碱虽然对察安法有很大的突破，但还不理想。他运用二十多年来积累的制碱、制氨的经验，要寻找一种更理想的制碱方法，把制碱工业和合成氨工业结合起来，把现有的制碱技术再向前推进一步。侯德榜认为，不用碳酸氢铵为原料，使盐、二氧化碳、氨直接在碳化塔起反应，生成重碱（$NaHCO_3$），又可连续生产，这是索尔维法的优点；察安法则可以提高食盐的利用率，而既能使食盐中的两种离子分别进入两种产品，还免除了废液废渣的排放问题。当然，合成氨厂中的二氧化碳再也不能当作废气放掉了，它是制碱不可缺少的原料。如果能兼取索尔维法和察安法的长处，使制碱和制氨两种工业进行联合，这样一种崭新的制碱方法就可能产生。

1942 年 3 月，侯德榜从纽约给范旭东的信中写道："无论如何，要把这方法改为连续法。我已拟好一个从合成氨出发的制碱流程。这个制造碳酸钠和氯化铵的新法，自然地把两种工业——索尔维制碱工业和合成氨工业联合起来。这样对化学工业在技术上将有极重要的贡献。"为早日实现氨碱联合流程的宏伟理想，侯德榜在对氨供应紧张，控制极严的美国，通过种种关系、克服重重困难，购到一些氨；又远涉重洋，经印度用飞机越过喜马拉雅山运到云南，转运四川，提供给半工业性新法制碱试验之用。

在川人员经过紧张的准备，于 1943 年秋，在新塘沽安装好连续法半工业化试验装置。11 月新法流程的半工业化试验开始。这次试验由永利化工研究部的郭锡彤、张燕刚、刘潜阳负责，李树梧、张天佑、余祖燕参加。分三班 24 小时连续试验。这次试验的目的是将间断法改为连续法；考察连续法产品和母液质量；考察连续法母液平衡问题。

连续试验在化工研究部同事的努力下顺利进行，仅用了两个多月的时间，就取得满意结果。一个与察安法截然不同的氨碱联合流程——侯氏碱法终于完成。它的特点是不用碳酸氢铵为原料，而是将含盐母液加氨，送进碳化塔，通入由合成氨厂送来的二氧化碳，产生碳酸氢钠结晶，过滤后将母液降温、加盐析出氯化铵。母液再吸氨，送进碳化塔，如此连续循环操作，得到纯碱和氯化铵两种产品。

侯氏碱法吸收了索尔维法和察安法的优点，既利用合成氨厂的废二氧化碳，又利用碱厂废弃的氯离子，从而既提高了原盐的利用率，降低了成本，又免除了索尔维法排除废液的麻烦。它的设备比索尔维法减少了 1/3，使碱厂的投资大幅度降低，纯碱成本比索尔维法降低 40%；若以等氮量的氯化铵和硫酸铵相比，不论在投资上还是在成本上都有大幅度降低。

侯氏碱法的研究虽起始于察安法，但在研究过程中历经三次关键性的改革，由量变引起质的飞跃，最终使侯氏碱法远离了察安法的基本特点，形成了制碱工业与合成氨工业的紧密结合的全新流程，把制碱工业的技术推向一个新的高峰。

1943 年 12 月 25 日，在川西五通桥召开的中国化学会第十一届年会上，侯氏碱法和学术界初次见面，由始终参与该法研究的郭锡彤代表侯德榜（侯当时在美国工作）在会上介绍侯氏碱法。会议主席、重庆大学校长张洪沅先生带领全体代表参观侯氏碱法试验现场。我国化学界对这项成果十分重视，并作了高度评价。会后中国化学会以年会名义致函侯德榜，对他所取得的成就表示祝贺，并号召中国化学会会员学习侯德榜不避艰苦、顽强奋斗的精神。

侯氏碱法 1943 年在四川已有小规模封闭循环、连续运转的试验结果。由于当时日寇侵占印度支那各国，入川海口均被切断，永利川厂的建设被迫停止，侯氏碱法的工业生产试验和建设工作也就无从谈起。但在范旭东的战后十大化工厂建设蓝图中，已决定于抗战胜利后在南京卸甲甸永利铵厂建设侯氏碱法新厂。

1948 年 4 月 14 日，永利化学工业公司具文连同侯氏碱法说明书及有关文件、产品样本、照片等径呈国民政府经济部请准专利。1949年1月17日，国民政府以京工（38）字第1056号通知核准"侯氏碱法"专利10年。

而早在1943年10月22日，一则电讯从纽约飞越大洋，发至重庆。电文内容如下：

> 英国化工学会最近特赠侯德榜先生和苏联工程师阿·巴赫（A.Bach）以名誉会员荣衔。典礼于10月22日在纽约华尔道夫—阿斯托利亚（Waldorf-Astoria）大厦举行。

中、苏两国大使均应邀出席。英皇乔治特命坎伯尔爵士代表授予证书，仪式隆重。此次授衔深得世界学术界重视，为中国工程界之光荣。英国化工学会自1881年成立以来，为促进世界化工科技的进步做出很大贡献。它在各地的支会林立，在世界化工界享有崇高威信。该会授予名誉会员称号的事，历史上仅有过一次。那是1931年7月15日，在英国化工学会成立50周年之际，从加拿大、丹麦、意大利、日本、瑞士、捷克、德国、法国、西班牙、美国等10国中选举曾对促进化工发展有重大贡献的化学家10人，赠予名誉会员称号。这次赠予名誉会员称号的仅两人。所以，国际化工界均以获此称号为崇高荣誉。

对于此次幸事，范旭东在庆祝大会上，以"中国化工界的伟人——侯博士"为题，发表了长篇演说，他说："侯博士得到世界荣誉，我们都异常高兴。这在中国化工史上应该是最杰出的一个节目。"范旭东总结了侯德榜在永利的三大成就："在侯博士的领导下，使用索尔维法获得成功。侯先生第二大成就是硫酸铵厂的建设，这项工程能不被外人攫取，而由永利接来自办，未尝不是国家之福。侯先生负全责办理出国设计、采购，乃至回来安装、出货，整个工程系由彼一人主持，这是人所共知的。1938年入川以来，侯先生曾赴德寻求适应华西条件的新法制碱，但因条件有损国权，愤而赴美领导永利同人自行设计研究新法制碱，获得成功。1941年3月厂务会议全体同人一致赞同将新的制碱法命名为'侯氏碱法'以纪念他的创作。从此世界碱业又开辟了一个新途径。永利在化工界有些许成就，中国化工能够跻上世界舞台，侯先生的贡献，实是首屈一指。"而侯氏制碱法的成功，实则也是全体"永久黄"人的成功。

# 十、规划十大厂，身殒志未休

1942 年 3 月 8 日仰光失守，畹町、腊戌相继陷落，滇缅公路中断，永利从海外运输器械、材料的通道全部被切断，新塘沽的建设计划被打乱，只能进行一些因地制宜的化工生产，以图自救。

这段时间，由于太平洋战争爆发，日寇四面出击，战线拉长，战备消耗殆尽。国际上传来了斯大林指挥的反法西斯战争一举歼灭德军精锐 33 万人的喜讯，在国内战场由于人民战争的全面展开，敌人的侵略凶焰受到严重挫折，抗日战争进入相持阶段，形势日渐向有利于中国人民的方向转移。

## 1. 勉力发展，成立银行

范旭东根据主客观条件的发展，开始着手战后事业的发展。1943

年，他着手拟订了一个规模宏大的十大厂计划，以求战后复兴中国化学工业。

十大厂计划包括：扩充塘沽碱厂，修复南京铵厂，完成五通桥合成氨工程，建设硝酸、硫酸、硫酸铵工厂，新建湖南株洲水泥厂，青岛食盐电解厂，株洲硫酸铵厂，株洲炼焦厂，株洲玻璃厂及南京新法制碱厂（即侯氏碱法工厂）。为了实现这一宏大的中国化工复兴的理想，范旭东在国内外到处寻找机会筹集资金。

抗战开始时，国民政府曾向范旭东贷款 300 万元，后来又企图将贷款转为官股，实现吞并"永久黄"团体的目的。范旭东不愿与官府为伍，借故坚决拒绝。但重建华西化工基地，仍需大量资金，区区 300 万元只是杯水车薪。范旭东克服重重困难，四处奔走，获得中央、中国、交通、农业等四行的贷款 2000 万元，用于永利川厂的建设。由于法币不断贬值，物价逐日高涨，这些贷款辗转到手，实效已属有限。为了抗拒垄断金融的羁绊，不得不广开门路，与众多商业银行开户往来，一度永利在重庆开户银行多达 20 家。

在经济最困难的时候，为了补发拖欠职工的工资，范旭东甚至将侯德榜极为重视的日产水泥 500 桶的成套设备作价转让给银行……经济拮据使范旭东的日子过得十分艰难，在滇缅公路中断后，公司财政进一步陷入困境。范旭东不满国家金融命脉掌握在少数官僚之手，同时对社会上游资充斥而工业生产又得不到应有的扶持引以为恨。他竭力想以"永久黄"团体的力量，创办一个能聚集社会游资向生产途径发展的储蓄银行，待银行茁壮成长后，即可支持"永久黄"团体生产企业的发展。他的这一设想深得团体中高级职员的赞同，形成既定方针。

范旭东要创办银行的事，曾和老友、南开大学经济研究所所长何廉多次商谈，何廉不仅赞同，而且积极参与银行的组建。何廉的朋友汪代玺是重庆和济钱庄的董事长，经何廉介绍，他也很同意范旭东的主张，并愿意将和济钱庄改组到新建的银行中来。汪代玺又联系其表兄刘航琛，要将刘任董事长的成都振华银号一起组合过来，刘航琛也同意这一主张。于是，计划由重庆和济钱庄和成都振华银号两家银号出面改组成立建业银行。1943年春，开始银行的筹备工作。在筹划期间何廉亲临规划，并安排前农本局的蒋廷甲、彭绪昌及和济钱庄的文诞先等参与筹备。

文诞先较早认识龚再僧（龚饮冰，中共地下党员，但当时文诞先并不知道龚的身份），知道龚"饶有资金"，于是就动员龚参加对建业银行的投资。龚再僧与"永久黄"团体的创办人之一萧豹文既是表亲又是相知有素的同学。经萧的介绍，他与范旭东、何廉多次晤谈后，对"永久黄"团体要以民族工业资本创办向生产途径发展的银行深表赞同；同

龚再僧

时考虑到厕身银行也便于掩护秘密革命活动，后经组织批准决定参与投资建业银行。龚再僧及"永久黄"团体的不少高级人员都与四川著名的聚兴诚银行经理李维诚相识，因而也联系他参与银行投资。李维诚是热心的社会活动家，曾任陕西省银行总经理。他富有办银行的经验，参加建业银行的投资虽少，但助力颇大。

1943年12月28日，建业银行获财政部批准成立。其股本总额1000万元法币，其中重庆和济和成都振华两庄号原股合计350万元，

余 650 万元是扩充的新股，其中"永久黄"团体投资 230 万元，龚再僧投入 170 万元，两者合计占总额 40%，形成股份重心；其余为工商界小团体和个人的投资。1944 年 1 月 18 日举行建业银行股东创立会。3 月举行了第一届首次股东会议，通过建业银行股份有限公司章程，并选出首届董事 9 人，汪代玺、范鸿畴、龚再僧、李维诚、蒋廷甲为常务董事，并选汪代玺为董事长，范鸿畴为总经理。

当时建业银行尚属草创阶段，范旭东未出面任职，何廉被聘为银行总顾问，深受范、龚倚重。何廉介绍了不少工作人员参与工作，大多成为银行发展的骨干。建业银行重庆总行于 1944 年 6 月 1 日开业。在总行开业之前，范旭东亲自对职工讲话，大意是：国家强盛必须振兴实业，而实业发展有赖于金融界的扶持；同时金融界又要以工商业为基础始能发扬光大。本人希望建业银行办成一个以扶持正当工商业、发展生产为宗旨的银行。范旭东还扼要介绍了"永久黄"团体的创业历史和传统信条——相信科学；积极创办实业；牺牲个人，顾全大局；为社会服务，供同人参考；并希望将来"永久黄"团体在生产经费方面得到建业银行兄弟事业的密切配合。

## 2. 放眼未来，建言经济

1943 年，范旭东以国民参政员身份向政府建议，请设置经济参谋部，制定战后经济建设纲领。主要内容如下：以前经济建设的机关有建设委员会，有全国经济委员会，有行政院实业部，有军委会国防设计委员会，各有成立的原因，各谋其事，识者病之。抗战初期，复安置农、矿、贸易三委员会，此为适应军事需要，诚有设置的理由。但与原有机关之职权及其所掌实务，则颇有雷同。民国二十七年（1938）春，中央调整行政机构，于是设立经济部，辅以筹划全国经济行政之权，全国经济委员会及建设委员会遂即撤销。农产与工矿调整委员会亦改隶经济部管辖，机构调整，粗具形式。而行政与实物之权，不幸开始混淆。未几，原隶军委会之贸易委员会与前隶实业部之国际贸易局合并，改组为贸易委员会。此诚合乎调整之原旨，但事实上，隶属财政部，则不得谓合乎经济行政之正常系统。嗣后农林成长为部，原有经济部之职权减缩。最近，复将原隶经济部农本局改组而为花纱布管制局，日后又改隶财政部，经济部实权复缩小，其无法推行经济行政之全权，反而还重局部实务上之得失，势所然也……，欲免现病，而树新规，窃谓：宜仿军事组织，在最高国防会议之下，设置经济参谋部，以为经济建设之神经中枢。兹列举要点如下：

（一）经济参谋部之任务，首先依据吾国建设之急切需求，制订全国经济建设之总计划，以为建设纲领、俾各部门实施之纲领，完全依此纲领，拟订付诸实行。

（二）上述总计划之纲领不仅着重农工矿之狭义建设，举凡国防所关，如军政部之兵工设施以及财政部所管中央与地方之税制及金融业务，国际贸易，经济事业之方案，均应包括在内。

（三）总计划之纲领内应将建设所需资金之筹划、运用、偿还等办法，确切列举规定，俾建设不受阻滞，不宜临时周章。

（四）总计划制订之前，应确实审度国内资源，人力与确实可适用之资金，以及可能改进的运输力，更应虚心采纳国外各门专家之正确主张，务期实施后，不致因遇到困难而失去信心，陨越中途。更当明白规定全国经济建设，无论中央，地方及任何部门，以及人民团体，只能遵据纲领实行，不得各自为谋，再蹈互相牵制之覆辙。

（五）总计划一经中央批准，在执行期内，应倾全国人力、物力、财力之所及绝对贯彻，不应变更。

同年，范旭东又在国民参政会提出战后复兴中国化学工业的提案，这份见解精辟的建议书和内容宏博的提案，表现出范旭东对中国经济建设的一片赤胆忠心，反映出他周密谨慎的经济思想和管理才能。在会上得到议长张伯苓、共产党参政员董必武和许多民主人士的支持而获得通过。这个建议也为国民政府所采纳。1944 年度的中央设计局为此扩大了 20 倍，以制定战后经济总纲领。范旭东一心向往在抗战后实现化工复兴宏图，所以对建业银行的发展寄予殷切的期望。

为了战后十大厂建设的实现，范旭东致函在美国的侯德榜，要侯德榜充分考虑战后建设的必要性和困难情况，十大厂计划中应估计到沽、宁两厂受敌人破坏的严重程度和建设其他工厂的巨额经费。永利早已囊中空空，债台高筑；即使政府有可能资助，条件也未必能为永利所接受；国内金融界的高额利息也是永利所不堪忍受的。范旭东希望侯德榜利用永利在美国的独特条件和影响，利用华昌贸易公司和李国钦的关系，尽量探索开发民间贷款的渠道，把十大厂建设的雄心，建立在资金来源落实可靠的基础上。

侯德榜看完范旭东这封未雨绸缪、深谋远虑的信，非常敬佩他的眼力和精辟的分析，同时也深深感到自己肩上的担子之重。为了战后十大厂的建设，侯德榜在美国开始了新的探索。1944 年，他在美国发表了《中国的战后建设与美国的合作》一文，指出中国的工业在被战争破坏蹂躏之余，欲发展较战前更为广泛之范畴，财力实难应付，而亿万人民生活必需品之巨，又极易见。在此期间，经济、技术、管理非有待外来之援助不可。能荷此重任之同盟国，就目前而论，可谓无有较美国更合适者。接着他从 5 个方面分析这种合作与援助之可能性，并着重指出这种合作是互利的。在文章结尾时侯德榜谈道："就美国自身而言，欲在战后国际中完成其重要任务，亦必先对友邦如中国者，致其有效之匡助为先鞭。"侯德榜的文章在美国经济界、工商界引起强烈反响，也为后来永利与美国之间达成贷款协议，奠定了舆论基础。

## 3. 立足世界，化工宏图

第二次世界大战自斯大林格勒保卫战的胜利，盟军在诺曼底登陆后，德、意法西斯军队全线崩溃，东方战场的日寇也节节败退，战争形势迅速变化。工业复兴的计划，再不容有一刻迟缓。这时候侯德榜在美洽谈战后援助之事已初见端倪，亟待范旭东赴美商议决定。1944 年 11 月在美国太平洋城举行战后国际通商会议，范旭东被推举为中国工商界代表团成员。

1944 年 10 月，范旭东与上海银行总经理陈光甫、民生实业公司总经理卢作孚、中央银行副总经理贝祖怡、金融专家张家墩、李铭等 6 人，经国民政府批准组成中国工商代表团，持外交使团护照赴会。范旭东聘在美的侯德榜和解寿绪作为私人顾问列席会议。

范旭东来美对侯德榜来说是十分欢欣的，他可以直接根据范旭东的指导来共筹永利战后复兴的大计。所以，在国际通商会议后，他们立即投入筹划永利战后复兴的工作。侯德榜极愿范旭东乘机在美多待一段时间，多考察美国的工业体系和管理制度，以利于发展战后的中国工业及永利的事业。范、侯在这段时间工作十分紧张，对此，《海王》第十七年第 12 期（1945 年 1 月 10 日）曾有如下报道：

> 范先生在美公务大忙，通商会议一结束，即与侯德榜
> 先生、解先生去华盛顿，一夜赶回；越日飞芝加哥，住一天
> 又返纽约。他们极看重时间，一刻不敢放松，各地会谈都事
> 先约定时间、地点，谈话扼要简单，生怕断送时间与机会。
> 侯先生说："忙不会忙死人。"而他们的身体更具健适了，尤
> 其是范先生，他比在国内还健谈健步，赛得过壮年、青年朋
> 友们。

1945 年 1 月，范旭东在给余啸秋的信中谈到他在美的工作以及
他对当时二战进行和对国内工作的希望，"所计划之事，仍在进行中，
也是性急不了的，但望国内同人将局面撑住，此间能将新局面打开，
即算万幸。战局已见好转，以后必愈加吃力，希望亦愈加明朗。真是
千载良机，值得重视……"

侯德榜借范旭东来美之机，竭力向美国各界推荐范旭东，宣扬他
从事永利、久大、黄海事业的成就和创业功绩，扩大了"永久黄"团
体在美国的影响。范旭东进一步确定，战后永利的发展应从技术、经
济、管理方面开阔视野、沟通渠道，与世界各国开展技术交流，开拓
经济合作。侯德榜为此多方接洽、疏通、协调，使范旭东在美参观了
很多的现代化工厂，获得很多新鲜知识，取得了各方面的支持，开阔
了眼界和创新思维，尤其是美国企业的科学管理和高效率，给了他很
大的触动。"美国人拼命往前赶，唯恐时间不够，而在中国似乎嫌时
间多余，拼命浪费，（中美）相差太远，真不知从何谈起。"在美国短

暂的逗留，使他取得累累硕果。

在经济上，鉴于永利化学工业公司自创办以来信誉卓著，美国华盛顿出进口银行破例首次向中国私人企业直接贷款。在商谈贷款事宜时，范旭东规定宗旨，绝不接受有损主权的条件，既不愿意以机器设备作抵押，更不答应债权人派代表驻厂参加管理，仅允提供国家担保，作为立约的唯一条件。美国人是很重现实的。他们对永利的成绩早有认识，也就接受了范旭东的主张。贷款额度为 1600 万美元，取息低微，且无抵押，只要中国政府同意担保，即可履行放款手续。1945 年 5 月，信用贷款协定在美国签订。这笔借款的成功，可以说是国际社会对永利事业的认可，也是范旭东爱国热忱的回响。这一成功开中国工业界引进外资的先河，可谓震惊中外。

在技术上，永利接受美国威斯康星大学赠予的最新合成硝酸的技术，还可在原址进行半工业化试验，一俟成功，即可移植国内，投入工业生产。永利还接受巴西政府邀请，帮助设计日产 150 吨的索尔维法制碱厂，并同意代为培训制碱技术人员。为此，1945 年 1 月侯德榜、解寿缙赴巴西为设计工作进行厂址勘察和原料调查工作。范旭东又同意印度塔塔公司所请，协助塔塔公司米达浦碱厂进行技术改造。对这种互相帮助，互相促进的技术交流，范旭东大有感触地说："我们是越走越远了，世界上竟有我们民族翱翔的余地。""我们居然显神通给世界人看，差强人意。"

通过这次美国之行，范旭东深感"永久黄"团体在新时代面前一定要有一个新的变化。"此次亟欲将海王团体（即'永久黄'）事业，做整个打算，到战后大家才不致茫然，再走旧路。国家吃了这样大的亏，即以团体而论也是九死一生。迈进一步是责任，也是义务。进行不能性急，目前为止（指在美国的工作进程）尚称顺利，不到最后关头，自然不能算成功，但当努力为之耳。"

1945 年 5 月 4 日永利与美国出进口银行签订 1600 万美元信用贷款协定。范旭东立即将这一情况报告给国民政府行政院和中国银行，请求担保。但迟迟得不到明确答复，范旭东怅然若失："借款案此间已是车齐马就，只等重庆认可即可放款。在小百姓看来，这件事可算是破天荒的举动，大人先生如何判断，只好听之，尽其在我而已。"范旭东多次催促重庆当局尽快批准。但政府方面只是表示正在"积极进行"，实际上是徒托空言。为了尽快实现这一贷款协定，范旭东决定抓紧时间于 1945 年 6 月和侯德榜一起由美经英赴印回国，促请政府担保大事。

从美国回来，范旭东心里最着急的还是贷款的担保问题。所以，一到重庆就马不停蹄，急匆匆地到处打听有关贷款担保的批复问题，催促政府核准美国贷款协议，可是呈文迟迟未复。范旭东和侯德榜亲访财政部部长孔祥熙和中国银行总裁宋子文。可是这两位财神，彼此推诿，不做正面答复，却滔滔不绝于永利的经济困难和事业的远大前程。宋子文言辞间流露出，如能同意由宋出任永利的董事长，则此项对外合同，可立即由中国银行总行指令纽约分行签署担保，共同复兴化工事业。

范旭东对宋、孔有深刻了解，认为："一是官僚，一是买办，孔祥熙字庸之，名副其实，他倒是真够庸的。宋看不起中国人，和他讲话要讲外语，讲中国话的人，找他谈不了几分钟，他就看表，示人以走。高鼻子哪怕是瘪三，都能和他长时间混。他看不起中国人，但他弄的都是中国人的钱，外国鬼子的钱，他一个也弄不来。他弄了中国的钱，还存在国外，到国外去置办产业；他不相信中国人，认为中国人靠不住，不保险，让这种人管理国家还会好吗？"范旭东深知国民党官僚涉足永利、鲸吞民族工业的险恶用心，始终认为宋、孔只会搜刮民脂民膏，不会振兴工业。他们插手永利是成事不足，败事有余。于是和往常一样婉言谢绝了宋、孔的要求。孔祥熙瞬时拉下笑脸，说了声："那以后再说吧！"就端茶送客了。宋、孔之流一心发展私人势力，视国家民族事业如儿戏，给了满腔热情复兴战后工业的范旭东兜头一盆冷水。

## 4. 壮志未酬，猝然离世

时间来到了 1945 年 8 月 15 日，日本正式宣布投降，范旭东和"永久黄"团体的领导人，由于胜利的突然来临，决定准备立即派先遣队前往塘沽和南京接收碱、铵两厂，组织恢复生产，同时着手执行十大厂计划，全力以赴争取美国贷款的实现。关于美国贷款问题，范旭东郑重向大家报告："自从呈请政府核准，至今已两个多月了，团体的老同志也分别走了不少门路，找到行政院长，也是拖延时日，不予批复。时至今日仍是石沉大海。看来，对待永利事业，宋、孔是穿一条裤子的。"

范旭东对政府扼杀民族工业的行为愤慨不已，他说："若不是为了国家、民族，我才不受他们的挟持、欺压呢！要是为了吃饭、享福，把永利、久大收拾收拾，够我享受几辈子的。而今天为了十大厂计划的实现，我们不得不去当孙子，去向那些老爷求情。我们一定要争取在不丧失永利权利的前提下，让他们在保证书上签字。"

1945 年 8 月 19 日范旭东为抗战胜利有一通公函昭告"永久黄"团体人士：

> 八年抗战，吾同胞死伤流离不下数千万，北自黑龙江，南至海南岛，凡属险要膏腴之国土，尽陷敌手，仅剩西南山区，同胞赖以生息教养。诚有史以来之浩劫，刻骨之痛，永世难忘。现暴敌降服，所谓万世一系之神圣天皇，只得屈服于盟军统帅之前，听受指挥矣。吾辈不应自骄，更不必为他可惜，切记没有中国的积弱，绝对不能培养日本之富强，互为因果，至堪痛心！此次中国从死里逃生，可谓侥幸，今后万万不能再不振作，不能再贫再弱了。在战时要靠将士英勇救国，和平告成，其责任全在有司之人，不论所司大小，必得各自贡献一份。本团体自（民国）二十七年（1938）来初到华西，当即郑重声明，不存逃难而来之念，必得借此机会有所建树；在抗战期间，因国际路线中断，吾等志愿未获实现，大势所迫，不无怅然！今后仍当贯彻主张不可移易，久大、永利、黄海三个主要机关绝不外迁，且当力求发扬光大，确立华西化工基地。

范旭东谈到胜利后对国家的关心，认为"接收沦陷区，安定秩序，一切一切的复员措施都是顶复杂、不易办之事，办得好不好，关系建国的根本"。他劝国人"缚紧肚带，耐劳耐苦去硬干，不可偷懒取巧"。"目前中国最迫切需要的是安定秩序，团结一气，意向不能分歧，力量不能拆散，先从复员做起，切避骚扰，从而调整金融，加紧教育、创建工业，尤其要注重科学与工业发展……专在人事纠纷中滚来滚去，中国是得不到出路的。"同胞们！请各自警觉着：我国物资太贫乏，战时衣食住行不能满足的痛苦，最近的将来还是无法解除的，要安定，要忍耐，要努力，要自爱，才能慢慢地轻松，才能和列强并起并坐。"

"永久黄"团体在重庆的庆祝会上，范旭东慷慨致辞："现在我们毕竟胜利了，今年我已 63 岁，50 年来几乎没有一天不是在受到日本人的狂暴迫害，做我一生的死敌。毕竟也在我们这一代眼看着敌人倒下去，真让我有无限的感想，从未有过的快慰。""我们每个人生活在现代，都应该为国家做一番事业，不单单是我们这个团体，推开广大到我们这个国家，而且已经成为世界民主国家一员，我们有更艰重的责任，有更多的事要做。为了我们的下一代，更要自强自立起来，去发展化工，把我们的工业民族化，世界化。希望'永久黄'同人，在今天庆祝胜利的时候，准备更新的任务，建立更新的事业，把眼光放大一点，不以我们过去小小的荣誉为满足，我们应该不辜负以往的一点历史，去创造发挥更新的未来！""复员工作头绪纷繁……复员是建国的起点，安定秩序，使人民安居乐业，是复员的第一着。政府对于这一点须用全力做到，国民也要就这些方面用力协助政府成功。责任每人一份，不可放弃，也不容许放弃！"

范旭东清楚地意识到战争灾难在战后几年的恶性影响，并忠告国人，"今后的若干年，国人一定还要大大的吃苦，还要加倍努力奋斗，大势不容许同战前一样苟安。发财、享福的一切旧习，痛痛快快地根本革除，代以责任、守法、廉洁、勤劳的新生活。各人自己求得新的生命，开辟新的出路，然后才配说建设新的国家。在复员开始的今天，敬请大家注意下面两句话：打起精神做人，集中力量建国"。

随着胜利的钟声一天天远去，范旭东欢乐的心情又日渐为忧虑所代替。他眼看那班国民党的接收大员，急于出川抢夺胜利的果实，达官贵人们急不可待地奔赴各地，大搞"五子登科"（五子：金子、房子、车子、女子、票子），心里充满了愤恨。他说："近因胜利，看见许多高官厚禄的老朋友，伸长两臂向空中乱抓，实在过意不去，但若此辈乐此不疲，则民族休矣！"

范旭东心里焦虑的是抗战胜利后的国民党政府对中国工业的发展究竟取什么态度，因为 30 多年来办工业的经验，他深知，一个国家工业的发展和国家对发展工业所采取的政策是有密切关系的。他说："永利的事业和进步的国策是并行的。国策逆行，活该她倒霉；除非世局进步，或是她有力量转移国策，否则她只好做国策的牺牲……不可不做胜利之后，国策应该矫正之望。所以，我安心俟着，一面自己切着准备。"

范旭东焦心忧虑的国策是指政府发展经济的政策。他关心经济政策，绝不是单纯地考虑永久事业，而时时刻刻念及的是国家建设前途。复员有大量工作亟待处理，寿乐、杨子南、边光远已纷纷顺江而下，去接收沿海的工厂，而范旭东为取得美元贷款协议的担保文书，不得不没完没了地耽搁在重庆，像被一根无形的绳索捆绑住了一样，简直没法活动，心里焦灼万分。

1945 年 7 月，抗战胜利已是曙光初现的时候，国民参政会上参政员陈庚雅在会上提出要求政府严办孔祥熙、吕咸等上下结伙贪污美券罪行。这一要求轰动了参政院。8 月，孔祥熙"咎由自取，辞职获准"。在抗战胜利前夕，国民党上层做了一些改组，由宋子文取代了以贪污闻名的孔祥熙。宋子文为了便于战后美国商品的倾销，主张停建内地民办工业，说是这样才能"稳定物价"。这一切都成了批准为永利美元贷款协议担保的障碍。

有人告诉范旭东，为了取得担保，一定要打通宋子文这一关节。可范旭东对宋子文是深知其人，犹豫再三，迟迟下不了决心。宋子文垂涎永利久矣！宋子文是范旭东最不愿见的官场人物之一，一见他就头皮发麻，更何况是低声下气去乞求，这滋味他早就尝够了。但是为了战后十大厂的建设事业，为了尽早取得政府担保，范旭东即使再不愿意，也还得去。

1945 年 8 月 28 日，毛泽东亲临重庆与蒋介石举行和平谈判。长期在国民党统治下的重庆人民和各界爱国人士，齐声颂扬毛主席带来了新中国的曙光，永利元老李烛尘冒着风险在《大公报》和《新华日报》公开发表文章，"欢迎毛泽东来重庆"。毛主席到重庆后，一边参加谈判，一边广泛接触重庆各界人士。9 月 17 日，毛主席在桂园举行茶会招待产业界人士，范旭东、李烛尘代表"永久黄"团体出席会议。会上毛主席高度赞扬范旭东的爱国敬业精神，以及他为发展中国的化学工业所做的贡献，还向范旭东表示，待到国内实现和平后，欢迎他到解放区办工厂。

9 月下旬毛泽东、周恩来、王若飞在重庆曾家岩 50 号中共驻渝办事处召开工商界团体负责人座谈会。会上毛主席介绍了中共提供和平谈判方案的要点 11 条，还介绍了中国共产党第七次全国代表大会确定的对民族资本的方针政策。毛主席说："我们要建立的是一个以全国绝大多数人民为基础，在工人阶级领导之下的统一战线的民主联盟的国家制度，我们把这样的国家制度称为新民主主义的国家制度。"

范旭东接着提问："在这种制度里，我们这些实业界人士处于什么位置？"毛主席和蔼地回答："有人认为中国共产党不赞成发展个性，不赞成发展私人资本主义，其实是不对的。民族压迫和封建压迫残酷地束缚着中国人民的个性发展，束缚着私人资本主义的发展和破坏着人民的财产。我们主张的新民主主义制度的任务正是解除这些束缚，停止这种破坏，保障广大人民群众能够自由发展他们在共同生活中的个性，能够自由发展，那些不是操纵国民生计，而是有益于国民生计的私人资本主义，保障一切正当的私有财产。今天在座的各位先生，应该说是资本家，但各位是民族资本家，是新民主主义制度的积极力量。目前我们的资本家是太少了，比方说，范旭东先生就可以任新政府的经济部长，来管理整个社会的经济，发展一下资本主义。"[①]

范旭东受宠若惊："我一向不问政治，具体地管一个企业还行，领导国家经济，非我所能。毛主席果真想物色经济部长人选，我倒可以推荐一个，就是这位李烛尘先生。"30多年的社会实践，使范旭东对国民党的黑暗统治和贪污腐败现象深恶痛绝。他曾两次拒绝蒋介石邀他出任政府部长（1935年邀他出任实业部部长，1942年邀他出任经济部部长）。自称毕生从事实业，绝不做官。但从抗日战争以来，在参政会上或通过私人关系他与重庆的共产党代表周恩来、林伯渠、董必武有过多次来往，对共产党人士那种实事求是的态度和真诚的爱国热忱深感敬佩。1943年通过久大老职员萧豹文的介绍，和中共地下党员龚饮冰有了联系，合作创办建业银行。1944年范旭东综合了对中共的种种印象，深有感触地说："中国的未来看来只有靠共产党才有希望。"

---

[①] 陈歆文、李祉川：《中国化学工业的先驱：范旭东、侯德榜传》，天津：南开大学出版社，2021年，第204页。

1945 年 9 月中旬，范旭东通过李烛尘约请周恩来在沙坪坝南园做了一次内容广泛的谈话，谈话中范旭东虚心倾听了周恩来对国共合作和战后复兴工业等问题的意见，也畅谈了自己十大厂的计划。他瞻望前途，满怀希望地说："等不久，我们复员了，我们要做的工作可多啦。以前，我们常说中国是地大物博，这当然是优越的条件。更可贵的是，从辽东到岭南我们绵延几千里的海岸线，这无边的海洋，才是真正的宝库。目前认识这宝库的人还不多，而向这个宝库进军的人就更有限了。我是深信中国的未来在海洋啊！"在这以后他精神变得异常的好，每天吃完晚饭，还常到南渝中学的广场和莫愁湖边散步。

日复一日地等待，范旭东望眼欲穿的行政院批示公函终于下达了。全文仅"未予批准"四字。这轻描淡写的四个字，无疑使范旭东在美国的半年努力功亏一篑，封杀了梦寐以求的十大厂计划，把范旭东战后工业复兴的宏伟蓝图毁于一旦。可事情还没有到此为止。不久社会上风言风语流传出范旭东在抗战期间，对他的企业"当毁不毁（碱厂），当迁不迁（铵厂），当建不建（川厂）"的流言，并说这次美元贷款协议担保的"未予批准"和这些事情有相当关系。这纯属是恶意中伤，完全是为了达到这些官僚不可告人的目的，而无中生有编造的谣言。在这沉重的打击面前，这位坚强的战士，心力交瘁，忧愤成疾，于 10 月 2 日突感不适。

范旭东平日生活极有规律，年高而无疾，体力甚健，病前无任何征兆，这次一病就是高烧。请来一位年轻的德国医生，他说："不甚要紧。"开了点退烧药就走了。范旭东还坚持着给孙学悟写回信，深情地写道："秋天的塘沽，令人怀想，吾等可结伴而行了！"信中充满了对中国化工圣地——塘沽的深情和热爱。

然而，病势恶化很快，越来越严重，发高烧、昏迷，眼部、脸部泛出可怕的黄色，不断地呓语，米水不进，呼吸短促。"永久黄"同人获悉，惊恐万状，纷纷从四面八方赶来探望，看到这种危急状况，都束手无策。范旭东从昏迷中慢慢睁开眼睛，看着守候在身旁的李烛尘、侯德榜、孙学悟、傅冰芝、余啸秋、阎幼甫……这些共同奋斗了几十年的同人，范旭东不禁老泪纵横，启齿艰难，声音微弱，断断续续地说："齐心合德，努力前进！"

当中央大学医学院胡启勋教授匆匆赶来南园时，这位终生为发展中国化学工业而奋斗的实业家，已于 1945 年 10 月 4 日下午 3 时，带着一生辛劳，一腔悲愤，枕着战后十大厂的建设蓝图，在"嘉陵江波涛呜咽，沙坪坝万鸟哀鸣"声中含恨黯然离开了人世间。

# 十一、实业救国家，精神永不朽

## 1. 继承遗志，终见曙光

在范旭东去世后，"永久黄"集团的事业并没有停滞下来。"永久黄"集团的员工，遵从范旭东的遗志，秉承范旭东的主张，推举侯德榜作为永利的新董事长，一步一步往前迈进，终于迎来了新的曙光：

1945 年 10 月 22 日，永利在重庆召开董事会，推选侯德榜为永利化学工业公司总经理。

1945 年 11 月 15 日，李烛尘、彭九生赴塘沽接收原被日本占领的永利、久大资产。

1945 年 12 月 22 日，战时生产局经济部冀热察绥区特派员办公处电令，永利、久大两公司的塘沽工厂允予发还。

1946 年 2 月 20 日，永利碱厂重新开工。

1946 年 2 月 26 日，永利碱厂生产出纯碱。

1946 年 3 月，侯德榜赴印度，帮助孟买塔塔公司改进碱厂技术。

1946 年永利、久大总管理处从重庆迁到上海。

1947 年 6 月 1 日，永利碱厂将设计图纸以 11 万美元价格售予印度塔塔公司，并帮助其米达浦碱厂改进设计。

1947 年 6 月，永利化学工业公司总管理处在天津设分处，李烛尘任处长。

1947 年 7 月，黄海社从四川乐山迁到南京。

1948 年，永利归还 1928 年所收卜内门公司洋银 30 万元的保证金。

1948 年，设范旭东先生纪念荣誉奖章及奖金，侯德榜为第一届获奖者。

1948 年，永利在台湾设经理处，经理为边光远。

1948 年 12 月 16 日，由于塘沽国民党驻军四处抓壮丁，永利碱厂被迫停工。

1948 年 12 月 19 日，永利碱厂与天津办事处、上海总管理处的通信中断。

1949 年 1 月 17 日，"侯氏碱法"获国民政府核准，有效期十年。

1949 年 1 月 17 日，塘沽解放，久大、永利两厂重新开始生产。

1949 年 3 月 9 日，永利碱厂代厂长佟翕然被任命为厂长。

1949 年 5 月 6 日，国家领导人刘少奇视察永利碱厂。

1949 年 6 月 1 日，朱德总司令视察永利碱厂。

1949 年 7 月 16 日，永利碱厂成立工会筹备委员会。

1949 年 8 月 20 日，永利碱厂召开第一届工会代表大会，史振江当选为首届工会主席。

1949 年 9 月 20 日，《海王》旬刊在南京停刊。1949 年 9 月 21 日，李烛尘、侯德榜当选为全国政协委员，并参加第一届全国政治协商会议。

1949 年 10 月 1 日，李烛尘当选为中央人民政府委员。

1950 年 4 月 8 日，永利碱厂劳资协商会议成立。

1950 年 7 月 14 日，永利碱厂生产技术委员会成立。

1950 年 8 月 28 日，久大盐业公司总经理李烛尘、永利化学工业公司总经理侯德榜联名向人民政府申请两公司公私合营。

1950 年，永利总管理处从上海迁到天津。

1950 年 11 月，永利化学工业公司与重工业部化学工业管理局签订公私合营会谈纪要。

1951 年 1 月 25 日，永利化学工业公司召开公私合营前最后一次股东大会。

1951 年，久大盐业公司口岸运销机构停止运营，并将业务及人员转交中国盐业公司。

1951 年 3 月 27 日，《永利通讯》创刊。

1951 年 4 月，永利碱厂职工捐献"永利工人号"飞机一架，支援抗美援朝。

1951 年，中央人民政府同意接受永利、久大两公司公私合营申请。

1951 年 8 月，中央重工业部化学工业管理局在签订公私合营协议前，拨给永利 50 亿元（当时币数）。

1951 年 9 月 10 日，永利化学工业公司在北京办事处召开第二次业务会议，决定成立建厂委员会。

1952年1月15日，永利化学工业公司总管理处从天津迁到北京。

1952年2月21日，永利化学工业公司总管理处与重工业部化学工业管理局正式签订修改后的公私合营协议书。

1952年2月25日，黄海化学工业研究社向中国科学院申请接管。

1952年2月29日，中国科学院恢复黄海化学工业研究社，同意接管。

1952年6月23日，永利化学工业公司与重工业部化学工业管理局正式举行合营仪式，宣布永利化学工业公司公私合营，并成立合营委员会。

1952年7月1日，"永利化学工业公司"改名为"公私合营永利化学工业公司"。

1952年10月20日，中财委批准任命林平同志为公私合营永利化学工业公司公方首席代表。

1952年10月20日，中央人民政府正式接管黄海化学工业研究社，并改名为"重工业部综合工业试验所第三部"。

1953年1月2日，永利碱厂派十三名技术人员赴大连支援纯碱、烧碱厂房扩建设计。

1953年7月1日，久大盐业公司宣布公私合营，获100亿元（当时币值）政府投资。

1953年7月1日，"侯氏碱法"获中央工商行政管理局批准，专利有效期5年。

1954年，永利碱厂实行三级一长制。

1954年4月23日，毛泽东主席在天津市市长黄火青、久大盐业公司总经理李烛尘及杨尚昆等陪同下视察永利碱厂。

1954 年 11 月 17 日，成立党组，领导永利、久大两厂合并工作。

1954 年 11 月 19 日，永利、久大两厂合并筹备会议召开。

1954 年 12 月 22 日，公私合营永利久大化学工业公司成立大会在北京召开。

1954 年 12 月 25 日，永利、久大在北京召开第一次私股临时股东会议。

1955 年 1 月 1 日，经化工管理局批准，永利、久大两公司合并，合并后公司更名为"公私合营永利久大化学工业公司"，成立新董事会。永利碱厂、久大精盐厂合并后改名为"公私合营永利久大化学工业公司沽厂"，简称永久沽厂。

至此，永久黄集团完成了它在新民主主义革命的使命，以一种全新的姿态，崭新的风貌，踏上了新的发展征程，真正意义上，完成了范旭东所说的：受社会的贡献，同时还贡献给社会。

## 2. 实业精神，民族瑰宝

中国有句古话："君以此始，必以此终。"其中暗含着一个集团，一项事业，其创始的行事风格，以及管理智慧，会成为主导集团和事业的基本精神底色。从"永久黄"的发展历史来看，范旭东是近代中国超一流的实业家，也更是超一流的现代企业家。他的管理风格和精神，哪怕放在今天，都并不过时。

就权责的认知和分配而言，他早已摆脱了那些传统落后的封建作坊主们各种权力一把抓的陋习。他说：今日老兄是有权有责的，只须"神而明之"。运用权责，使部下权责分明地做下去，效能就会高起来，而绝不是自己天天在公事房做例行公事所能做到的，甫兄主张"无为"，我以为一定是指这个而言。做首领的人，不着重运用头脑，促进全局，而运用手脚，料理日常公事，效能必不会提高，必须注意"劳于用人，逸于治事"。

在"永久黄"集团中，他将所有事务性的工作都交给管理人才、科技人才，自己则集中精力同管理核心、技术骨干商讨企业发展方向、谋划中国化学工业发展大计。他的这种"授权式管理"很有效，给下属提供了很多成长和发展的机会，他自己可以省心大胆地去谋划蓝图，下面的人可以放心大胆地去真抓实干。实践中，他提出了"神而明之"和"运用头脑"的团队管理方法，总结出了"劳于用人，逸于治事"的实践经验，从而打造了一个人才梯队，吸引了侯德榜、孙学悟、陈调甫、李烛尘、唐汉三等一大批能人志士，夯实了"永久黄"团体事业的人才根基。

在企业的经营发展中，范旭东深知资金是必须的支持，但企业能否有持久的生命力，还在于人才。关于此，他说：我们的事业若要成功，全在技术，你此次赴美，要在美国多方物色人才，古往今来事业的兴衰沉浮都证明：人才是事业的基础。

1918 年，范旭东在天津召开了永利碱厂成立大会。对即将赴美求学的陈调甫千叮咛万嘱咐，"人才是事业的基础"。陈调甫在美求学期间，为永利物色到了许多优秀的人才，其中最为杰出的当属后来被称为"中国制碱第一人"的侯德榜。当时的侯德榜还不会制碱，但是作为一枚"学霸"，学识渊博不用说，在制革领域也是颇有建树。知道这件事后，范旭东向侯德榜发出了邀请函，信中字字句句情深意切，侯德榜被范旭东打动了，毅然放弃了自己专攻多年的制革事业，踏上了归国之路。

范旭东自己也知道，制碱技术那是一门绝活，不是一下子就能摸索出来的。要想办好厂子，就要有人有机构专门搞研究，这样很多的技术问题也可迎刃而解。为了满足化学工业发展的需要，招揽高端技术人才，范旭东发出了招贤榜，"世界有欲阐明学理开发利源以贡献于祖国而致民生之福祉者，幸毋遐弃，曷赐教焉！"听到他兄长范源廉说，有个叫孙学悟的博士是位饱学之士，能主持研究社的工作时，范学东欣喜若狂，立即派侯德榜去邀请孙学悟加入自己团队。1922年8月，由孙学悟担任社长的黄海化学工业研究社正式成立。

范旭东也深知自己的表率作用，一将无能，则累死三军，上梁不正下梁歪，如果一个企业的风气不好，精神颓败，是无法发展的。对此，他采取了绝对的克己精神，注重自己的一言一行，坚决不影响企业的形象。他不止一次说：绝对以克己精神自制，勿令公家吃亏。爱护事业，不徇私情。互相砥砺学行，勿甘自暴弃。

说之者易，行之者难，日行一善易，而一生不易其行，更为艰难。但"不谋私利"的范旭东却做到了。他从不克扣剥削工人。工人所创造的利润都用来发展中国的化工实业和提高工厂员工的工资与生活福利待遇。侯德榜在范旭东先生的追悼会上说："先生当公司总经理三十余年，出门不置汽车，家居不营大厦，一生全部精神集中于其事业，其艰苦卓绝。"他在《追悼范旭东先生》一文中也提到：范先生死后，有某机关人以为范先生创立偌大事业，必留有许多遗产，来相询问。殊不知先生生前两女公子赴美留学之费用，已苦于无法筹措。家族之生机，侄辈之教育，俱发生困难。

黄海化学工业研究社旧址

范旭东身后没有留下什么遗产，外孙女称他为"赤脚光地皮"。范旭东的克己，不仅成就了自己，也壮大了"永久黄"，还影响着身边人。"永久黄"的另一名领袖李烛尘刚到公司时，住在一个法国人的房子里，租金很贵，但都由厂里支付。他看到范旭东先生的简朴作风，觉得自己这样做太过靡费了，就主动搬离了那间舒适的洋房，住到一间旧房子，而且一住就是十几年，直到永利碱厂生产了合格的纯碱，赚钱盖起了新的职工宿舍。

一个团体，一个企业，盈利是发展的必须，但更要有更高层级的精神追求，以成内部的文化，以成共同的价值观。而范旭东为"永久黄"树立的价值观是，（一）我们在原则上绝对的相信科学。（二）我们在事业上积极的发展实业。（三）我们在行动上宁愿牺牲个人顾全团体。（四）我们在精神上以能服务社会为最大光荣。

范旭东为"永久黄"团体树立的信条

用现在的话来说，就是爱科学，爱发展，爱团体，爱国家。这是奉献精神的层层升华，正是有了这样的信条理念，才能支撑着"永久黄"集团上下一心，永远能够以范旭东所说的创业精神，克服一次又一次的艰难险阻。哪怕"我们的头顶，个个都放光了。但是盛气并没有比当年稍减，最高兴的是这十八九年来，我们内部的创业精神没有涣散，同事个个保持着书生本色，淡泊自甘，心身都很安泰，万方多难的今日，这是多么难得。"

企业是群聚的特殊团体，而人与人之间，不免有沟通的歧义，认知的差异，如此，团结，一德一心，是企业运行中的最重要因素。对此，范旭东说：百忙之中，因感于前途荆棘丛生，使干部团结不巩固，对事业无真正切实彻底了解，新事业殆无成立可能。

更是告诫全体员工：欲成一业，端赖共事之人一德一心，任劳任怨，绝无侥幸成功之理。

如何团结，如何一德一心？秉承公心处理一切事务，守住共同的目标，即永久黄的事业，"是为祖国报仇，是代各人的祖宗补偿从前不认识科学、工业之过失"，而非"同人奋斗，乃是范某个人成名"的途径，是范旭东给出的答案。

企业的发展，不在于钩心斗角，更不在于去走一些歪门邪道，追求一时的暴利，而在于始终相信科学，学习科学，掌握科学。对此，范旭东曾铿锵有力地说道：鉴往知来，相信今日久大成立的海洋化工研究室，必然于我民族有莫大的贡献。学术是一切福利的泉源，久大本底子是书生事业，我们惟（唯）有亲近学术，开拓我们事业的前程，才是正轨。

"学术是一切福利的泉源"，学术给了久大风雨无阻、勇往直前的不竭动力。所以，范旭东一直保留着书生本色，始终把学术放在首位，把研究作为团体事业发展的根基，把科研团队作为团体事业壮大的支撑。"久大事业，志在海洋。煮海为盐，倚为生命。"制盐是范旭东化工实业的第一步。这第一步走得很稳，范旭东开始谋划第二个30年，那就是开发海矿。于是，又成立了新的科研团队——海洋化工研究室，延续科研传统。正是有了科学的支撑，"永久黄"集团的事业，是广阔的，永远有高峰可攀登，可征服。

科学之树常青，要抓住未来，根底还在于青年。从青年方面选拔人才，是范旭东一贯的主张。他曾经说过："我个人的意见，最好还是从青年方面拔选人才出来，加以培植，比较稳当。我们把过去的做法，耳提面命的传授给他，只要他能消化，新生命一定可以造得出来的。久永如此，黄海亦如此。"

为了培养出更多青年化工人才，范旭东创办了"永利碱厂特种艺徒班"，面向全国各地招收学员。范旭东深知培训的目的不是造就流水线工人，而是在为祖国的未来培育高端技术人才。在培训期，范旭东不计时间，不计成本，注重理论联系实践，安排高端技术人员与经验丰富的老工人带领实习，三年左右的时间就培养出了许多优秀的年轻工程师。

青年就是团队的新鲜细胞。为了使年轻科研人员能够保持学无止境的状态，紧跟国际化产业的发展步伐，范旭东拟定了《选派人员出国学习办法》。当时正值日寇侵华，举国涂炭，尽管企业断了收入来源，全靠举债度日苦苦支撑，但在这么艰苦的情况下，范旭东仍咬紧牙关缩衣节食，从各处筹措资金坚持选派青年出国。1931 年至 1948 年期间，永利派出留学、进修、参加国外技术服务工作的人员就达近 50 人。这些出国深造的青年们也没有辜负范旭东的期望，在学成之后全部回国，成为了团队骨干。

范旭东反复强调科学是一切，要有科学之研究："本公司事业之重心，全在工厂，而工厂之能否改进，又视致力科学之深浅为转移，故欲稳固公司基础，则科学之研究，实为刻不容缓。"更要以科学为方向："主持任何部分的人，必得理解科学价值的所在，抱必死决心，必须向科学方面进行，绝不疑惑。"还要用实验验证科学："科学立于实验之上，一个人不动手，不爱利用机械的人，叫他从哪里去实验，离开实验，还有什么法子和科学结缘，这不是很显然的事实吗？……

今日中国人的不肯用手，却是习惯成了自然，实应该改变改变。"

如今我们的国家强大繁荣，已经是世界数一数二的经济体，但也要清醒地认识到，数量并不等于质量，在很多关键的领域，同国外还存在发展的代差，而在市场经济中，科学和实业的占比，对比一些快消费，近乎务虚的泡沫产业，还不占优势。这正是范旭东在 20 世纪大声疾呼"应该改变改变"的弊端，也确实值得警醒。

范旭东为"永久黄"集团的发展，承担着一切，然而他对自己价值和行为的定位，并不是掌控者，而是服务者，甚至说过"这个恐怕是我对于永利最末尾的服务"这样的话，这并不是他妄自菲薄。而是他坚信制度和规则，要比个体的力量更为强大。

他要留下的是一个能激发群策群力的制度，就像他在抗战时期所宣传的："战事推移，不可究极，现在姑以三年为期，完成此番新负之任务，不论战事或进或停，其间必有无限辛酸逼人忍受，绝无疑义。吾辈所能贡献于抗战建国者，只各人一点薄技，切望莫为物胜，群策群力发挥出来，人人以效死疆场之心为心，天下绝无失败之理，吾人必当坚决自信。"

如果不能激发群策群力，"永久黄"西迁建厂，从白地和瓦砾中重新振作，是不可能完成的。

他要留下的是："工厂规则是我们大家行走的轨道，全厂的人个个顺着这轨道走，规则的效用才能显现出来，路才走得通，才能有进步可言。希望大家对于规则，万不可存一玩视或忽略的心。譬如工厂规则不许在工作地吸烟，因为预防危险的关系，无论何人都应该服从，都应该留意的，余事也就可类推了。"

以人管人者，一人恶，则诸善受损，以制度管人者，则赏罚分明。

数据显示，如今中国的中小企业的平均寿命只有 2.5 年，即使是一些更大的集团企业的平均寿命，也仅七八年，而相比欧美企业平均寿命为 40 年，日本企业平均寿命 58 年，差距如此悬殊，究竟原因何在？或许我们可以从永利的历史中找到答案。

1934 年，《永利化学工业公司业务机关管理章程》将公司职员信条都用文字列举出来，全公司自总经理至雇员，都受这信条的支配和章程的管理。这是透明的章程条例，没有谁能例外，也没有特殊化的对待，当时的中国民族工业企业，经常身陷朝不保夕的困境，没有多少企业愿意去为明天乃至明年制定一套精细的制度，去推广，去执行。然而目光长远的范旭东就这么干了。也无怪乎他敢说"这个恐怕是我对于永利最末尾的服务"。事实证明，这套章程在"永久黄"集团具备了"宪法"的作用，哪怕范旭东不幸于 1945 年病逝，但"永久黄"集团依照这个章程的管理思路，仍旧稳健的走过了国共内战时期的经济大崩溃，走入了新中国，走进了现代。

## 3. 斯人虽逝，光映照人

自近代以来，由于时代的特殊性，对于民族资产阶级，通常存在着一些误解，要么过分强调这个阶层的软弱性，斗争和革命的精神不足，或以为其对腐朽的统治阶层妥协，或以为其依附于国外势力而对国内民众大加剥削。最终由阶层的错误的固化认知，而演变为对民族资本家的个人品性和行为贴上污名化的标签。在一些影视剧和文艺作品中，往往将其描写为注重贪腐、享乐，无商不奸，且封建的大家长。

诚然，在半殖民地半封建社会中萌芽且成长起来的中国民族资产阶级，不可否认的有因为基因缺陷，不能独立发展而产生的各种弊病，但并不是所有的民族资本家都是拿人品和道德，去换取利益的"人间恶魔"。以范旭东为代表的进步民族资本家，不仅是对现代和科技的追寻者和践行者，其中大多数人，因为接受过良好的教育，有开阔的眼界，是知行合一的楷模，更是高贵人格品德的典范。

论及修身立德，范旭东的言行一致，当世之人，无一不对他钦佩有加。

范旭东还在年轻的时候，就认为做人当寡言力行，才能解决各种问题，报效民族和国家。1904 年，日俄战争爆发，在中国的国土上，两大列强因为争夺东北的权益而爆发战争。日本战胜俄国后，1905 年，双方签订了《朴茨茅斯条约》，在东北划分了势力范围，消息传来，当时还在日本留学的范旭东，深以为耻，于是摄像立下誓言，在照片上写下了如下字句：我愿从今以后，寡言力行，摄像做立誓之证。注：时方中原不靖，安危一发，有感而记此。男儿男儿，其勿忘之。

从此"寡言力行"，戒虚浮、戒焦躁，就成为范旭东做人做事的首要准则。在这之后四十年的岁月中，公众眼中的范旭东是一丝不苟甚至略显呆板的，是不讲世故而有些冷酷无情的。然而只有与他合作奋斗多年的"永久黄"同事，才能更加明白范旭东如此行事后面隐藏的苦心。黄海研究社的主持人孙学悟，在纪念范旭东时，就说过："'知耻'恐怕是范先生终身处世执事的基础。耻之于人大矣哉！不耻不若人，何若人有。知耻近乎勇。社会无耻不立，国家无耻将亡，这是范先生一生的信念。""总之，旭东先生一生以'知耻'为其人生哲学根本，以基本化工为其转移风气的工具，更依之培植科学研究，以期灌输科学精神于吾人日常生活而进国家民族于富强之道。这位有理想的艺术家竭终身精力，在一幅生动的作品的创造上，为振拔国人于世界民族中'争一口气'，不幸于'画龙点睛'之时去世矣！这一'点'其非继起者之责而谁欤？"

欲有科学之精神，行现代之事业，必有超出个人利益之外的谋求和行事的方法。无论何时，范旭东的此种人生轨迹，都值得我们学习深思。

崇尚现实，认清现实，抓住问题，解决问题，也是范旭东看待问题，创造成功的根本路径之一。

过于务虚，是几千年以来，中国文化和精神中最大的问题。范旭东曾说：中国的弱点，根本在人生观太空虚，受不起实现主义的冲刺，唯其空虚，所以最易趋向敷衍、萎缩、自私，得过且过的途径。唯其崇尚实现，所以万事都要彻底，丝毫不肯苟且，这都是必然的归结。

这并不是泛泛而谈，也不是一时的激愤之语，而是一个脚踏实地，经历了晚清巨变、北洋纷争、民国乱象、日寇侵华的实业家发自肺腑的心里话。对于如何破解，范旭东也开出了自己的方子："必得理解科学价值的所在，抱必死决心，必须向科学方面进行，绝不疑惑。"范旭东是学化学出身，推崇科学，以"我们在原则上绝对的相信科学"，他多次谈到我们民族的弱点是"虚"，因此要"崇实黜虚"。纵观古今中外，"虚""实"是依据社会条件变化的，而"虚"也是因人的局限所造成的，每个时代都在反虚崇实。尤其是在工业革命之后，"实用主义"成为推动社会前进的动力，不切时代实际的都被认为是

"虚"。范旭东讲的"实"实际上是湘湘文化在现代的新发展，是基于现代科学的"实"。古代有古典科学，没有现代科学，也不可能有基于现代科学的"实"。范旭东认为，在欧洲中世纪，社会风气也是尚"虚"的，但是自工业革命以来，欧洲各国知识分子异口同声反虚崇实，唤醒民族自觉，所以创造了欧洲的奇迹。

范旭东希望中华民族觉醒起来，"崇实黜虚"，各尽其力，实现民族的振兴！如何"崇实黜虚"？范旭东认为，在认识世界方面，要基于现代科学的"格物致知"；在做事做人方面，要认真负责，不敷衍，不萎缩，不自私，积极开拓进取，不断创造新事物。

范旭东希望国人能够正确地看待变化，勇敢地接受变化，利用变化，使国家和民族能够跻身于繁荣富强之列，而科学是达成这一切的唯一方式，所以大可不必言必称尧舜，行必称孔孟。世界是变化进步的，不能陷入"祖上阔过"的"精神胜利法"，用所谓"博大精深的历史"，去解决一切现实的发展问题。"我敢说物资不够，比较的办法多，惟（唯）有空虚的人生观一天不洗刷，纵然有天大的富源摆在我们眼前，我们也没有勇气去利用，这样实例，真不知道多少？"是范旭东留给中国的，永远振聋发聩的警言。

因为相信科学，所以范旭东主张要不断的学习，且要学以致用，而在学习的过程中，要不忘记初心，要保持一点纯真的目的，而这个目的，就是为中国创新。在《海王》旬刊上，范旭东曾经撰文，希望大家能够"学以致用"，究其原因，则是他在收到的一份科研期刊中，看到 33 篇研究报告，能够学以致用的不过 3 篇。因此他提出了学理研究的主张：工业技术范围极宽，自制造以及管理经营，无所不包，即无一不待深厚的学理研究做基础、做向导，否则一定落伍，甚至全盘事业，偶为一二小缺点顾虑不周，遭了挫折。

以科学为本，重视技术创新，下根本的功夫。在今天看起来是很常见的宗旨，但细究起来，也是最难以达成的主张。如果不涉及环境的变动，单以个人而论，范旭东认为，此宗旨之所以难以实现，在于研究者的"发财之念"压过了"书生之见"。

《久大第一个三十年》是范旭东在 1944 年久大 30 周年纪念会上的演说词。范旭东经常说自己是一个"书生"，也说他的团队核心骨干都由"书生"组成。如范旭东在 1934 年说："公司的人事方面，向来侧重同人的道德实践，不多在条文上用功夫。我们艰难的大业，居然由几个贫弱书生手创出来，不能说没有伟大的效果。"而在当时，也有不少人认为范旭东是"书生"。英国人季培德与范旭东接触后，屡称他"非生意人，乃一理想者"。也就是说，季培德也认为范旭东是"书生"。

不过要注意的是，范旭东所说的书生，并不是寻章摘句老雕虫的腐朽书生，而是个个都要"怀伊尹之志"，愿意"为公众负起责任"的书生。

这样的书生，他所持的是为人类服务的精神：我们办实业的人，要具有世界的眼光和为人类服务的精神，我们为救国家的危亡而办实业，在环境许可之下，不问事业的大小，努力地往前干去。范旭东说过许多体现这种精神追求的话语，例如："在科学昌明交通发达之今日，任何事业，都带有国际性的趋势，凡办实业的人，其眼光不独只看到自身或者自己的国家，同时应该看到全世界，这便是说，无论举办某种事业，在为自己打算之外，更要为人类打算；这一点，是 20 世纪的新文明，也就是人类的新进步。""那位革命的先觉，他只忧虑着中国工业的前途，以为'亦恐徒劳'，而不明白应在这忧虑之中迎头赶去，以大无畏的精神为人类服务的道理。这并非陈义过高，我们生在今日，实在应有这种眼光，应具这种精神。""我们办实业的人，要具有世界的眼光和为人类服务的精神，我们为救国家的危亡而办实业，在环境许可之下，不问事业的大小，努力地往前干去。""永久黄"打破索尔维集团的垄断后，将制碱法的技术公布出来，有力地推动了人类科技事业的进步。范旭东主张为人类做打算，"以大无畏的精神为人类服务"。范旭东说："我们决不能今天受人欺压，骂人不仁不义；明天再去欺压别人，又被骂作不仁不义。"

这样的书生，应该有灵性、有骨头，顶天立地做人。这样的书生是有着新的人生观。对于创造新的人生观，范旭东一直持有支持的态度。《在我的国防设计观》一文中，他坦诚地说：创造新的人生观，这当然是为时尚早；现在我希望取渐进办法，只要在位的人们，如军政界的高官和学术、思想、工商、金融各界的首领先明白过来，认定我们祖先遗下来那样空虚的人生观是不符合人类生存的，这才是从（重）新创造的起点。

范旭东认为，新的人生观是基于现代科学的，"必得理解科学价值的所在，抱必死决心，必须向科学方面进行，绝不疑惑"。与此同时，新的人生观是基于工业革命以来的社会现实的。传统的人生观之所以"虚"，是因为科技不发达，不能正确认识社会；发展的机会不多，物质财富不丰富，将人生寄托于做官上面，或者走向虚无主义、禁欲主义。在工业革命之后，科学家将目光投向大自然，发展的机会无限，不断研究新的事物，又将新的发现、发明应用于社会，创造了无穷无尽的财富。范旭东创办黄海化学工业研究社，孙学悟认为这是探索"发展的要素",创造更多的发展机会,长久地创造更多的财富。"由虚返实",是要认识到现代社会的规律,遵从规律去办实事,不虚度光阴。

这样的书生,要肯接近大自然,追求真理,贪于科学研究,贪于工业救国,而是一味地升官发财。范旭东说:以中国人的严明气力,如其肯接近大自然,那茫无边际的世界,尽有发挥每个人贪心的余地,绝对有益人群,用不着敲骨吸髓来盘剥同胞。范旭东说:"惟有邀集几个志同道合的关起门来,静悄悄的自己去干,期以岁月,果能有些许成就,一切归之国家,决不自私。"

这样的书生,要能"逆着一般人的视线开出路",范旭东曾评价自己的事业历程是:"我辈书生,在社会上没有凭藉,所恃的仅仅一股热忱和粗浅的薄技,以孤臣孽子的心情,应付创业过程中一切一切的遭遇。"范旭东曾写信给孙学悟说:"中国民族必得有班蠢伙子,行其所信,把风气转过来,才能真正得救。"[1]范旭东希望中国有一群"蠢伙子",有湖南人"吃得苦,霸得蛮,耐得烦"的呆劲。他说:"中国广土众民,本不应患贫患弱,所以贫弱,完全由于不学,这几微的病根,最容易被人忽略,它却支配了中国的命运,可惜存亡分歧的关头,能够看得透彻的人,至今还是少数。中国如没有一班人肯沉下心来,不趁热、不惮烦,不为当世功名富贵所惑,至心皈命为中国创造新的学术技术,中国绝产不出新的生命来。""蠢",不会投机取巧,也不会逃避,更不会中途放弃,而是将"咬紧牙关","撑支到底"。范旭东早年受辛亥革命志士的影响,对晚清两大"裱糊匠"之一的曾

---

[1] 孙学悟《追念旭兄》,原载《海王》,第19年第4期1946年。(转引自赵津,李健英著:《中国化学工业奠基者永久黄团体研究》,天津:天津人民出版社,2014年,第392页)

国藩评价不高，到了后来自己办实业，才开始欣赏曾国藩的"呆劲"。他说，曾国藩的"三本家书，一气看完了，给我一个深刻的感想，就是'中国事难做'，但是'事怕有心人'，曾在那难局，真亏他忍受，他那股呆劲，确有道理"。他又说："我想，湘人今日的风气，恐怕受他的影响不少，以为如何？"

这样的书生，当身居高位时，要能吃苦，知清廉，如同1918年，陈调甫前往美国考察制碱工艺时，范旭东对他的临行赠言：第一是吃苦，只有苦干才能得到成绩，有了成绩我们才有信用；第二是清廉，为人能清廉，极易博得他人的敬仰，做事亦易推行，任何事情我们能做到清廉两字，就是事业失败，尚可得人谅解，得人同情。范旭东强调吃苦、苦斗、毅力，是追求整体的、长期的效率最大化。陈调甫1917年拜访张謇，劝其利用苏北的盐办厂制碱，张謇对此未置可否，但说："要举办大事业，必须痛下决心，准备吃苦。"范旭东曾对孙学悟说："安乐是亡国的病根。"

这样的书生，在只知耕耘，不问收获的同时，永远能记得，一个民族和国家的所有奋斗者，能够团结，互相提携时，才能取得更大的成功。1935年，范旭东在《为创办中国工业服务社呈实业部文》中，深刻地指出了：窃维中国工业建设，近年甫发萌芽，穷极之变，至堪珍贵，亟宜集社会各方力量相互提携，促其健全发达，以改造中国国民经济之基础。也就是在这一年，范旭东创办中国工业服务社，并计划以此成立"全国工商业大联盟"。范旭东说，此服务社的目的是"负起兴民族大任"，扩散科技以援助中国弱势企业，"我们量力帮助他使他前进"，以"服务精神""救人民，救社会，救国家，同时就是救自己"。

凡此种种，不难看出，范旭东在人格精神上的高贵，热爱科学，投身实业，服务社会，是真正的"光映照人"的知行合一的"书生"，值得我们整个民族永远的缅怀并学习。

## 4. 南北情同，共念英魂

中华民族历来有一种不可改易的美好品德，那就是慎终追远，见贤思齐，以资于后世。

临其境，知其行，缅其人，继其志，是我们这个民族，为国家和社会发展做出巨大贡献的英雄人物、杰出人物建立博物馆、纪念馆的根本目的。范旭东先生是我国近现代化工产业的奠基人，在某种程度上，可以说是改变了历史，而在他为之奋斗的天津塘沽，以及酸碱最终成型的南京，各自竖立着一座纪念馆，以彰显先生的不朽功绩，以振奋后继之人。

范旭东先生最为看重，投入心血最多，引以为傲的黄海化学工业研究社。它的旧址坐落于天津市滨海新区解放路 138 号，天碱俱乐部东侧。早在 2013 年，就已公布成为第七批全国重点文物保护单位。这座新修缮完成的范旭东纪念馆建筑面积 423 平方米，纪念馆中常设《工业先导、功在中华——范旭东的光辉人生》展览。

展览以"工业先导、功在中华——范旭东的光辉人生"为主题，通过"矢志报国、实业强国、西迁壮举、立德立言、努力前行"等五个部分、十二个单元生动展示了 20 世纪初期，在这里，我们可以看到，我国近代著名爱国实业家范旭东率领李烛尘、侯德榜、陈调甫、孙学悟等民族化学工业先驱，秉持"为救国家危亡而办实业"的赤子情怀，艰苦卓绝，鞠躬尽瘁，打造闻名海内外的化工生产科研集团——"永久黄"团体，打破多项国外"卡脖子"技术制约，开创我国纯碱、化肥工业及微生物学研究先河，矢志为民族化学工业自立图强、创新超越奋斗的光辉历程。

而在南京，范旭东逝世时，南京永利铵厂的职工们便建造了范旭东纪念碑，表达悼念和敬意。然而不幸的是，这块纪念碑，在"文革"时期受到冲击，要被造反派砸烂。这时，厂里一名姓苏的师傅，冒着巨大的风险，将刻有"范旭东先生"五个大字的纪念碑碑石，搬运回家，埋在了自己的家里。这一埋，就是将近六十多年，直到2023年，在民间范旭东研究专家张能远的努力下，这块碑石才得以重见天日。

南京永利铵厂，也就是现在的南化，对范旭东的纪念从未停止过。早在2003年，为了纪念这位中国化工业之父诞辰120周年，中国石化集团南化公司通过周密的筹划和精心的准备，开展了一系列纪念活动。他们邀请范旭东先生的长女范果恒女士及其亲属，专程来南化参加纪念活动，并为范旭东的纪念铜像做揭幕仪式。这座连底座高10.24米，寓意先生生辰的铜像，就坐落在著名的范旭东广场。

而在南化的厂史陈列馆中，进入展厅首先映入眼帘的就是范旭东先生和侯德榜院士的金色塑像。而"永利先驱远东称雄，南化将士众志成城"这副对联，对范旭东一生的价值，做出了精准的概括。

党的二十大报告中指出："完善中国特色现代企业制度，弘扬企业家精神，加快建设世界一流企业。"我们不免深思，究竟什么才是中国的企业家精神？中国的近现代民族资本家、企业家，或多或少，都带有一定争议，而我们回头望去，却能惊喜地发现，无论哪个时代，对范旭东的评价，基本上都是统一的。

毛泽东说范旭东是中国近代化学工业最不能忘记的人，这是以其贡献影响而论。而在范旭东离世之前，留给同人八个字：齐心合德，努力前进。俗语说，人之将死，其言也善。更何况像范旭东这样呕心沥血，将全身心献给救国实业的杰出人物。或许这八个字，正是中国企业家应有的精神支柱。

当年，中国近代民族化学工业创业艰难的程度，恐怕现在的人，难以想象，但正是有像范旭东、侯德榜这样的爱国实业家和科学家怀揣民族大义，走遍千山万水、说尽千言万语、想尽千方百计、吃尽千辛万苦，以坚韧不拔、威武不屈的气概，于国家危亡之际，将自己的毕生奉献给了他们所忠于的信仰和事业，创造出"远东第一大厂"的奇迹，由此开创了中国化学工业的新纪元。

而范旭东的精神，被南化人继承赓续后，不断的书写着新中国化学工业的新的荣耀和辉煌：

1956 年，永利宁厂机械分厂自行研制成功中国第一台多层包扎式高压容器；

1958 年，南京磷肥厂建成国内最大的湿法生产普遍过磷酸钙装置；

1983 年，南化化机厂设计、制造国内第一台直径 2.8 米尿素合成塔；

1987 年，南化化机厂制成国内最大直径 3.6 米纯碱煅烧炉；

1996 年，南化化机厂制造国内最大用于扬子巴斯夫 EB/SM 装置的乙苯 / 苯乙烯分离器；

2022 年，南化公司"兰花牌"橡胶防老剂产品 6PPD 和 TMQ 成为全球首例获得权威认证的橡胶防老剂碳中和产品。

在范旭东去世时，同为民国四大实业家之一的卢作孚先生写了这样一副挽联：

> 塘沽既成，犍乐又成，不朽清辉光史乘；为建国惜，为
> 人群惜，岂仅私痛哭先生。

这副挽联情真意切，哀哀痛惜之情，溢于言表。以当时而论，范旭东先生的忽然离世，让遍布东南西北中的"十大厂计划"再无实行的可能，确实是"为建国惜"，"为人群惜"，当扼腕痛哭。以今日来看，范旭东先生留下的"永久黄"集团，并未毁于战火之中，而是被新中国完整的继承下来。从某种意义上，后来的三线建设，遍地化工业开花，有着他心心念的"十大厂计划"的影子。

从 1914 年，范旭东在天津塘沽建厂开始，到 2018 年，经过一百余年的发展，中国已经成为全球最大的化工生产国。2019 年，中国化工产值达到 11980 亿美元，约占全球的 36%，预计到 2030 年左右，中国单一国家的化工产值将会达到全球的 50%。世界银行 2019 年 10 月发布的《2020 年世界发展报告：全球价值链，以贸易促发展》显示，当前世界贸易的 50% 以上涉及全球价值链。其中以东亚 / 太平洋、欧洲 / 中亚和北美三大区域为重心，且相互交织。东亚 / 太平洋和欧洲 / 中亚两个区域参与全球价值链以区内为主，其次是这两个区域之间的相互参与，以上两个区域对北美的依赖度都很低。而北美参与全球价值链的区内比重较低，对东亚 / 太平洋和欧洲 / 中亚的依赖程度较高。

2017 年，东亚 / 太平洋区域以中国为重心，欧洲 / 东亚区域中心仍是德国，但重要性降低。北美仍以美国为中心。但无论欧洲 / 东亚还是北美，对中国的贸易依赖程度都很高。这说明，中国在全球价值链中的枢纽地位相当牢固。2020 年 5 月，英国智库 Henry Jackson Society 发布的《五眼联盟如何摆脱中国产业链》报告也显示，澳大利亚、新西兰、美国、加拿大和英国对中国供应链的依赖度非常高。这也充分说明了中国在全球供应链和产业链中的枢纽地位，这一地位很难在短期内被改变。

然而也要看到的是，2019 年化工产品板块中美贸易总额 706 亿美元，较 2018 年下降 12.6%；占整个石油和化工行业中美贸易额的 80.7%。中国从美国大宗进口的化学品可以分为两类：大宗石化产品和精细化学品。中国对 LPG 需求量逐年上升，但从美国进口量近两年显著下降，2019 年进口额仅 120 万美元，占比 0.01%；丙烷国际贸易流向以及价格，会经国际市场的不断配置而达到动态再平衡。中国从美国进口金额前十大化工产品多为技术密集型产品。而中国向美国出口的前十大化工类产品中，橡胶制品（含鞋靴）及塑料制品占比较大，属于非技术密集型产品。差距仍旧存在，范旭东先生所说的"齐心合德，努力前进"，更当铭记。

# 范旭东年表

**1883 年 1 岁**

光绪九年九月二十四日（1883 年 10 月 24 日）辰时，范旭东出生。据光绪三十二年（1906）修《湘阴范氏家谱》，范旭东祖籍湖南湘阴。谱名范源让，字明俊。目前史料，一说出生于湘阴，一说出生于长沙。其母范太夫人，出自长沙西乡白泉谢氏。有 4 兄长范源廉，字静生。姐幼名二姑（未婚而卒）。

范旭东属于"湘阴长乐范氏"。据湖南图书馆族谱史料，湘阴长乐范氏，始祖直谅公，宋代范仲淹之曾孙，自姑苏宦游来湘，卒于湘阴，葬衡山。又六世至先辉公徙居辰州，其子训清于元初至元十年（1273）始来长沙，卜居湘春门外开福寺黑水塘壕上邓家神一带。谱尊训清为一世。四世兴旺公，明洪武十一年（1378）迁居湘阴一都长乐，生三子——添锡、添青、添佑。清康熙五十八年（1719）

六、九、十甲合修族谱，道光五年（1825）六甲续修。嘉庆二十一年（1816）建长沙、湘潭、湘阴三邑总祠于省垣北关。

**1889 年 7 岁**

自幼随其父范琛读书。

是年，其父范琛去世，家境一落千丈。幸得姑母资助，范旭东得以入私塾读书。

**1890 年 8 岁**

随母迁居长沙保节堂。此保节堂曾得到王船山先生的信徒、湘商领袖朱昌琳捐助。

范太夫人、范源廉以做苦力维持生计。

**1892 年 10 岁**

范源廉教私塾，家境略微转好，范旭东可以继续读私塾。

**1894 年 12 岁**

中日甲午战争爆发。

湖南巡抚吴大澂率湘军出关抗日。

范旭东在长沙北乡捞刀河吴镜蓉馆中学做八股试帖。

**1895 年 13 岁**

2 月，吴大澂率湘军一战大败，举国震惊，深感奇耻大辱。

4 月，中日签订《马关条约》。

吴大澂为洗刷国耻，创办求贤书院，培植人才。

范旭东常到求贤书院阅读报纸，谈论时事。

**1897 年 15 岁**

长沙创办时务学堂，范源廉被录取。谭嗣同、唐才常、梁启超等是教师，而谭嗣同、唐才常言必王船山。范旭东曾去听讲，因范源廉而接触到了王船山思想。

**1898 年 16 岁**

戊戌变法失败后，时务学堂停办。范源廉流亡。

**1899 年 17 岁**

范源廉流亡上海，与蔡锷、唐才常一起考入南洋公学。后经梁启超函约，东渡日本求学。

范源廉出走后，官府暗探时常骚扰范家，范旭东不能在家安居，于是再入吴镜蓉馆攻读古文，并习雕刻、绘画。

**1900 年 18 岁**

范源廉潜回国内，参加唐才常领导的自立军起义的谋划工作。范旭东亦做了秘密联络工作。不久，事泄失败。范旭东随范源廉藏于客轮舱底，转渡日本。此时，他改名范锐，字旭东。

**1901 年 19 岁**

范旭东考入日本清华学校。

**1902 年 20 岁**

湖南留日学生杨毓麟、黄兴等创办《游学译编》月刊，范旭东参与编辑地理一栏。

**1903 年 21 岁**

范旭东为寻求救国之道，走访大阪、熊本、神户、横滨、西冈、冈山等都市乡镇。

**1905 年 23 岁**

范旭东从日本和歌山中学毕业。考入冈山高等学堂（大学预科）。当时范旭东秘密学习制造炸药，冈山高等学堂校长酒井佐保对范旭东哈哈大笑道："俟君学成，中国早亡矣！"报国心切的范旭东气愤至极，决意走工业救国、科学救国之路！

9 月 5 日，日本在中国东北打败沙俄，双方签订《朴茨茅斯条约》，擅自对中国东北划分"势力范围"。这一奇耻大辱的消息传来，让范旭东更加愤慨，他在自己的相片上题词说："我愿从今以后，寡言力行，摄像做立誓之证。"又加旁注："时方中原不靖，安危一发，有感而记此，男儿，男儿，其勿忘之。"

**1908 年 26 岁**

范旭东考入日本京都帝国大学化学科。

**1910 年 28 岁**

范旭东在日本京都帝国大学毕业，留校担任专科助教。

同年，范源廉介绍长沙许馥与范旭东相识，不久二人结婚。许馥出身书香世家，家在长沙东茅街，与妹妹许璧留学日本。祖父做过广州知府，父亲当过南海知县。

**1911 年 29 岁**

辛亥革命爆发，范旭东携妻许馥回国。

**1912 年 30 岁**

在北洋政府财政部就职，月薪 300 银圆。

**1913 年 31 岁**

赴欧洲考察盐务。

计划留德深造。

**1914 年 32 岁**

因急令回国办新式盐厂，自欧洲回到上海，途经新加坡时，曾独自去爪哇参观海盐压砖技术。

2 月，熊希龄辞去内阁总理兼财政总长职务。继任者不理睬办新式盐厂之事。

3月，梁启超任币制局总裁。范旭东在币制局做调查。

夏秋之间，辞职。

9月，在塘沽制盐实验成功。

创办久大精盐公司。

**1915 年 33 岁**

4月，久大召开临时股东大会，景本白当选董事长，范旭东当选为总经理。

久大工厂初具规模。

**1916 年 34 岁**

梁启超出任北洋政府财政总长和盐务署督办，为久大精盐进入长江流域提供了便利。久大精盐的销售范围扩展到淮南四岸。

10月1日，久大公司扩股增资。

11月，经张謇、潘子欣介绍，吴次伯、陈调甫、王小徐拜访范旭东，在天津塘沽商讨合作创办碱厂。

**1917 年 35 岁**

4月，久大公司扩股增资。

10月，在天津创办永利制碱公司。

11月，久大第二工厂落成。

**1918 年 36 岁**

4月，久大公司扩股增资。

8月，李烛尘经景本白介绍与范旭东结识，并加入久大公司。

12月，久大公司加建第三、第四工厂，并再次扩股增资。

是年，牵头在武汉成立汉口精盐公会，开拓湖南、湖北盐业市场。

永利派陈调甫赴美国洽请美国顾问工程师进行碱厂设计，委托纽约华昌公司李国钦代为介绍并代购机器。

### 1919 年 37 岁

久大公司扩股增资。拟在营口设立分厂，运销东三省东满站一带。盐务署再次核准增产 15 万担，至此已达 30 万担。

3 月，陈调甫委托自称有制碱经验的法国工程师杜瓦尔设计碱厂。侯德榜等留美学生利用假期参与设计。

### 1920 年 38 岁

改请曾在马叙逊碱业公司担任厂长的美国工程师孟德设计碱厂方案。

牵头成立九江精盐公会。

永利公司成立总经理处，董事会推选范旭东为总经理。

永利碱厂开始进行土木建设。

建铁工厂。

久大、永利联合兴建职工单身宿舍，起名为工人室。

创办永久医院，职工免费医疗。

### 1921 年 39 岁

3 月 27 日，永利、久大联合创办工人读书班。

久大公司再次扩股增资，资本总额已达 170 万元。12 月，盐务署再次核准增产 2 万担。

久大公司第五、第六工厂在冬初建成。

永利在美国购买设备先后安装。自造设备由上海大效铁工厂承造，逐渐运到。

永利碱厂基建工程接近完工。

## 1922 年 40 岁

侯德榜应范旭东之聘，自美国回国担任永利碱厂技师长。

永利公司聘请美国工程师李佐华指导碱厂设备安装工作。

8 月，由范旭东捐款 10 万元创办的黄海化学工业研究社正式成立，美国哈佛大学化学博士孙学悟担任社长，张子丰担任副社长。

久大公司发展副产品，扩充漱口水、牙粉等产品的制造。

永利碱厂安装完毕，准备进行试车。

## 1923 年 41 岁

永利碱厂单体试车失败，被迫停工，调整设备。

久大在天津法租界自置地基，兴工建屋。

北洋政府已收回日本在青岛的盐田。范旭东中标，与山东盐商组织永裕盐业公司，下设久大、裕大两工厂。9 月，与盐务署签署协议。

## 1924 年 42 岁

7 月，永裕公司成立。事后，接收青岛制盐及出口权利，计大小工厂 19 所，盐田 6 万亩。

## 1927 年 45 岁

全国精盐总会获准正式成立，会员 13 家，以"互助精神谋公共之利益"为宗旨。全权负责与政府交涉事宜，并协调各精盐公司内部关系，以同业合作推动精盐事业的共同繁荣。久大在全国精盐总会占主导地位。

2 月 28 日，永利碱厂正式宣布 8 小时工作制。

永利公司委托日本三井株式会社负责永利"红三角"纯碱在日本销售，试销 1 年。

永利建造职工住宅——联合村。

**1928 年 46 岁**

范旭东创办海王社，发行《海王》旬刊。

永利碱厂日产纯碱已达 42 吨以上，事业情形好转，大家信心日益巩固。

"红三角"纯碱参加费城首届万国博览会，获金质奖章，被评价为"中国工业进步的象征"。

4 月，成立静生生物调查所，由范旭东捐款，纪念其胞兄、教育家范静生。静生生物调查所是近代中国建立较早、最有成就的生物学研究机构之一，为中国科学院动物研究所和植物研究所的前身。

久大购买百亩产，修建工人宿舍。

中华教育文化基金委员会资助黄海社 1 万元左右。

永利、卜内门签署协议，卜内门公司在日本代销永利纯碱，为期 3 年。

**1929 年 47 岁**

2 月 1 日，永利正式实行厂长每年轮换制。厂长由总经理指定技师长或事务长兼任，任期 1 年。

久大公司在南京设立办事处。

全国精盐总会在南京成立办事处。

久大公司进入上海酱油市场，在南京成立全华酱油公司。

永利公司扩股增资至 200 万元。

中华教育文化基金会保管由范旭东所递交的其母范太夫人所捐奖励生物学金 1 万元，用其利息作为奖金，在静生生物调查所和中国科学社生物所各设一名研究奖金，以奖励在中国生物科学事业上有突出成就者。范太夫人奖金，由范源廉、范旭东捐款纪念其母，"限于资助本社生物研究所之研究员，每年五百元"。何锡瑞、江发绩、张孟闻、王志稼、蔡希陶等人曾获此奖。

黄海社开始反思过去之成败，重新确定业务重点。

卜内门寻求与永利成立合资企业，而永利为解决资金困难问题愿意合作，但国民政府不批准，承诺加入官股。

### 1930 年 48 岁

1 月，在上海成立全国精盐工厂联合办事处，统一发价、售价，禁止非法竞争。

范旭东拒绝加入官股，而官股一拖再拖，无法兑现，仍以公司全部财产担保，发行"永利债券"200 万元。

"红三角"纯碱获得比利时工商国际博览会金奖。

### 1931 年 49 岁

黄海社更改方针，并成立菌学室，并开始出版各种调查研究报告。

永利派郭锡彤去美国研究。

永利委托英国卜内门在日本独家销售"红三角"纯碱，续约 3 年。

永利沽厂开始产制少量烧碱。

8 月，久大、永利成立沪区联合办事处。

创办永久国术馆，聘请武术家教授武术。

俄碱输入东北三省，永利市场受到影响。

### 1932 年 50 岁

永利沽厂为添置烧碱厂屋等设备，7 月借款 30 万元。8 月，举行烧碱厂奠基典礼,兴建厂房。

黄海社成立董事会。

黄海社分别采用山东博山铝石页岩及平阳矾石继续研究铝化氧及钾肥,并采用海州硝灰石矿开始试制硝肥。

海王社迁至塘沽,阎幼甫任总编辑。

6月,久大、永利、黄海成立塘沽联合办事处,阎幼甫担任处长。

国民政府在南京与英德代表谈判合办氮气肥料工厂。

永利在港粤成立专区,在重庆长沙设立经理处,公司营业渐向南方发展,并开始渐次扩张到南洋。

永利在联合村左边增建工友住宅,形成太平村。

**1933 年 51 岁**

久大公司成立鼎昌盐号,取得旧盐商权利承销粗盐。

久大派人去日本考察,研究真空罐制盐法。

5月,拒绝当局在黄海社图书馆签订卖国条约《塘沽协定》的无耻要求。

永利派张佐汤赴美实习,7月下旬出洋。

国民政府与英德谈判失败,范旭东正式呈文创办硫酸铵厂,12月,获得准许。

明星小学与工人读书班合并。

侯德榜出版《制碱》(英文版),公布索尔维制碱法,使之成为全人类的共同财富,被美国威尔逊教授评价为"中国化学家对世界文明所做出的最大贡献"。

**1934 年 52 岁**

俄碱大量输入中国南方,永利与英国卜内门协商合作。

4月10日，英国卜内门伦敦总部与苏俄签订国际市场销售分配条约，俄碱不得输入中国市场。

4月，永利制碱公司改组为永利化学工业公司，决定在江苏创办永利硫酸铵厂。

提前赎还1930年发行的"永利债券"。

在南京卖地筹建永利硫酸铵厂。

为建设硫酸铵厂，派侯德榜赴美进行设计购机，并派人去美国工厂实习。

黄海社派张子丰赴美研究。

永利委托英国卜内门在日本独家销售"红三角"纯碱，再续约3年。

创办永利碱厂特种艺徒班，培养技术人员。

9月20日，范旭东手订"永久黄"四大信条。

12月，永利与银行团签订抵押透支借款协定，总额550万元。

永利碱厂日产量已达103吨，色泽纯白。

永利又建职员住宅，取名新村。

### 1935年53岁

在南京成立中国工业服务社，毛云五任社长。

永利硫酸铵厂设计完成，基建工程积极进行，侯德榜及其他工程师回国。

日本、美国的洋碱倾销中国市场，永利受损。

### 1936年54岁

与龙潭中国水泥厂、上海商业银行在上海设立永新麻袋厂（抗日战争全面爆发后停办）。

久大公司在江苏大浦设立分厂。

久大公司更名为久大盐业股份有限公司，公司总部由天津迁往上海。

永利硫酸铵厂基本建设进行顺利，接近完工。

永利日产纯碱已达 152 吨，烧碱 12.2 吨。

5 月，在北京大学设立助学金。

向张伯苓的重庆南渝中学建校捐款 6000 元。

与英国卜内门重启谈判，商讨配销合作。

## 1937 年 55 岁

2 月，永利硫酸铵厂工程完工，开始生产。

规划财务，发行公司债券 1500 万元。

5 月，与英国卜内门公司签订中国碱业市场配销协定，永利占 55%，卜内门占 45%，为期 3 年。

7 月 7 日，卢沟桥事变爆发。

拒绝英国卜内门将永利改为中英合办以免遭日本侵占的建议。

7 月底，日本侵略者占领天津。8 月，永利沽厂被日寇包围。12 月，因拒绝与日本合作，永利沽厂被日寇侵占。永利、黄海社主要技术人员拆除关键仪表，整理上万张图纸，绕道香港带往武汉。

永利硫酸铵厂遭日寇飞机轰炸，12 月南京失守，永利硫酸铵厂被日寇侵占。沦陷前，范旭东命令技术人员携带关键仪表、重要设备、图纸提前撤离。

久大津沽、大浦等处总分厂店，先后被日寇侵占。

海王社迁长沙。

**1938 年 56 岁**

各地同人自汉口迁入四川。创办永利川厂于五通桥，久大分厂于自流井，在重庆设立华西办事处。

春，黄海社部分迁入长沙水陆洲（橘子洲），部分迁入四川。

4 月、6 月两次领到补助金共 140 万元。

7 月，黄海社部分机构在长沙水陆洲实验室新屋建成。后因战局不利，尤其是汉口沦陷，不得不放弃，迁往四川。

7 月 7 日，《海王》在长沙复刊。范旭东撰写《复刊词》。10 月，出满 12 期后再次停刊。因战局不利，迁往四川。

8 月，天津永利总管处迁往香港。

8 月，派侯德榜等工程师赴德为永利设计新碱厂，后因有辱国权，放弃购买察安法专利，赴美。

9 月 18 日，久大自流井模范盐厂举行开工典礼。

黄海社全部迁入五通桥。

乐山当时流行一种地方病，称"氿病"，也有方言说"粑病"，后来学术上定名为"嘉定痹病"。发病者意识清楚，但是四肢麻痹，浑身乏力，有的连话也说不出来，严重时会夺去生命。乐山嘉定仁济医院院长梁正伦最先注意到此病，并找到黄海社。黄海社试验分析为食盐中化学元素钡的含量超标。黄海社主动为生产川盐的盐厂加装了硫酸钠除钡的装置并改进了生产工艺。1939 年 1 月梁正伦被调往重庆，担任重庆仁济医院院长。大多数史料说，黄海社迁入五通桥即分析当地食盐成分，解决了痹病问题。因此，将此事系年于 1938年底。

**1939 年 57 岁**

2 月，为牢记被日军占领中国化工发祥地塘沽之耻，范旭东将五通桥老龙坝改名为"新塘沽"。

3 月，领到补助金 160 万元。

3 月 30 日，海王社在乐山复刊。

侯德榜驻纽约，进行五通桥新厂设计并订购机器设备。

成立运输部，购买卡车 20 辆。另外在越南成立海防办事处，专司在美购买的器材转运四川。

敌机轰炸自流井，王树铭妻子怀孕 6 个月，在家中弹遇难，另外 2 名工人同时遇难。

12 月，永利与中国、中央、交通、农民四家银行借款法币 2000 万元，其中 850 万元用于购买外国机器设备。

永利在四川重建工厂，宁、沽全体技术人员一律留用，无一人失业。

寿充一办《新西北月刊》，范旭东捐 2 万元，《大公报》捐 1 万元。

黄海社开始出版《黄海发酵与菌学》特辑（双月刊）。

黄海社开始接受中英庚子赔款董事会的资金补助。

**1940 年 58 岁**

8 月，日军侵占越南海防港，永利由美购买的机器设备经此入内者损失惨重，改道缅甸运入，并成立仰光办事处专司其事。

陆续开办鼎锅山煤矿、玻璃厂、瓷器厂等十几个工厂。

10 月，范旭东自香港赴美，途经菲律宾，12 月 7 日到达美国波特兰。

侯德榜为南非考察碱厂办厂条件。

### 1941 年 59 岁

范旭东在美考察，督促订购之机器设备提前装运。1 月归国。着手扩大运输部，加强运输力量，准备尽先运入，早日建成川厂。

1 月 20 日，永利在杨柳湾举行深井开幕典礼。

新法制碱实验成功，3 月 16 日，范旭东发起，决定命名"侯氏碱法"，以为公司永久纪念。

永利在缅甸畹町设立运输处。4 月，范旭东自昆明飞往仰光，亲自部署运输事宜。在美购买卡车 100 辆，第一队货车在 5 月 30 日自仰光出发。11 月 19 日，在美购买的深井机件由昆明转运至五通桥。

12 月，日军偷袭珍珠港，与英美宣战，在香港指挥缅甸运输事宜的范旭东被困，永利总管处停止活动。

### 1942 年 60 岁

2 月，范旭东自香港脱险入川。4 月，又赴缅甸视察，就地规划并指挥抢运设备器材事宜。

南京永利硫酸铵厂的设备被日军拆卸，运往日本九州一化工厂。

缅甸运输线被日军封锁，大多数设备被日军强抢。至此，外购设备无法到齐。

永利川厂开发桐油裂化为汽油项目。

8 月 20 日，黄海社在五通桥举行 20 周年纪念。

9 月 11 日，深井工程宣告成功，井深 3500 余尺，是中国当时最深的井。

### 1943 年 61 岁

范旭东制订化工十大厂计划。

3 月，永利川厂采用路布兰法制碱。

6 月 10 日，久大在自流井创办的三一化学制品厂开幕，生产氯化钾、硼酸、硼砂、溴素等食盐副产品。

永利在美购买的设备改运印度。由于日寇威胁，中国政府责令公私企业在印度腹地狄布鲁加集中管理、保护。

永利五通桥深井发现黑卤及煤气。

10 月 22 日，侯德榜当选为英国化学工业学会荣誉会员，而荣誉会员在全球仅有 12 名。喜讯传回中国，范旭东表示庆祝，在 11 月组织了"永久黄"在川二千余人开会，并作了《中国化工界的伟人——侯博士》演讲，说"中国化工能够挤上世界舞台，侯先生之贡献实当首屈一指"。

"侯氏碱法"在新塘沽试产成功。

12 月 25 日，在四川召开的中国化学会第十一届年会上，永利向中国学术界宣布"侯氏碱法"取得成功。

### 1944 年 62 岁

3 月 1 日，久大、永利与龚饮冰（共产党员）投资合办的建业银行在重庆开幕。

巴西政府筹办碱厂，约请侯德榜代为设计。

7 月，久大成立 30 周年纪念，范旭东发起创办海洋研究室。

10 月，范旭东赴美，与中国代表陈光甫、卢作孚等人出席 11 月 11 日在美东大西洋城举行国际商业会议。

永利接受美国威斯康星大学制硝酸新法，并指定侯德榜、黄鸿宁等人在美做进一步试验。

## 1945 年 63 岁

侯德榜受巴西政府邀请，代为调查制碱原料，准备设计。

5 月 4 日，永利与美国出进口银行签订 1600 万美元信用借款协定。事后，等待重庆国民政府批准担保，但一直没得到批准的消息。

6 月，范旭东、侯德榜自美途经印度返国。侯德榜在印度曾为孟买塔塔公司修改其米达浦碱厂。

6 月，《罗杰氏工业化学》出版，该书全部由当时世界著名学者撰写，其中两章为侯德榜先生撰写。

8 月，日本投降。

9 月，范旭东组织久大、永利、黄海部分干部出川筹备复工，接收被日军侵占的工厂。

9 月 17 日，毛泽东在重庆桂园与工商界代表吴羹梅、刘鸿生、范旭东等人座谈。

10 月 4 日，范旭东病逝于重庆沙坪坝南园。

10 月 21 日，重庆举行范旭东追悼会。

10 月 22 日，永利董事会公推侯德榜继任总经理。

11 月 13 日，重庆再次举行范旭东追悼会。

因舆论压力，重庆国民政府同意永利、民生公司的美国借款作为专案处理。

## 1946 年

侯德榜赴印度协助米达浦碱厂改进技术设计与操作。

2 月，南京政府下令褒奖范旭东。

5 月，国民政府批准永利的美国借款协定。

永利久大总管处迁往上海，全部复员。

**1947 年**

6 月 10 日，范旭东之灵柩移离重庆，途经南京、上海、塘沽、天津、北京。

7 月 20 日，时任北京大学校长的胡适发起公祭范旭东。

7 月 27 日，同人安葬范旭东于北京西山。其间，一路公祭追悼。

**1948 年**

永利碱厂规定 10 月 24 日范旭东诞辰为永利厂庆日。

# 参考文献

[1] 张守涛. 工业先导：范旭东 [M]. 南京：江苏人民出版社，2022.

[2] 黄守愚. 工业先导范旭东成功启示录 [M]. 北京：华龄出版社，2022.

[3] 谭小平. 工业先导范旭东如是说 [M]. 北京：中国纺织出版社，2021.

[4] 陈韵文，李祉川. 中国化学工业的先驱. 范旭东、侯德榜传 [M]. 天津：南开大学出版社，2021.

[5] 刘未鸣，詹红旗. 范旭东：民族化工奠基人 [M]. 北京：中国文史出版社，2019.

[6] 莫玉. 范旭东：中国民族化工业奠基人 [M]. 北京：中国财政经济出版社，2014.

[7] 李玉.企业先驱：范旭东大传 [M].北京：中华工商联合出版社，2010.

[8] 师俊山，张鸿敏.范旭东传：化学工业的先驱 [M].武汉：湖北人民出版社，2007.

[9] 赵云声，师俊山.化学工业的先驱——范旭东传 [M].石家庄：河北人民出版社，1995.

[10] 胡迅雷.中国工业巨子——范旭东 [M].北京：中国青年出版社，1991.

[11] 韩淑芳.化工先导范旭东 [M].北京：中国文史出版社，1987.

[12] 肖伊绯.民国人物系列——民国达人、名士、隐士和学界 [M].北京：团结出版社，2023.

[13] 马社香.庐山旧事：民国名人寻影 [M].北京：当代中国出版社，2021.

[14] 高拜石.评点晚清民国人物：续南湖录忆 [M].中国台湾：新锐文创，2021.

[15] 汪修荣.百年斯文"民国人物传记"丛书 [M].杭州：浙江大学出版社，2018.

[16] 品墨.图说民国风云人物 [M].北京：九州出版社，2018.

[17] 张林，丁雯静.民国人物在台湾 [M].北京：中图出版集团、现代出版社，2017.

[18] 任本命诗，袁定华文.辛亥.民国人物咏传 [M].香港：时代出版社，2017.

[19] 蔡登山.重看民国人物：从张爱玲到杜月笙 [M].北京：中华

书局，2015.

[20] 朱文楚.民国人物风流录 [M].杭州：浙江大学出版社，2015.

[21] 萨沙.民国往事：中国近现代民国历史人物传记 [M].北京：北京联合出版公司，2015.

[22] 滕征辉.民国大人物 [M].北京：民主与建设出版社，2015.

[23] 吴景平.民国人物的再研究与再评价 [M].上海：复旦大学出版社，2014.

[24] 刘绍唐.民国人物小传 [M].上海：上海三联书店，2014.

[25] 陈远.负伤的知识人：民国人物评说 [M].北京：商务印书馆，2011.

[26] 李新.中华民国史.人物传 [M].北京：中华书局，2011.

[27] 徐百柯.民国风度 [M].北京：九州出版社，2011.

[28] 叶观澜.民国人物连连看 [M].上海：文汇出版社，2010.

[29] 杨奎松.民国人物过眼录 [M].广州：广东人民出版社，2009.

[30] 吴相湘.民国人物列传 [M].北京：中国大百科全书出版社，2009.

[31] 中国社会科学院.民国人物与民国政治 [M].北京：社会科学文献出版社，2009.

[32] 吴十洲.民国人物绰号杂谭 [M].郑州：河南人民出版社，2007.

[33] 娄献阁，朱信泉.民国人物传.第十卷 [M].北京：中华书局，2000.

[34] 严如平，宗志文.民国人物传.第九卷 [M].北京：中华书局，1997.

[35] 严如平，熊尚厚 . 民国人物传 . 第八卷 [M]. 北京：中华书局，1996.

[36] 徐友春 . 民国人物大辞典 [M]. 石家庄：河北人民出版社，1991.

[37] 朱信泉，严如平 . 民国人物传 . 第四卷 [M]. 北京：中华书局，1984.

[38] 江峡 . 力从平地起，心向实处行——范源廉传 [M]. 北京：团结出版社，2023.

[39] 张爱民 . 中国老富豪：起步 · 经营 · 管理 · 人生沉浮 [M]. 北京：中国纺织出版社，2004.

[40] 傅国涌 . 大商人：影响中国的近代实业家们 [M]. 厦门：福建鹭江出版社有限责任公司，2016

[41] 张倩，单毅，王鼎鑫 . 擦亮百年品牌打造民族化工研学游第一站 [N]. 滨城时报，2024-10-25(002).

[42] 宋佳铭，韩静 . 范旭东：近代化工实业报国第一人 [J]. 世纪风采，2024(07):44-48.

[43] 中国化学工业奠基人范旭东与"永久黄"团体 [J]. 经营与管理，2024(06):4-5.

[44] 赵欣婕，李东周 . 循着范旭东先生的足迹——中国化工报战略合作伙伴第十九次年会参观侧记 [J]. 中国石油和化二，2023(12)46-48.

[45] 赵映林 . 范旭东：爱国与企业管理并重的实业家 [J]. 书屋，2022(10):84-87.

[46] 李咏华，张寅.范旭东精神在化学化工专业教学中的传承与创新 [J].广东化工，2021,48(22):278-279.

[47] 罗萍，张玥.青年范旭东走上化工救国之路的历史考察与现实启示 [J].湖北第二师范学院学报，2021,38(03):77-81.

[48] 中国近代企业及企业家系列中国化学工业奠基人范旭东与"永久黄"团体 [J].经营与管理，2020(03):4-5.

[49] 王淼.范旭东智斗"卜内门" [J].产权导刊，2019(12):76-79.

[50] 侯德榜.范旭东先生手订"永久黄"团体"四大信条" [J].经营与管理，2019(10):2.

[51] 曹明.化工先导——范旭东 [J].国企管理，2019(Z2):64-67.

[52] 吴晓波.范旭东:商之大者为国为民 [J].共产党员（河北），2017(14):60-61.

[53] 叶建华.范旭东对英商卜内门公司的成功营销策略 [J].化工管理，2017(16):34+141.

[54] 叶建华.范旭东在纯碱市场打败英商的故事 [J].中外企业文化，2017(04):72-73.

[55] 王海珠.化工巨擘与《化学纲要》的因缘——拉瓦锡、范旭东和侯德榜 [J].化工管理，2016(19):67-68.

[56] 焦建全.中国化工先导范旭东 [J].国企，2014(10):106-109.

[57] 李彤，夏娟.后人凭吊范旭东 [J].中国石油石化，2013(23):72.

[58] 夏娟.范旭东与南化信条 [J].中国石油石化，2013(10):80-82.

[59] 麦群忠，吴晓波.范旭东实业救国的化工之父 [J].中国市场，2012(25):50-53.

[60] 何玉新.执着实业梦坎坷救国路 [N].天津日报,2011-11-21(010).

[61] 崔宁宁.为中国化学工业而战的钢铁战士——范旭东 [J].化工管理,2011(11):64-65.

[62] 蒋国杰.论近代化工先驱范旭东的用人艺术 [J].盐城师范学院学报（人文社会科学版）,2011,31(05):80-82.

[63] 李志英.民国时期范旭东企业集团的环境意识与实践 [J].南开学报（哲学社会科学版）,2011(05):51-61.

[64] 高寒."化工之父"的实业救国路——民族实业家范旭东的成功之道 [J].宏观经济管理,2011(08):65-67.

[65] 七七.被遗忘的范旭东 [J].新经济,2011(07):14-15.

[66] 范旭东,兴国利民的化工业巨子 [J].黄金时代,2010(06):55-56.

[67] 滨海起锚——范旭东和他的"永久黄"化工集团 [J].天津政协公报,2010(02):49-51.

[68] 蔡晶.中国化工工业的先驱——范旭东 [J].化学教学,2009(08):88-90.

[69] 赵津,李健英.资本技术双密集型产业融资方式的探索——以范旭东企业集团为例 [J].中国经济史研究,2009(02):52-58.

[70] 赵津,李健英.大萧条时期范旭东的"实业救国"行动 [J].江汉论坛,2009(06):89-92.

[71] 魏纪侯.范旭东中国化工之父 [J].英才,2009(06):133.

[72] 米学如.黎元洪怒救范旭东 [J].财会月刊,2008(32):5.

[73] 赵津，李健英. 不能忘却的"范氏情结"——范旭东和他的永利事业 [J]. 近代中国，2008(00):399-415.

[74] 石胜昌. 范旭东企业经营管理思想及特色论述 [D]. 贵州：贵州师范大学，2008.

[75] 陈华. 中国近代化学工业的创业先驱——范旭东 [J]. 经济导刊，2008(03):94-96.

[76] 麦群忠. 中国"化工先导"范旭东 [J]. 文史春秋，2007(11):54-58.

[77] 赵津，李健英. 从模仿到创新——范旭东企业集团技术发展模式分析 [J]. 中国经济史研究，2007(03):12-17.

[78] 陈霞，高尚荣. 范旭东实业精神对高职教育的启示 [J]. 和田师范专科学校学报，2007(04):47-48.

[79] 赵津，李健英. 不能忘却的"范氏情结"——范旭东和他的永利事业 [A]. 近代中国（第十八辑）[C]. 上海中山学社，2007:17.

[80] 朱华. 范旭东科学救国思想探略 [J]. 广西社会科学，2006(12):169-172.

[81] 朱华. 范旭东科学救国思想论 [J]. 贵州社会科学，2006(05):162-165.

[82] 雷晓宇. 范旭东：被遗忘的"重化工之父"[J]. 中国企业家，2006(07):110-113.

[83] 李玉. 范旭东与"永久黄"集团的企业文化 [A]. 盐文化研究论丛（第一辑）[C]. 四川省哲学社会科学重点研究基地. 四川理工学院中国盐文化研究中心，2005:12.

[84] 范旭东：用实业挑战侵略 [J]. 商务周刊，2005(15):20-23.

[85] 张春华. 工业先导功在中华——记早期化学工业先驱范旭东先生 [J]. 中国农资，2005(05):44-46.

[86] 邱彦莉. 范旭东与"永久黄"工业团体 [J]. 历史教学，2005(04):64-66.

[87] 辉哥哥. 范旭东围魏救赵 [J]. 职业圈. 好财路，2004(05):25.

[88] 冯秋季. 范旭东实业救国思想新论 [J]. 河南大学学报（社会科学版），2003(03):48-51.

[89] 蒋艳萍. 中国化学工业之父——范旭东 [J]. 中国高新区，2002(03):57-59.

[90] 刘涓流. 周作民范旭东最感激的人 [J]. 化工之友，2001(12):46.

[91] 王志明. 中国化学工业的奠基人——范旭东 [J]. 化工之友，2001(10):44.

[92] 谭刚. 范旭东在自贡重建久大盐厂原因述评 [J]. 盐业史研究，2001(03):36-39.

[93] 金劲，金人海，朱敏，等. 中国化工实业家——范旭东 [J]. 化学教育，1999(05):44-47.

[94] 张学军."劳于用人，逸于用事"——范旭东的将将之道 [J]. 公关世界，1998(09):46.

[95] 尚小明. 民族化学工业的开拓者范旭东 [J]. 国际人才交流，1998(08):51-54.

[96] 刘启华. 回忆民族科技实业家的先驱范旭东先生 [J]. 科技与

经济，1998(03):32-36.

[97] 孙建昌."永、久、黄"创始人范旭东 [J]. 档案与史学，1998(02):
49-56.

[98] 孔繁和 . 范旭东——中国首家民营化工科研机构的创始人 [J].
科技潮，1998(04):50-51.

[99] 李德芳 . 范旭东与永利化学工业公司（1917—1937）[J]. 中国
经济史研究，1998(01):135-144.

[100] 熊秋良 . 传统文化与范旭东的创业精神和经营思想 [J]. 湖南
师范大学社会科学学报，1997(05):46-51.

[101] 刘启华 . 企业家的典范——范旭东先生 [J]. 郑州工业大学学
报（哲学社会科学版），1997(01):56-59.

[102] 张学军 . 范旭东的竞争艺术 [J]. 公关世界，1997(01):47.

[103] 李玉 . 论范旭东的企业家素质 [J]. 盐业史研究，1996(04):
67-74.

[104] 闵群芳 . 中国化学工业的奠基人范旭东 [J]. 企业家天地，
1996(12):7.

[105] 顾关林 . 周作民支持范旭东办实业 [J]. 民国春秋，1996(04):
46-47.

[106] 李玉 . 范旭东麾下的两大化工博士 [J]. 文史杂志，1996
(04):11.

[107] 赵宏，韩淑芳 . 范旭东二三事 [J]. 中国工商，1996(07):26-29.

[108] 李玉 . 范旭东爱国创业思想和实践的特点 [J]. 船山学刊，
1996(01):168-177.

[109] 林泉.中国化学工业的先驱——范旭东 [J].科技文萃，1995(05):169.

[110] 林昌铋.爱国化工实业家——范旭东 [J].化学教学，1995(05):12-13.

[111] 苏兆瑞.范旭东我国民族化学工业的奠基人 [J].中国化工，1995(03):57-59.

[112] 姜平.近代实业家范旭东的成功业绩 [J].江南论坛，1994(S1):63-64.

[113] 李运华.为振兴中华而创业——论范旭东的爱国思想 [J].历史教学，1994(12):8-11.

[114] 杨建华.工业先导功在中华——范旭东先生 [J].中学化学教学参考，1994(Z2):95-96.

[115] 李运华.谈爱国实业家范旭东的创业思想 [J].南开学报，1994(05):76-80.

[116] 姜平.化工实业家范旭东 [J].北京农业工程大学社会科学学报，1994(Z1):82-87.

[117] 皮定人.工业先导　功在中华——中国新兴工业巨星范旭东 [J].企业活力，1994(05):40-41.

[118] 吴志明.中国民族化工之父——范旭东 [J].世纪行，1994(05):28-32.

[119] 陈运泽.略谈范旭东办企业的经验 [J].天津师大学报（社会科学版），1993(03):55-60.

[120] 陈加谋.化学工业的先导——范旭东 [J].湖南党史月刊，

1991(06):22-24.

[121] 周亚平.中国化学工业的先导——范旭东 [J].湖南社会科学，1990(01):62-65.

[122] 赵 志 . 盐 碱 工 业 先 驱 —— 范 旭 东 [J]. 盐 业 史 研 究，1989(04):52-55.

[123] 金翔.范旭东我国民族化学工业的先驱 [J].化学工程师，1988(05):20-21.

[124] 张综，李晓红.从科学家到企业家的一个典范——范旭东 [J].河南大学学报（哲学社会科学版），1988(03):22-27.

[125] 张能远.范旭东传略 [J].民国档案，1988(01):131-138.

[126] 邹宗柏.我国化学工业的先驱者和奠基人——范旭东 [J].化工时刊，1987(03):30-31.

[127] 苗延陆.从范旭东的"四大信条"说起 [J].企业管理，1987(06):40-41.

[128] 肖荻.创业艰难百战多——范旭东、侯德榜和永利碱厂 [J].经营与管理，1986(07):41-42.

[129] 李祉川，陈歆文.祖国事业科学人才——纪念实业家范旭东 [J].纯碱工业，1984(S2):1-10.

[130] 许腾八.回忆范旭东先生 [J].纯碱工业，1984(S2):11-14.

[131] 李祉川，陈歆文.范旭东先生年表 [J].纯碱工业，1984(S2):15-16.

[132] 徐扬群.我国化学工业的先驱者——范旭东 [J].化学通报，1984(11):46-51.

[133] 陈竞生 . 功在中华的工业先导范旭东 [J]. 财经理论与实践，1984(01):65-70.

[134] 王治浩 . 爱国实业家——范旭东 [J]. 现代化工，1984(01):54-55.

[135] 积极参与化学会活动的实业家——范旭东 [J]. 化学通报，1982(08):22.

[136] 姚瑞生 . 中国制碱工业创始者——范旭东 [J]. 上海企业，1982(04):33.

[137] 知峰 . 范旭东我国化学工业的拓荒者 [J]. 中国科技史料，1980(03):2-9+20.

[138] 范旭东先生纪念荣誉奖章及奖金评议委员会悬奖征求 "钒触媒剂研究" 应征样品之检定 [J]. 化学工业与工程，1951(02):1-2.

[139] 范旭东先生纪念荣誉奖章及奖金评议委员会悬奖征求解决化学工业问题 [J]. 科学通报，1950(05):322.

[140] 中国化学工业奠基人范旭东与 "永久黄" 团体第四章企业文化铸就伟业（十一）范旭东的文化活动（一）[J]. 经营与管理，2024(05):4-5.

[141] 中国化学工业奠基人范旭东与 "永久黄" 团体第四章企业文化铸就伟业（十）范旭东先生纪念荣誉奖章及奖金（二）[J]. 经营与管理，2024(04):4-5.

[142] 中国化学工业奠基人范旭东与 "永久黄" 团体第四章企业文化铸就伟业（九）范旭东先生纪念荣誉奖章及奖金（一）[J]. 经营与管理，2024(03):4-5.

[143] 中国化学工业奠基人范旭东与"永久黄"团体第四章企业文化铸就伟业（八）"新塘沽"的命名.中国近代企业及企业家系列[J].经营与管理，2024(02):4-5.

[144] 中国化学工业奠基人范旭东与"永久黄"团体第四章企业文化铸就伟业（六）[J].经营与管理，2024(01):4-5.

[145] 中国化学工业奠基人范旭东与"永久黄"团体第四章企业文化铸就伟业（五）[J].经营与管理，2023(12):4-5.

[146] 中国化学工业奠基人范旭东与"永久黄"团体第四章企业文化铸就伟业（四）厂庆日溯源（二）[J].经营与管理，2023(11):4-5.

[147] 中国化学工业奠基人范旭东与"永久黄"团体第四章企业文化铸就伟业（三）[J].经营与管理，2023(10):4-5.

[148] 中国化学工业奠基人范旭东与"永久黄"团体第四章企业文化铸就伟业（二）[J].经营与管理，2023(09):4-5.

[149] 中国化学工业奠基人范旭东与"永久黄"团体第三章崇尚科学实业兴邦（二十一）[J].经营与管理，2023(07):4-5.

[150] 中国化学工业奠基人范旭东与"永久黄"团体第三章崇尚科学实业兴邦（二十）"永久黄"团体的附属机构（一)[J].经营与管理，2023(06):4-5.

[151] 中国化学工业奠基人范旭东与"永久黄"团体第三章崇尚科学实业兴邦（十九）[J].经营与管理，2023(05):4-5.

[152] 中国化学工业奠基人范旭东与"永久黄"团体第三章崇尚科学实业兴邦（十八）[J].经营与管理，2023(04):4-5.

[153] 中国化学工业奠基人范旭东与"永久黄"团体第三章崇尚

科学实业兴邦（十七）"侯氏碱法"惊世创举（一）[J].经营与管理，
2023(03):4-5.

[154] 中国化学工业奠基人范旭东与"永久黄"团体第三章崇尚
科学实业兴邦（十五）[J].经营与管理，2023(01):4-5.

[155] 中国化学工业奠基人范旭东与"永久黄"团体第三章崇尚
科学实业兴邦（十三）[J].经营与管理，2022(11):6-7.

[156] 中国化学工业奠基人范旭东与"永久黄"团体第三章崇尚
科学实业兴邦（五）"为中国再奋斗一番"——永利钚厂的建立（二）
[J].经营与管理，2022(03):4-5.

[157] 永利化工.中国化学工业奠基人范旭东与"永久黄"团体
[J].经营与管理，2022(02):4-5.

[158] 中国化学工业奠基人范旭东与"永久黄"团体第二章共赴
国难重获新生（二十五）侯德榜走进中南海（三）[J].经营与管理，
2021(06):4-5.

[159] 中国化学工业奠基人范旭东与"永久黄"团体第二章共赴
国难重获新生（二十四）[J].经营与管理，2021(05):4-5.

[160] 中国化学工业奠基人范旭东与"永久黄"团体第二章共赴
国难重获新生（二十三）[J].经营与管理，2021(04):4-5.

[161] 中国化学工业奠基人范旭东与"永久黄"团体第二章共赴
国难重获新生（二十二），中国近代企业及企业家系列 [J].经营与管
理，2021(03):4-5.

[162] 中国化学工业奠基人范旭东与"永久黄"团体第二章共赴
国难重获新生（二十一）公私合营"永久"合并（三）[J].经营与管

理，2021(02):4-5.

[163] 中国化学工业奠基人范旭东与"永久黄"团体第二章共赴国难重获新生（二十）公私合营"永久"合并（二）[J]. 经营与管理，2021(01):4-5.

[164] 中国化学工业奠基人范旭东与"永久黄"团体第二章共赴国难重获新生（十九）[J]. 经营与管理，2020(12):4-5.

[165] 中国化学工业奠基人范旭东与"永久黄"团体第二章共赴国难重获新生（十七）"永久黄"重获新生（下）[J]. 经营与管理，2020(10):4-5.

[166] 中国化学工业奠基人范旭东与"永久黄"团体第二章共赴国难重获新生（十六）"永久黄"重获新生（上）[J]. 经营与管理，2020(09):4-5.

[167] 中国化学工业奠基人范旭东与"永久黄"团体第二章共赴国难重获新生（十五）永利台湾经理处被查封始末（下）[J]. 经营与管理，2020(08):4-5.

[168] 中国化学工业奠基人范旭东与"永久黄"团体第二章共赴国难重获新生（十三）收复主权重建两厂（下）[J]. 经营与管理，2020(06):4-5.

[169] 中国化学工业奠基人范旭东与"永久黄"团体. 中国近代企业及企业家系列 [J]. 经营与管理，2020(03):4-5.

[170] 中国化学工业奠基人范旭东与"永久黄"团体第二章共赴国难重获新生（九）社会各界痛悼范旭东（下）[J]. 经营与管理，2020(02):4-5.

[171] 中国化学工业奠基人范旭东与"永久黄"团体第二章共赴国难重获新生（六） 1600万美元借款的来龙去脉（下）[J]. 经营与管理，2019(11):4-5.

[172] 中国化学工业奠基人范旭东与"永久黄"团体 [J]. 经营与管理，2019(12):4-5.

[173] 侯德榜. 范旭东先生手订"永久黄"团体"四大信条"[J]. 经营与管理，2019(09):2.

[174] 中国化学工业奠基人范旭东与"永久黄"团体. 中国近代企业及企业家系列 [J]. 经营与管理，2019(02):4-6.

[175] 中国化学工业奠基人范旭东与"永久黄"团体第一章创业艰辛凿辟先河（九）"荐贤有功"的陈调甫 [J]. 经营与管理，2018(11):4-6.

[176] 中国化学工业奠基人范旭东与"永久黄"团体第一章创业艰辛凿辟先河（二）永利创建的发端 [J]. 经营与管理，2018(02):4-5.

[177] 范旭东先生手订"永久黄"团体"四大信条"[J]. 经营与管理，2018(01):1.

[178] 中国化学工业奠基人范旭东与"永久黄"团体 [J]. 经营与管理，2018(01):4-5.

[179] 肖获. 创业艰难百战多——范旭东、侯德榜和永利碱厂 [J]. 经营与管理，1986(07):41-42.

[180] 官珍妮. 范源廉：带有浓烈救国色彩的教育家 [J]. 文史天地，2024(02):14-18.

[181] 马建标. 范源廉重视"教育"[J]. 历史教学（上半月刊），

2020(04):67.

[182] 蒋纯焦 . 范源濂（廉）名考 [J]. 人文论丛，2019，32(02):98-107.

[183] 蒋纯焦 ."范源濂 / 廉"正名 [J]. 书屋，2019(09):95-96.

[184] 张祚崑 . 范源廉与中国近代教育 [J]. 延边教育学院学报，2019，33(01):17-19+23.

[185] 张礼永 . 范源廉与近代中国的高师教育 [J]. 当代教师教育，2018，11(02):26-33.

[186] 杨实生，甘丹 . 范源廉西方教育观探析 [J]. 凯里学院学报，2017，35(04):120-122.

[187] 任静 . 范源廉义务教育思想探析 [J]. 科教导刊（上旬刊），2016(16):5-6.

[188] 张党诺 . 民国教育家范源廉的"军国民教育"[J]. 兰台世界，2015(07):63-64.

[189] 杨实生 . 范源廉与民国初期的教育改革 [J]. 遵义师范学院学报，2014，16(04):66-68.

[190] 常超 . 略论范源廉教育思想及其历史价值 [J]. 兰台世界，2014(24):126-127.

[191] 杨实生 . 范源廉教育救国思想探析 [J]. 教育评论，2014(03):144-146.

[192] 张雪侠 . 教育家范源廉的教育思想及其民国实践研究 [J]. 兰台世界，2014(04):159-160.

[193] 张萌萌 . 范源廉教育思想研究 [D]. 西南大学，2013.

[194] 田正平，阎登科 . 教育行政系统的内外合作与民国前期

教育——基于蔡元培与范源廉三度合作的考察 [J]. 社会科学战线，2013(03):225-231.

[195] 杨俊 . 范源廉普通教育思想对当代师范生教育的启示 [J]. 贵州师范学院学报，2012，28(11):82-84.

[196] 许晓明 . 范源廉教育思想探析 [J]. 河北师范大学学报（教育科学版），2012，14(01):56-60.

[197] 张志民 . 时遇与机缘——谈范源廉、梁启超与北京美术学校之创建 [J]. 中国书画，2010(12):64-67.

[198] 慈波，朱艳艳 . 范源廉略论 [J]. 广西教育学院学报，2010(05):91-93.

[199] 杨晓镇，孟召光 . 浅论范源廉的义务教育思想 [J]. 文史博览（理论），2009(10):83-84.

[200] 王哲文 . 范源廉的职业教育实践及其现实启示 [J]. 职业技术教育，2023，44(27):68-73.

[201] 臧佩红 . 范源廉的留日活动及其对中国近代教育的影响 [J]. 南开学报（哲学社会科学版），2023(03):157-165.

[202] 胡远志 . 范源廉慈善公益观及慈善实践研究 [D]. 湖南师范大学，2021.

[203] 魏书亮 . 简论范源廉的"师道"思想 [J]. 文学教育（上），2021(08):166-167.

[204] 邓晓影，瞿岳荣 . 范源廉"实业教育强国"观评析 [J]. 湖南省社会主义学院学报，2015，16(06):89-91.

[205] 张绍春 . 论范源廉高等教育思想 [J]. 高教发展与评估，

2015，31(01):57-62，100-101.

[206] 姜文.范源廉与北京师范大学 [J].教育学报，2012，8(03):121-128.

[207] 欧阳哲生.《范源廉集》前言 [J].书屋，2010(05):69-73.

[208] 李枢强.范源廉与静生生物调查所 [J].生物学通报，2004(06):62.

[209] 王海珠，许岩枫.实业救国科学兴国——从馆藏文献、文物史料解读侯德榜的科学家精神 [J].文物天地，2023(01):67-73.

[210] 王中华，农伟梦."大先生"的特质及对教师教育的启示——基于五位民国"大先生"人物传记的文本分析 [J].内蒙古师范大学学报（教育科学版），2022，35(05):36-43.

[211] 孙明月.清末民初实业救国思潮研究 [D].辽宁大学，2021.

[212] 李聚刚，李云根.民国人物印象:跨越东西方的儒家基督徒 [J].戏剧之家，2020(18):195-196.

[213] 韩雅雯.张之洞实业救国思想研究 [J].长治学院学报，2019，36(01):55-57.

[214] 倪延年.论民国时期新闻史人物的群体特征及评价问题 [J].现代传播（中国传媒大学学报），2018，40(07):33-38.

[215] 杨奎松.关于民国人物研究的几个问题——以蒋介石生平思想研究状况为例 [J].南京大学学报（哲学·人文科学·社会科学），2016，53(03):101-112，160.

[216] 刘中猛.近代知识界实业救国思辨与实践——以苏籍报人为中心 [J].南昌大学学报（人文社会科学版），2016，47(02):85-90.

[217] 孙丽雪 . 浅谈近代实业救国思潮 [J]. 现代妇女（下旬），2015(01):297.

[218] 蔡双全，王健 . 洋务运动与"实业救国"思想关系新探 [J]. 山西师大学报（社会科学版），2013，40(04):134-138.

[219] 戴宏军，吕红艳 . 实业救国思潮与清末广西边疆开发 [J]. 广西地方志，2013(03):55-58.

[220] 肖婧娟 . 清代至民国年间人物绰号的语言文化研究 [D]. 华中师范大学，2013.

[221] 符前进 . 五四时期"实业救国"思潮研究 [D]. 湖南科技大学，2012.

[222] 徐跃，姚远 .《中华实业界》实业救国思想的传播初探 [J]. 西北大学学报（自然科学版），2012，42(01):163-168.

[223] 吴比 . 卢作孚：航运巨子的实业救国梦 [J]. 决策与信息，2011(10):38-39.

[224] 李忠 . 近代中国"教育救国"与"实业救国"的互动 [J]. 西南大学学报（社会科学版），2011，37(04):141-148.

[225] 杨晓雯 . 清末民初实业救国思潮的思考 [J]. 文教资料，2011(10):94-95.

[226] 李旻 . 清末民初实业救国思潮研究 [D]. 陕西师范大学，2010.

[227] 20 世纪上半叶的浙江社会实业救国——工业制造企业的兴办 [J]. 浙江档案，2010(02):58-59.

[228] 红色实业救国的红色资本家——代表企业：荣氏家族：1949

年 [J]. 经营者，2009(ZB):60-61.

[229] 胡冰 . 民国人物分布特点研究 [D]. 福建师范大学，2008.

[230] 何厚期 . 新析"实业救国"思想 [J]. 考试周刊，2007(08):
126-127.

[231] 王子韩 . 从实业救国到社会主义——论胡厥文的心路历程
[J]. 福建省社会主义学院学报，2006(02):40-44.

[232] 郑淑芬 . 孙中山实业救国思想简论 [J]. 社会科学战线，
2005(04):319-321.

[233] 钟声 . 八十年代以来中国近代实业救国思潮研究综述 [J]. 株
洲工学院学报，2004(01):61-65.

[234] 姚琦 . 清末民初实业救国思潮及其影响 [J]. 韶关学院学报
（社会科学版），2004(01):67-71.

[235] 冯秋季 . 范旭东实业救国思想新论 [J]. 河南大学学报 ( 社会
科学版 )，2003(03):48-51.

[236] 孙达林，胡红青 . 浅析中国企业家实业救国的困境 [J]. 三峡
大学学报（人文社会科学版），2001(S1):223-224.

[237] 杨洋 . 民国人物研究的新成果 [J]. 民国春秋，2001(06):
61-64.

[238] 徐梁伯 . 民国时期历史人物评价标准刍议——以林森为个案
[J]. 江苏社会科学，2000(06):103-108.

[239] 刘亚玲，胡世刚 . 简论张之洞的实业救国思想 [J]. 黄冈师范
学院学报，2000(04):62-67.

[240] 李文良，曹晓峰 . 略论中国近代实业救国思想 [J]. 华北电力

大学学报（社会科学版），1996(03):64-69.

[241] 刘圣宜 . 清末实业救国思潮兴起之原因探析 [J]. 广东社会科学，1995(04):81-86.

[242] 王安珠 . 简氏兄弟 "实业救国" ——记南洋兄弟烟草公司与英美烟公司的斗争 [J]. 民国春秋，1995(03):16-19.

[243] 丁守和 . 实业救国、教育救国、科学救国思潮的再认识 [J]. 文史哲，1993(05):3-11.

[244] 刘圣宜 . 辛亥革命与实业救国思潮的高涨 [J]. 华南师范大学学报（社会科学版），1993(01):73-78+102.

[245] 李新 . 关于民国人物研究的若干问题 [J]. 民国档案，1986(01):108-111.

[246] 虞和平 . 试论辛亥革命后的实业救国热潮 [J]. 贵州社会科学，1983(02):66-72.

[247] 王海珠，许岩枫 . 实业救国科学兴国——从馆藏文献、文物史料解读侯德榜的科学家精神 [J]. 文物天地，2023(01):67-73.

[248] 李慧君 . 侯德榜：中国近代化学工业拓荒者 [J]. 小康，2022(24):20-21.

[249] 徐雪霏 . 话剧《侯德榜》：寻找科学家风骨的文化表达 [N]. 天津日报，2021-10-26(010).

[250] 余创辉 . 拓荒化工路德炳华夏榜 [N]. 中国科学报，2021-09-16(008).

[251] 姜士冬 . 中国制碱工业之父——侯德榜 [J]. 快乐作文，2021(34):40-41.

[252] 许琴，叶迎春.新中国第一号发明证书颁给科学家侯德榜 [N].南京日报，2021-07-17(A03).

[253] 刘安邦.侯德榜：中国制碱第一人 [J].现代班组，2021 (05):53.

[254] 沙林祥.化学奇才侯德榜 [J].初中生学习指导，2019 (21):56-57.

[255] 冯晓蔚.化工泰斗侯德榜 [J].党史纵横，2017(12):41-45.

[256] 李瑞祥，邵红能.科海回眸：我国重化学工业的开拓者——侯德榜 [J].科普研究，2017，12(02):111.

[257] 王海珠.化工巨擘与《化学纲要》的因缘——拉瓦锡、范旭东和侯德榜 [J].化工管理，2016(19):67-68.

[258] 秦龙.近代化学工业奠基人——侯德榜 [J].国企管理，2016(02):72-73.

[259] 汪春耀.我记忆中的侯德榜轶事 [J].世纪，2015(01):78-79.

[260] 崔春红.侯德榜中国重化学工业的开拓者 [J].现代工业经济和信息化，2012(17):66-67.

[261] 何玉新.执着实业梦坎坷救国路 [N].天津日报，2011-11-21(010).

[262] 高尚荣.侯德榜科学精神对高职教育的启示 [J].今日财富（金融发展与监管），2011(11):208+204.

[263] 化工名人——侯德榜 [J].化工时刊，2011，25(05):68.

[264] 李树伟，王川，唐文炎，等."侯氏制碱法"与四川的化学工业——纪念侯德榜先生诞辰一百二十周年 [J].四川化工，2011，

14(01):49-51.

[265] 左旭初 . 中国纯碱工业之父侯德榜与 "红三角" 牌商标 [J]. 中国发明与专利，2010(09):53-59.

[266] 罗明勋 . 化工先驱侯德榜——纪念侯德榜先生诞辰 120 周年 [J]. 化学教育，2010，31(08):86-87.

[267] 王独慎 . 中国教育传统的现代转化 [D]. 华东师范大学，2018.

[268] 林红玲 . 清末民初国民意识生成与嬗变的历史考察 [D]. 吉林大学，2015.

[269] 王博 . 清末民初教育期刊对教学变革的影响之研究（1901—1922）[D]. 湖南师范大学，2013.

[270] 许纪霖 . 从寻求富强到文明自觉——清末民初强国梦的历史嬗变 [J]. 复旦学报（社会科学版），2010(04):1-14.

[271] 王先明 . 历史记忆与社会重构——以清末民初 "绅权" 变异为中心的考察 [J]. 历史研究，2010(03):4-23+189.

[272] 李旻 . 清末民初实业救国思潮研究 [D]. 陕西师范大学，2010.

[273] 许纪霖 . 现代性的歧路 : 清末民初的社会达尔文主义思潮 [J]. 史学月刊，2010(02):48-61.

[274] 王兴亮 . 爱国之道，始自一乡 [D]. 复旦大学，2007.

[275] Kenneth S. Chan. The Late Qing Dynasty to the Early Republic of China: A period of great institutional transformation[M]//Routledge Handbook of the Chinese Economy. Routledge, 2014: 21-40.

[276] Yingyue Dong. Historical Lectures in the Late Qing Dynasty and the Early Republic of China and the Identity Construction of Modern China[J]. Lecture Notes on History, 2023, 5(1): 108-113.

[277] Daniel Leese. "Revolution": Conceptualizing Social and Political Change in the Late Qing Dynasty[J]. Oriens Extremus, 2012, 51: 25-61.

[278] Mizoguchi Yūzō. The chaotic late Qing and early Republican periods[J]. Inter-Asia Cultural Studies, 2016, 17(4): 574-605.

[279] Li Shi. Political History of the Qing Dynasty[M]. DeepLogic, 2019.

[280] Wang Fan-shen. Evolving Prescriptions for Social Life in the Late Qing and Early Republic: From Qunxue to Society[M]//Imagining the People.Routledge, 2020: 258-278.

[281] Dawu Liu. Research on the Relationship Between Cultural Thought in the Late Qing Dynasty and the Republic of China and China's Modernization Process[J]. Cultura. International Journal of Philosophy of Culture and Axiology, 2024, 21(3).

[282] Thomas H. Reilly. Saving the Nation: Chinese Protestant Elites and the Quest to Build a New China, 1922-1952[M]. Oxford University Press, 2020.

[283] Gao Jie. Saving the nation through culture: the folklore movement in republican China[M]. UBC Press, 2019.

[284] Kang Zhao. The reception and use of John Dewey's educational ideas by Hu Shi in the Early Republic of China[J]. History of Education

Review,2021,24-38.

[285] Kwan Man Bun. Patriots' game: Yongli Chemical Industries 1917-1953[M]. Brill, 2017.

[286] Kay Li. Pathways to New China: Young Chinese Students Studying Abroad in the Early Twentieth Century Arranged by the Qing Government[J].The International Journal of Critical Cultural Studies, 2018,16(1): 33.

[287] Kwan Man Bun. Crisis and Nationalization[M]//Patriots' Game. Brill,2017: 180-197.

[288] Kwan Man Bun. Salt In, Salt Out[M]//Patriots' Game. Brill, 2017:26-46.

[289] Kwan Man Bun. Creative Financing and Reorganization[M]// Patriots' Game. Brill, 2017: 106-129.

[290] James Reardon-Anderson. The study of change: chemistry in China,1840-1949[M]. Cambridge University Press, 1991.

[291] David  C Wright. Translating Science: The Transmission of Western Chemistry into Late Imperial China, 1840–1900[J]. 2003.

# 致　谢

写作是一场孤独的旅行。

有时候许多事并没有意义，但需要我们赋予意义。不是看到了希望才坚持，而是有了坚持才会有希望。

2022 年秋天，小作《力从平地起，心向实处行——范源廉传》付梓后，团结出版社社长梁光玉、副总编辑李可老师勉励我再接再厉，写一本范源廉胞弟范旭东的传记。虽然市面上有几本关于范旭东的图书，但从历史史料角度系统梳理范旭东传记的图书还很稀少，而且这些书籍资料也缺乏历史的在场感，没有观照当下的现实，也很少从科技强国、实业报国的角度打量范旭东。后来，我开始大量阅读范旭东相关的史料，通过学习和重走范旭东生活过的城市——岳阳、长沙、武汉、上海、北京、天津、南京、自贡、重庆等地，进一步加深了对范旭东的理解，特别是深入范旭东参与创建至今仍然在经营的工厂参观后，更加钦佩这位百年前为中国近代民族化工工业作出杰出贡献的先贤。

1914年一个凛冽的冬日，31岁的范旭东站到了天津塘沽海边的盐滩荒地上。这里满目凄凉，但盐场无边无际，一片晶莹，引起他无限豪情。就这样，久大精盐公司蹒跚起步，范旭东亲自上阵，夜以继日，依靠简陋的设备反复试验，终获成功，粗黑的海盐变身雪白粒细的精盐，且氯化钠的含量达到90%以上。到1915年底，第一批量产的国产精盐终于问世，品牌名为"海王星"。这便是中国近代化学工程的起步和萌芽。纵观人类历史，生产力质态的每一次演进和发展，社会生产力水平的每一次空前提升和进步，都会对经济社会发展产生巨大影响，加速人类社会变革。范旭东在化学工程领域的贡献便是当时的先进生产力。19世纪初，为实现化学用品的大规模生产，化学工程学科应运而生。时至今日，化学工程已经是科学工程领域中不可或缺的重要学科，化学工业作为国家产业创新体系中最为关键的链条之一，已经成为高新科技的重要发端和支撑，在农业、能源、材料、信息、生命、制造等领域，发挥着不可替代的重要作用，是驱动战略性新兴产业发展和实现"双碳"目标的中坚力量。站在百年历史上回望，我们更加感佩范旭东等前辈的不容易。

一百年来，伴随着民族独立、人民解放和国家富强的脚步，中国化学工业从无到有、由弱到强，产业规模持续扩大，经济效益显著提升，技术水平跻身世界先进行列，逐步成长为推动国家经济社会发展的重要力量。百年化工，也造就了范旭东、吴蕴初、侯德榜、闵恩泽等为代表的化工实业家和科学家。当今世界正经历百年未有之大变局，科技革命与大国博弈相互交织，高技术领域成为国际竞争的最前沿和主战场，深刻重塑全球秩序和发展格局。在这样特殊的历史背景下，重访历史现场，回望百年故事，有着格外的意义。

于是，我在书卷和文字中开始了与范旭东的对话。经历了两年多的沉潜阅读和持续输出，在《煮海的人——范旭东传》即将付梓之际，我要对团结出版社社长梁光玉、副总编辑李可老师和编辑张晓杰表示诚挚的谢意，没有他们的鼓励我很难坚持下来。要对清华大学历史系张国刚教授、南开大学历史学院余新忠教授、湖南出版集团原总经理张天明编审、湖南师范大学历史文化学院周秋光教授等诸位先生表示感谢，他们经常与我讨论范旭东的思想和事功，对写作框架和思考脉络提供了大量宝贵意见。尤其要对湖南大学岳麓书院向珊教授表示衷心的感谢，她在百忙之中审阅修改完善了全文，并核对了大量史料，使小书在学术上更可靠，与此同时，湖南大学公共管理学院赵岩教授也为我提供了大量史料，做了大量辅助工作。我还要感谢湖南省委宣传部、天津市委宣传部、四川省地方志工作办公室、中国石油和化学工业联合会、中国化工学会、中国科学院微生物研究所、中国科学院天津工业生物技术研究所、中国石化集团南京化学工业有限公司、天津渤化永利化工股份有限公司和岳阳市湘阴县、汨罗市等方面同人和好友提供了大量史料。需要感谢的还有范旭东先生的外孙林翔先生，他提供了许多难得的一手材料。

当然，我还要感谢我的家人，没有家庭的点滴帮助和无私奉献，我很难有完整的时间静下心来写作。与此同时，还有无数的朋友在我书稿写作中给予大力支持，对此我始终铭记在心。

由于时间和能力、水平有限，本书疏漏和不足之处在所难免，敬请广大读者批评指正。

江峡

2025 年 2 月